Schamanische Rituale der Wahrnehmung

Nana Nauwald

Schamanische Rituale der Wahrnehmung

Den Geist der Tiere erfahren – überliefertes Wissen aus europäischen Traditionen

AT Verlag

Felicitas Goodman in Dankbarkeit

AT Verlag, Aarau und München
Lektorat: Karin Breyer, Freiburg i. Br.
Umschlagbild: Nana Nauwald
Fotos und Zeichnungen: Nana Nauwald
Lithos: AT Verlag
Druck und Bindearbeiten: Kösel, Krugzell
Printed in Germany

ISBN 978-3-03800-545-2

www.at-verlag.ch

Dieses Buch soll ein alle Sinne anregendes Wahrnehmungsinstrumentarium sein – nicht nur für die Suche nach Hinweisen auf die geistige Welt unserer europäischen Schamanenahninnen, sondern auch zum Erkennen neuer, kreativer Wege, um schamanische Welten und ihre Geisttiere als Informationsträger entsprechend unserer heutigen kulturellen und gesellschaftlichen Wirklichkeit zu erfahren.

Ich möchte anregen und ermutigen, den Geist des Schamanismus mit seinem unendlichen Reichtum an Wirklichkeiten wach, bewusst, neugierig, lustvoll und heilsam zu erfahren und zu leben.

Nana Nauwald, im Januar 2005

Inhalt

Das Leuchtende Tier – Eine mythische Orientierungshilfe

Märchen und Mythen sind Informationsträger vom Wissen um die Ursprünge und Zusammenhänge vom Leben in seinen vielfältigen Erscheinungsformen durch alle Zeiten der sprachkundigen Menschheit hindurch. In dem reich gefüllten Mythentopf der alten Kulturen Europas flimmern uns vielfache Anhaltspunkte über das Wissen um die »wirkliche Welt«, die Anderswelt, die Welt »hinter, über oder unter der Welt« entgegen. In diesem alten Geisteserbe spielt das Verhältnis von Mensch zum Tier eine zentrale Rolle. Sprechende Tiere, Ehen zwischen Mensch und Tier, in Menschen verwandelte Tiere und in Tiere verwandelte Menschen können aufmerksamen Lauscherinnen auch heute noch von den europäischen Wurzeln des Schamanismus erzählen. Es bedarf oftmals nur winziger Veränderungen der »normalen Wahrnehmungsfilter«, um verborgenes Wissen zu erkennen.

Dieses Buch ist ein Reisehandbuch zum Erkunden neuer Wege im geistigen Schamanismusfeld unserer europäischen Ahninnen, das sich die Begegnung mit Geisttieren zum Reiseziel setzt. Zur Einstimmung darauf eine aus Irland überlieferte Geschichte:

Das Leuchtende Tier

Der Herbst hatte seine Nebelschleier über die dichten Wälder der irischen Insel gelegt. Noch lag die Welt im Morgengrau, als sich Fionn mit seinem Gefolge zur Jagd aufmachte. Sie waren schon eine Weile durch das feuchte Herbstlaub gegangen, als sich vor ihnen eine Waldlichtung auftat. Den Männern stockten der Schritt und der Atem, denn auf der Lichtung stand das seltsamste Tier, das je ein Mensch gesehen hatte. Es war von großer Gestalt, hatte den Leib eines schimmernden Hirschs, aber das borstige Fell eines Ebers. Auch sein Kopf war der Kopf eines Ebers, und auf diesem Kopf trug es einen Wald von schwarzen, schlangenähnlich verschlungenen Hörnern. Seine Füße waren von einer Art, wie sie kein Tier unter dem Himmel hat. Aber das allerseltsamste war, dass an jeder Seite seines Leibes ein Mond leuchtete. Fionn besann sich schnell, löste die Hunde von den Leinen und hetzte sie auf das Tier. Laut bellend stürmte die Meute auf das Leuchtende Tier zu, da trat aus dem Dickicht des Waldes mit großem Schritt das Rote Weib herzu. Ihre Gestalt war größer als die eines Sterblichen, ihr Haar roter als Karfunkel, durch den das Licht scheint. Ihre Gewänder hatten die Farbe rotglühender Asche, und in ihrem Gesicht war die flammende Pracht des Sonnenaufgangs. »Halt ein, Fionn«, rief sie ihm befehlend zu, »ich verfolge das Tier schon lange.«

Fionn weigerte sich, seine Hunde zurückzurufen, die das Tier wild bellend umsprangen. Da erklärte ihm das Rote Weib, dass es dieses Tier selbst erlegen müsse, um das Leben ihrer drei vom Leuchtenden Tier verzauberten Söhne zu retten. Sie brauche keine Hunde zum Jagen, da sie schneller und stärker sei als jeder Hund. Doch Fionn wollte sich von seinem Vorhaben nicht abbringen lassen. Da verwandelte sich das Weib in eine große Schlange mit rot glitzernden Schuppen. Auf dem Rücken der Schlange kräuselte sich eine Mähne aus feurigen Ährenbündeln. Immer fester wand sie sich um Fionn, um den es bald geschehen wäre, hätte nicht sein treuer Hund Bran die Schlange angegriffen. Daraufhin fiel die Schlange von Fionn ab und verwandelte sich wieder in das Rote Weib. Mit großen Sprüngen hatte sich das Leuchtende Tier aus der Meute der Hunde befreit und war im Wald verschwunden.

Nun jagten das Rote Weib und Fionn gemeinsam hinter dem Tier her. Die Dämmerung brach herein, die Nacht kam und verging – und immer noch verfolgten sie das Tier, dessen Monde einen wundersamen Glanz um sich verbreiteten. In der Kälte des neuen Morgens kamen Fionn und seine Männer endlich näher an das Tier heran, da schüttelte es sich, und ein großer Schauer von Blut rieselte auf die Verfolger herab. Als die Sonne hoch am Mittagshimmel stand, da sahen sie das Tier mit langsamer werdendem Schritt zum »Berg des Königs« wanken. Als es den Berg berührte, tat sich eine Öffnung auf und das Tier verschwand im Berg. Da zog das Rote Weib aus seinem Gewand einen Druidenstab, schlug damit an den Berg, und der Berg tat sich auf. Das Rote Weib bedeutete Fionn und seinem Gefolge, mit ihr zu kommen. Ihre Gewänder waren verschmutzt und mit Blut bedeckt. Als sie den Berg betreten hatten, erschien ein lichtfarbener Vogel, der sang und flatterte um sie herum und schüttelte goldenen Staub von seinen Flügeln über sie. Zehn Jünglinge traten herzu, brachten Becken mit Wasser für Fionn und seine Leute sowie Gewänder in heiteren Farben für alle. So zogen sie ein in eine weite Halle, die den kalten Glanz des Mondes und die goldene Kraft der Sonne hatte.

Hinter der Halle lag das prächtige Gemach des Königs. Dort saß er, herrlich gekleidet und schön anzusehen. Sein Antlitz war leuchtend hell, und seine Haare hatten den Glanz eines Rubins. Musikanten saßen ihm zu Füßen und spielten für ihn, Jünglinge tanzten und sangen dazu. Das Rote Weib trat zum König und stellte ihm Fionn und sein Gefolge vor; sie erzählte ihm von der Jagd auf das Leuchtende Tier. Der König ließ ihnen Wasser vom Land der ewigen Jugend in Kristallbechern kredenzen und befahl dem Leuchtenden Tier zu kommen. Es erschien, und voll Staunen sahen Fionn und sein Gefolge, dass die verschlungenen, schlangenähnlichen Hörner auf seinem Haupt gewaltig gewachsen waren und auch die Borsten seines Fells auf dem Rücken wie zu einem kleinen Wald verwachsen waren. Die Monde auf den Seiten seines Leibes pulsierten von Licht, und seine Augen leuchteten wie zwei feurige Kohlen. Das Tier verbeugte sich tief vor dem König. Dieser sicherte ihm nochmals seinen Schutz zu, aber das Tier verschmähte ihn. Es sagte, es wolle sich auf seine eigenen Kräfte verlassen. Dann rannte es davon, und somit war des Königs Schutz gebrochen.

Eilends verabschiedeten sich die anderen vom König und stürzten aus dem Berg heraus, dem Tier hinterher. Die Sonne stand schon tief am Himmel, als das Tier immer langsamer wurde, das Leuchten seiner Monde schwächer ward und sich Blutspuren auf seiner Fährte zeigten. Da erreichte das Rote Weib das Tier als Erste und erlegte es. Gewaltig war der letzte Schrei des Tiers, bevor es zur Erde stürzte und starb. Als Fionna mit seinem Gefolge dort ankam, lag statt des Leuchtenden Tiers ein Mann auf der Erde, der gewaltig wie ein Eichbaum war. Seine Gewänder blendeten sie, denn sie waren von purem Gold. Unzählige Bilder waren in die Gewänder eingewebt – Schlangen, Vögel und fliegende Drachen und ganze Landschaften. Das Haar des Mannes war umwunden von einem Reifen aus Malachit und war wie ein Gebüsch, das sich verzweigte in Büschel, Locken und Knoten. Jedes Büschel, jede Locke und jeder Knoten waren von einer anderen Farbe und trug einen Edelstein. Eine Seite des Gesichts war ebenholzschwarz, die andere war weiß. Fionn beugte sich dicht zu dem Mann hernieder und wollte seine Gewänder berühren, da rief ihn das Rote Weib an und warnte vor einer Berührung, da sich in jedem Faden des Gewandes Natterngift verberge. Das Leben ihrer drei Söhne war nun gerettet, sie waren vom Zauberbann des Leuchtenden Tiers erlöst. Das Rote Weib schüttete Erde über die tote Gestalt. Da begann der Leib des gewaltigen Mannes zu schrumpfen und sich in ein Blatt zu verwandeln, das der Wind fortwehte.

Vom Geist der Tiere – Eine geflügelte Reise

»Das gesamte Tierreich ist also Ausdruck desselben Lebenswillens, der durch alle seine Gestalten hindurchgeht und schöpferisch die Formen hervorbringt, in denen das Leben sich offenbart.«

A. E. Günther, *Totem* (Deutsche Hausbücherei Hamburg)

Die lange Bahnfahrt im Bummelzug durch das bilderbuchschöne Voralpenland hat meinen Körper und Geist in einen tranigen Zustand verrüttelt. Ich finde mich mit langsam wacher werdendem Blick auf dem kleinen Zielbahnhof wieder. Der Zug rattert aus dem Bahnhof, ein kurzer Blick auf mein Gepäck beruhigt meine aufflammende Besorgnis, ich könne im Rütteltran etwas im Zug vergessen haben. Trommeltasche, der kleine Koffer mit Rasseln und Ritualgegenständen, die Tasche mit meinen persönlichen Dingen – alles steht ordentlich aufgereiht neben mir und scheint, genau wie ich, dem Kommenden erwartungsvoll entgegenzublicken. Eine junge Frau schreitet mit energischem Schritt und wehendem farbenfrohem Gewand zielsicher auf mich zu: meine Gastgeberin für das vor mir liegende Seminar »Vom Geist der Tiere«.

Eine kurvenreiche Straße führt zu dem einsam gelegenen Seminarhof. In besonders engen Kurven streift ein Büschel Federn meinen Kopf, das vom Rückspiegel herabhängt. Ich fixiere die Federn und versuche, sie einem Vogel zuzuordnen. Meine Gastgeberin hat meinen forschenden Blick bemerkt und erklärt stolz: »Das sind Flaumfedern von einer Wildgans. Die Wildgans ist eines meiner wichtigsten Krafttiere.«

Aha. Krafttiere – und nach Wichtigkeit geordnet. Ich beginne zu ahnen, womit ich auf diesem Seminar konfrontiert werde.

Das Seminarhaus ist wunderschön gelegen, mit einem weiten Blick auf die Berge, die dunkelgrünen Tannenwälder und die leuchtend grünen Wiesen der Voralpen. Meine erste Empfindung beim Anblick dieser großartigen Landschaft ist: Natur pur. Meine zweite Empfindung ist eine zweifelnde: Was ist an dieser durch Jahrtausende von Menschen zu ihrer Gefügsamkeit gestalteten und kultivierten Landschaft eigentlich noch »Natur«? Versöhnlich schaltet sich mein Verstand ein: Jede Erscheinungsform von Leben ist eine Ausdrucksform der Natur, von der kleinsten Mikrobe bis hin zum Menschen. Und: Solange es den Menschen als willentlich handelndes Geschöpf gibt, so lange hat auch der Mensch versucht, die Natur nach seinen Bedürfnissen zu beeinflussen, zu gestalten. Um zu leben und zu überleben, hat der Mensch zu allen Zeiten das empfindsame Gleichgewicht der Natur zwischen Leben und Tod gestört.

Ich stoppe meinen Gedankenfluss, richte meine Aufmerksamkeit und meinen Atem wieder bewusst auf das, was ich wahrnehmen und nicht interpretieren wollte: die mich umgebende Natur. Nun, da mein Gedankenfluss zur Ruhe gekommen ist, höre ich auch das Lied einer Amsel, die sicherlich schon lange aus der nahen Baumgruppe herüberklingt. Und den hohen Ruf des Habichts, der in großen Kreisen über der Wiese seine Bahnen zieht. Sehnsüchtig begleitet mein Blick seinen Flug. Wie gerne wäre ich diejenige, die so hoch oben mit scharfem Blick gelassen die Welt unter sich betrachtet.

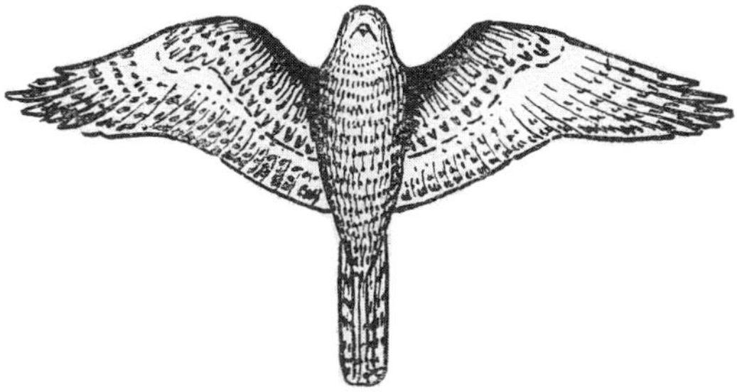

Geflügelte Sehnsucht: Mit wachem Bewusstsein mich als Teil der Vielfalt von Natur zu erfahren und diese Vielfalt auch aus anderer Sicht als der menschlichen zu erleben – diese Sehnsucht hat mich vor vielen Jahren auf den geistigen Weg des Schamanismus geführt. Dieser Weg bestimmt meine künstlerische Arbeit. Diese Erfahrung von vielfältigen Welten, die durch ein lebendiges Informationsnetz miteinander verbunden sind und aufeinander einwirken, hat mich dazu gebracht, meine Erkenntnisse und Erfahrungen nicht nur über meine künstlerische Arbeit, sondern auch über Seminare und Bücher weiterzugeben.

Deshalb bin ich aus der norddeutschen Heidelandschaft ins Allgäu gefahren, um zusammen mit zu »nicht alltäglichen Wahrnehmungen« bereiten Frauen und Männern dem »Geist der Tiere« zu begegnen.

> »Ein Mönch fragt: ›Was ist eigentlich Geist?‹ – ›Geist‹, lautet die Antwort des Meisters. ›Ich verstehe nicht‹, forscht der Mönch weiter. ›Ich auch nicht‹, erwidert ohne zu zögern der Meister.«
> D. T. Suzuki (1870–1966)

Gut, dass keiner der Bewohner des nahen bäuerlichen Dorfs, dessen Mittelpunkt eine kleine Barockkirche bildet, die Begriffe »nichtalltägliche Wahrnehmung« und »Geister« hört! Es ist nicht so einfach, diese Begriffe zu erklären, ohne Angst oder Ablehnung in Menschen zu erwecken, die in der Ordnung der christlichen Religionen zu Hause sind. Spinner, Animisten, Tieranbeter, Gottlose – das sind nur einige der Kommentare, die ich mir vor Jahren bei ähnlichen Erklärungsbemühungen habe anhören müssen.

Animismus

Das für die Menschen der Frühzeit Mystische, Göttliche des Tiers drückt sich in den Begriffen für die Verbindung von Seele und Tier aus: Bei den Römern hieß es *animal*, »das Ding mit der Seele« *(anima* = Seele, Atem).

Bei den Griechen hieß es *zoon*, das »lebendige Ding«.

Mit »Animismus« wird heute allgemein eine Weltsicht bezeichnet, die davon ausgeht, dass alles Lebendige eine Seele hat, dass sich der »Atem der Schöpfung« in allem zeigt. Diese Weltsicht schließt auch die Existenz von Geistern ein: Ahnengeister, Totengeister, Naturgeister, Tiergeister.

Schamanismus – Eine Erfahrungswissenschaft

Dank der zunehmenden Popularisierung des Themas »Schamanismus« durch TV, Zeitschriften, Kongresse ist die Toleranz dafür in deutschen Wohnzimmern gewachsen.

Schamanismus umfasst als Grundlage die Anschauung des Lebens als eine aus vielen Lebensfäden verwobene Ganzheit, als Kreislauf. Schamanismus ist keine Religion, hat keine Priester, definiert sich nicht durch ein Glaubenssystem oder Dogmen.

Schamanismus gründet sich auf Erfahrung durch Sinneswahrnehmung. Was man erfahren hat, braucht man nicht mehr zu glauben – durch die Erfahrung »weiß« man es. Alles Wissen bezieht sich letztlich auf Sinneswahrnehmungen, ob im Wachzustand, Traumzustand, Trancezustand, ekstatischen Zustand, in der Meditation oder Konzentration.

> »1992 antwortete Lindzja Beldy, eine Schamanin der Nanai, auf die Frage, ob Schamanismus eine Religion sei: ›Religion? Das ist etwas, was die Russen haben. Wir haben nur unsere Schamanen.‹«
> J. Pentikäinen, *Die Mythologie der Saamen*

Die sie umgebende Natur und ihre darin wurzelnden Lebenszusammenhänge bedingen die Vielfalt und Unterschiedlichkeiten schamanischer Traditionen. Jedoch sind die zentralen Pfeiler schamanischer Weltsicht – ob in Nepal, der Mongolei oder Südamerika – die Gleichen: Alles, was ist, ist miteinander verbunden und steht in Resonanz zueinander; alle Erscheinungsformen der Lebensenergie haben einen »Geist«; der Mensch ist nicht die Krönung der Schöpfung, sondern steht mit seinen besonderen Fähigkeiten und Gaben im Kreis neben all den anderen Lebewesen und deren einzigartigen Gaben.

Felszeichnung eines Schamanen im Zustand der Ekstase, von Tieren umgeben, Südsibirien, zirka 2700 v. u. Z.

Schamanismus ist geprägt durch die Fähigkeit der Schamanin (und des Schamanen) zum willentlichen Wechsel der Bewusstseinsebenen. Auf diesen »Reisen« durch die Bewusstseinswelten versucht sie, Verborgenes zu erforschen, Kommendes zu erkennen, mit geistigen Informationen in Gestalt von Geistern umzugehen – unabhängig von gewohnten Zeit- und Raumvorstellungen, losgelöst vom Ego. Und vor allem: das in Trancezuständen erworbene Wissen, die Erkenntnisse aus dem Umgang mit Geistern und geistigen Welten für die Gemeinschaft heilsam anzuwenden.

Der Begriff »Schamane« entstammt der Sprache des sibirischen Volks der Evenki. *Saman*, »die mit Feuer arbeiten«, wurden die Männer und Frauen genannt, die Heilrituale leiteten und in Ekstase gerieten.

Über die russische Sprache floss dieser Begriff als »Schamane« in die europäischen Sprachen ein und wurde in den letzten hundert Jahren zu einem übergreifenden Wissenschaftsbegriff für alle kulturellen und religiösen Phänomene, die in indigenen Kulturen beobachtet wurden.

Einige Sprachforscher weisen darauf hin, dass die älteste Wurzel des Wortes »Schamane« auch in dem babylonisch-assyrischen Wort *schamasch* liegen könnte. Es war der Name des Gottes der Sonne und der Orakel. Vielleicht wurzeln auch die Worte *Schamane* und *schamasch* in dem Sanskritbegriff *schaman.* Dieser Begriff bezeichnet das Mitgefühl gegenüber Irrenden, Hilfesuchenden sowie die eigene innere Aufmerksamkeit.

Vielfältig wie die schamanischen Kulturen sind die Bezeichnungen für Schamaninnen und Schamanen: »Von Oben Behauchte«, »Blinde«, »Meister des Feuers«, »der Zitternde«.

Schamanismus ist gekennzeichnet durch das Wissen um den Dreiklang der Kräfte des Erschaffenden, des Erhaltenden und des Zerstörenden und durch die sich aus diesem Zusammenspiel der Lebenskräfte ergebenden Aufgabe, zum Wohle des Einzelnen und somit zum Wohle der Gemeinschaft diese Kräfte in Balance zu bringen und in Balance zu halten.

Schamanismus – eine seit Jahrtausenden bestehende geniale Mischform aus Naturwissenschaft, Medizin, Psychotherapie und Theater, verboten und verfolgt, verunglimpft und belächelt, und immer noch lebendig, in neuen Formen und auf neuen Wegen. Insbesondere der Umgang mit nichtsichtbaren Wirklichkeiten und Kräften, den Geistern, ist in unserer individualisierten, nicht auf ein gemeinsames geistiges Weltbild bezogenen Technikgesellschaft ein heikles Thema, mit vielen Ängsten und Vorurteilen besetzt.

Immer neue Theorien aus den Bereichen der Physik erobern sich einen respektablen Platz in unseren Wissenschaftssystemen, zum Beispiel die Wurmlöcher oder die Stringtheorie. Haben Sie schon einmal ein Weltraum-Wurmloch gesehen oder mit einem String Kontakt aufgenommen? Wieso sollte es unglaubwürdiger, naiver, verschrobener, befremdlicher, rückständiger sein, mit der Vorstellung und der Wirklichkeit von Geistern zu leben als mit der Wirklichkeit von Wurmlöchern im Weltall? Beweise? Beweise beweisen nur, was man eigentlich schon weiß und deshalb beweisen will. Man kann ja schwerlich durch Beweise etwas nachweisen, was man nicht weiß – oder? Ist der Beweis von etwas Sichtbarem zugleich der Beweis für die Abwesenheit von etwas Nichtsichtbarem? Halten wir uns als Menschen für derart allwissend und allmächtig, dass wir uns anmaßen, die Wahrheiten und Maßstäbe von »Sein« und »Nichtsein« festzulegen? Schon ein kurzer historischer Rückblick auf die Entwicklung von Menschheit und Vorstellung von Lebenszusammenhängen in den letzten Jahrhunderten kann bei diesen Überlegungen sehr regulierend wirken.

Es ist beruhigend und auch ein Hoffnungsträger für unsere Menschenerde, dass Astrophysik, Quantenphysik und die Tatsache, dass ein Küken immer noch aus einem Ei schlüpft, nebeneinander bestehen und sich sogar zunehmend auf eine Vorstellung vom Urgrund des Lebens beziehen.

»Die Seelen der Tiere tanzen im Himmel: So erklären manche Inuit und Indianer das Polarlicht am Himmel über Alaska. Andere sehen in den Lichterscheinungen die Geister gefallener Feinde. Finnen glauben, ein Polarfuchs wirbele mit seinem buschigen Schwanz den Schnee auf, in dem sich dann das Licht breche. Alles ganz plausible Erklärungen.
Angeblich aufgeklärte Wissenschaftler meinen dagegen, die Aurora Borealis entstehe durch elektrisch geladene Partikel von der Sonne, den sogenannten Sonnenwind, der vom Magnetfeld der Erde eingefangen werde. Dort kollidierten die Ionen mit Gasen in der Atmosphäre und brächten diese zum Leuchten. Wenn das mal keine unglaubwürdige Science-Fiction ist.«
Aus: *Frankfurter Rundschau*, 5.2.2005

Vom schwingenden, klingenden Geist des Lebens

Schwingung, Klang sind nicht mehr nur in den alten Mythen der Kulturen die Energien, aus denen sich alle Formen des Lebens gebildet haben. Auch einige der visionären Denker, die zumeist im Bereich der Physik zu Hause sind, können sich ein Schwingungsfeld als den Urgrund der Schöpfung vorstellen.

Schamaninnen, die noch in schamanischen Kulturen leben, stellen sich dieses Urschwingungsfeld nicht vor – sie wissen darum. Sie verbinden das persönliche Schwingungsfeld in ihrer Ritualarbeit mit den Schwingungsmustern der Bewusstseinsfelder durch ihr eigenes, absichtsvolles Singen, Rezitieren, Pfeifen, Tanzen, Trommeln, Rasseln.

Ob in Nepal, der Mongolei oder am Amazonas – Schamaninnen wissen um die Macht und Wirkung ihrer Zaubergesänge, in denen sie sich mit den Liedern, den Informationen von Pflanzen, Tieren und Geistern verbinden. Alles Lebendige hat sein besonderes Lied, seine besondere Schwingung. Das ist der eigentliche Kern schamanischer Arbeit: Der Schamane verbindet sich, ausgehend von der Kenntnis um das eigene Schwingungsfeld, mit dem Schwingungsfeld der Informationen, die benötigt werden für die heilerische, seherische Arbeit. Diese Informationen können von allen Lebensformen vermittelt werden, auch von den nichtsichtbaren. In den indigenen schamanischen Traditionen sind der Geist der Tiere und Pflanzen die wichtigsten Informationsvermittler.

»Der Begriff der Information, wie er von Physikern gebraucht wird, hat selbstverständlich seinen Hintergrund in der materiellen Welt, der Welt der Fakten. Der Begriff kann jedoch analog auf eine dritte Dimension, die Welt des Geists, übertragen werden. Denn eine Information ist nicht nur eine Mitteilung oder ein bestimmtes Wissen, sondern auch der Gehalt einer Nachricht. Information wird nur wirksam, wenn sie auf einen Empfänger trifft und bestimmte Aktionen auslöst. ›Informationen bestehen aus Unterschieden, die einen Unterschied machen‹ (Gregory Bateson 1984: 123). Sie kann zwar als Code gespeichert werden, doch auch dieser Code muss von einer geeigneten Quelle, zum Beispiel durch Abtastung durch einen Laserstrahl, aufgeschlüsselt und transformiert werden. Dieser Vorgang ist vergleichbar mit der Entschlüsselung der Impulse aus der Sinneswelt oder geistiger Impulse aus der Dimension des Geistes. Das menschliche Bewusstsein, das mit den materiellen, neurologischen Funktionen und so mit der Dimension der energetischen Welt vernetzt ist, transformiert geistige, nichtsinnliche Information in ein bewusstes Verstehen.

In diesem Sinne ist die eigentliche spirituelle Welt eine Welt der ›Qualität‹, die im Grunde keinem der menschlichen Existenzzustände entspricht. Raum und Zeit spielen hier keine Rolle, es ist die Welt der Möglichkeit, der Intelligenz und Kreativität. In religiösen Theologien wird Geist meist mit Gott gleichgesetzt. Sowohl Information als auch Geist sind weder materiell bzw. substanziell noch energetisch. Es ist eine Qualität, die Wirkungen hat. Diese könnte auch als ›Welt der schöpferischen Intelligenz‹ bezeichnet werden, als eine transfinite Welt (im Sinne von Georg Cantors transfiniten Zahlen) ohne Substanz. Die Einflüsse oder Impulse aus dieser Welt werden von Menschen nur indirekt über die körperlichen Funktionen wahrgenommen.« (Bruno Martin, *Das Lexikon der Spiritualität)*

Auch in den aus den alten Schamanismuswurzeln neu wachsenden Richtungen und Gruppierungen der europäischen spirituellen Landschaft bildet die bewusste Beziehung zum Geist der Pflanzen und Tiere den zentralen Fokus. Es erfordert Erfahrung, Kreativität und Mut, neue Wege mit dem alten Wissen aus schamanischen Gemeinschaften zu gehen, ohne die Riten und Vorstellungswelten anderer Kulturen zu imitieren. Die Wirklichkeiten unserer hoch technisierten Wirtschaftskulturen werden nicht von der Geisteswelt des Schamanismus bestimmt. Wir leben nicht in vom Schamanismus geprägten Gemeinschaften. Wir leben in einem anderen Umfeld von »Natur« als unsere frühen Ahninnen oder Menschen in traditionellen, indigenen Gemeinschaften. Wir leben in einer vom Wert des Individualismus und Materialismus bestimmten Gesellschaft.

Wir leben mit dem Verlust der Wildheit, die wir uns nur noch in möglichst abgesicherten Ausnahmezuständen oder in kreativen Prozessen gestatten. Dieser Verlust an Möglichkeit der direkten Erfahrung der uns eigenen Anteile von wilder Natur hat die Sehnsucht nach Begegnung mit dem »Geist des Tiers« als uns schützende und stärkende Qualität wachsen lassen und neue Wege der Erfahrung geöffnet – nicht nur auf Seminaren.

> »Das Verhältnis des Menschen zum Tier kann angesichts der Tatsache, dass wesentliche Überlebensmöglichkeiten der Tiere auf dem Schoß und in den Fabrikationshallen der Menschen liegen, ungeahnte Wendungen nehmen. Vom Tier als Gegner im Dschungel hat sich ohnehin schon eine Verschiebung zum Beispiel zum Tier als unbewusstes Gesicht unserer Stammesgeschichte vollzogen. Die freudige Begrüßung des Tiers wird heute, wo sie immer weniger werden (abgesehen von Massenproduktionen), leichter fallen.«
> Detlef B. Linke, *Kunst und Gehirn, Die Eroberung des Unsichtbaren*

Neue Wege zu beschreiten zur Erfahrung von den besonderen Lebensqualitäten, die uns über Tiere vermittelt werden können, ist nicht leicht in der Wirklichkeit unserer von sichtbarem Erfolg bestimmten Gesellschaft.

In ihr wird das Verhältnis zu Tieren vorrangig von folgenden Aspekten bestimmt:
Nutzverhältnis,
romantisierendes »Walt-Disney-Verhältnis«,
therapeutisches Verhältnis,
Naturschutz-Öko-Verhältnis,
philosophisch-weltanschauliches Verhältnis.

Diese Aspekte machen einen Großteil des kulturellen Gepäcks derjenigen aus, die sich auf den Weg machen – auf der Suche nach Naturerfahrungen.

»Das Zusammenleben mit Haustieren fördert Gesundheit und Wohlbefinden der Menschen. Ein etwas anderer Blick auf das Thema Haustiere wirft dennoch so einige Zweifel auf: Zirka 23 Millionen Schmusetiere leben derzeit in deutschen Haushalten. Die meisten dieser Tiere leben bei Familien, sind also nicht unbedingt ein Zeichen für vereinsamte Singles. ›Tiere ermöglichen eine gefühlsbetonte Lebensweise. Der Mensch wünscht sich, so zu werden, wie er sich vorstellte zu sein, bevor ihn die Wirklichkeit überrannte, bevor ihm Grenzen gesetzt wurden‹, sagt die Psychologin Hanna Rheinz. ›In 90 Prozent der Fälle ist es ein Verbrechen, diese Tiere zu halten‹, so die Verhaltenstherapeutin Andrea Kleist.« Aus: *chrismon*, 9/2004

»Jährlich werden in Deutschland zirka 2 Milliarden Euro für Haustierfutter ausgegeben – an erster Stelle stehen dabei Katzen, gefolgt von Hunden, Ziervögeln, Kleintieren, Zierfischen. Zwei Milliarden!«
Aus: *Frankfurter Rundschau*, 17.8.2004

Hin und her gerissen zwischen der Vertrautheit des kulturellen Gepäcks und den heute so leicht zu erlangenden, verlockenden Informationen über die Wirklichkeiten des lebendigen Schamanismus indigener Völker, ist es nicht leicht, einen unseren Lebensrealitäten entsprechenden, authentischen Weg zu finden. Es ist sicherlich hilfreich, dabei einen Blick auf die frühe Beziehung von Mensch – Tier in Europa zu werfen, um eine Ahnung davon zu gewinnen, was es für die von uns oft mit romantisierender Sehnsucht betrachteten frühzeitlichen Menschen hieß, mit den Tieren und von Natur bestimmten Lebensbedingungen zu existieren.

Unsere frühen Ahnen lebten in einer gefahrvollen Welt, inmitten einer unendlich üppigen Fauna, inmitten gewaltiger Tiere. Mammuts, Riesenhirsche, Höhlenbären, Höhlenlöwen, Adler, Rentiere und Moschusochsen haben in den Menschen der Frühzeit sicherlich nicht das Gefühl der Überlegenheit über die Tiere aufkeimen lassen.

610 v.u.Z. lehrte der griechische Philosoph Anaximandros, dass der Mensch von anders gearteten Geschöpfen abstammen müsse, da alle Tiere sich leicht ihren Unterhalt verschaffen können, nur der Mensch nicht.

Schamanismus ist ein Erfahrungssystem, das sich auf Beobachtung und Erfahrung bezieht. Beobachtung der Tierwelt und die Erfahrung der Begrenztheit der menschlichen Überlebensfähigkeiten sind sicherlich die ersten Bausteine, aus denen sich der naturbezogene, geistige »Freistil« Schamanismus entwickelte. Was konnte der Mensch der Frühzeit im Verhältnis zu den Fähigkeiten der Tiere, mit denen er seine Welt teilte? Jedes Tier hatte ein schützendes Kleid – der Mensch war nackt. Viele Tiere konnten schneller laufen als der Mensch, konnten besser schwimmen, tauchen, auf Bäume klettern, in die Lüfte fliegen. Tiere konnten weiter sehen, bei Nacht sehen, besser hören, riechen, beißen, länger ohne Nahrung überleben als der Mensch. Die Menschen erkannten, dass Tiere über eine Lebensmacht verfügen, die sie nicht hatten. Sie mussten ein Geheimnis in sich tragen, einen Zauber kennen.

Tiere waren kraftvolle, magische Wesen. Der Mensch fand heraus, dass er etwas von dieser Magie und Kraft auf sich übertragen konnte: Er tötete das Tier, aß sein Fleisch und war danach gestärkt, überlebensfähiger – wie das Tier. Das Fell des Tiers wärmte und schützte ihn – ein Schritt weiter auf dem Weg des Überlebens dank dem Tier!

»Erfahrung ist nicht das, was einem Menschen geschieht. Es ist das, was ein Mensch aus dem macht, was ihm geschieht.«
Aldous Huxley

Durch Beobachtung und Nachahmung erlernten unsere Ahninnen von den Tieren nicht nur Techniken des Überlebens. Sie erfuhren unmittelbar eine »Verwandtschaft«, erfuhren den Geist des Lebens, der sich in unterschiedlichen Manifestationen zeigt.

In vielen der überlieferten alten Geschichten sind es Tiere, die den Menschen das Wissen gaben über die heilende Wirkung von Pflanzen, vom Anbau von Pflanzen und auch das Geschenk des Gesangs und des Tanzes. In den nordischen Völkern ist es häufig der Adler, der den Menschen schamanisches Wissen bringt und sie lehrt, Feste zu feiern. Viele dieser Gaben, so heißt es, wurden auf den Ratschluss der Tiere den Menschen gebracht, die Mitgefühl mit den Menschen hatten, die ohne die Hilfe der Tiere nicht lebensfähig gewesen wären.

So ist es nicht verwunderlich, dass die Menschen der Frühzeit die Tiere als ihresgleichen ansahen, lediglich zu anderen Stämmen zugehörig.

Nach griechischer Vorstellung schuf Prometheus aus Lehm und Wasser den Menschen. Er fügte jeder Menschenseele eine Eigenschaft eines Tiers, einer Tierseele dazu. Athene nahm den Menschen auf ihren Schild, hob ihn hoch und entzündete am Sonnenwagen des Helios einen

Zweig. Mit diesem brennenden Zweig entflammte sie den Menschen zum Leben.

Diese Anschauung hatte nichts mit Vermenschlichung zu tun. Es war ein Denken, wie es noch bis in unsere Zeit hinein bei einigen indigenen Völkern lebendig ist:

Ein Tier kann größer oder kleiner, schwächer oder stärker sein als der Mensch, es kann im Vergleich zum Menschen über fremde Lebensgewohnheiten, Fähigkeiten und fremdes Aussehen verfügen – es ist ebenso ein Geschöpf des Lebens wie der Mensch. Auch die Tiere leben in Familien und Stämmen mit verschiedenen Sprachen und Gewohnheiten. Sie sind anders – das ist der Unterschied zwischen den Tierstämmen und den Stämmen der Menschen.

Diese Vorstellung bezieht auch die »Welten der Toten« mit ein, so wie mir von einem alten, traditionell arbeitenden Schamanen des Volks der Shipibo in Peru erzählt wurde: »Wenn ein Tier stirbt, dann geht es in ein Land, in dem alle Tiere von seiner Art leben. Jede Tierart hat ihre eigene Landschaft. Dort sieht es aus wie in dieser Welt, aber die Tiere haben dort keine Not.«

Hinter der Auffassung, dass Tiere und Menschen »Wesen« unterschiedlicher Stämme sind, steht die Ansicht, dass jedes Wesen sich durch besondere Wesenseigenschaften auszeichnet. In welcher Form diese Wesensqualitäten erscheinen, unterliegt keiner Einschränkung. Jedes Lebewesen kann sich in eine der vielen Erscheinungsformen von Leben verwandeln, da jedes Wesen alle Aspekte in sich trägt.

In einigen der sehr alten Geschichten aus der Frühzeit der Menschheit ist oft nicht erkennbar, ob ein Wesen als Tier oder als Mensch handelt. Vor diesem Hintergrund erscheint es auch nicht mehr fantastisch oder märchenhaft, sondern folgerichtig, dass Tiere und Menschen auch Ehen eingehen und Kinder aus dieser Verbindung entstehen können.

Mensch-Tier-Verbindung im Schamanismus Europas

Im schamanischen Mythenkreis Europas nimmt das Liebesverhältnis zwischen Mensch und Tier einen großen Raum ein. Am deutlichsten sind die Spuren einer Mensch-Tier-Verbindung in den Überlieferungen aus den nordischen Kulturen zu erkennen. Sie berichten von dieser Verbindung in viererlei Weise:

– Jedes Tier ist auch ein Mensch. Das Tier kann jederzeit sein Tierkleid ablegen, um auch sichtbar als Mensch zu erscheinen. So geschieht es in der Geschichte vom Rotfinkmann: Ein alter Mann findet beim Holzschlagen im Wald einen kleinen Rotfinken. Als er ihn nach Hause bringt, verwandelt sich der Rotfink in einen jungen schönen Mann mit roten Haaren. Sie nahmen ihn an Sohnes statt an, und er wuchs und reifte außergewöhnlich schnell. Der Rotfinkmann nahm sich eine Frau, die von seiner Verwandlungsfähigkeit wusste und deshalb das Federkleid verbrannte. In dem selben Moment, als das Federkleid im Feuer verbrannte, war auch der Rotfinkmann verschwunden. Die Suche nach ihrem Mann ist ein spiritueller Reifungsweg, an dessen Ende die Frau ihren Rotfinkmann in Menschengestalt wiederfindet (sibirisches Märchen[1]).

– Ein Tier ist mehr als ein Mensch, weil es sich willentlich von der Erde lösen kann (der Schamanen-Schwanen-Mythos).

Ein Mensch kann seine alte Tiergestalt wieder annehmen und zurück zu seinen Tierverwandten gehen.

– Bei einem Zweig des Volks der Tungusen, den Dolganen, wird in einer Geschichte von der Sehnsucht eines jungen Menschenmädchens nach dem Dasein als Tier geschildert: Als die Tochter eines Mannes erwachsen war, weinte sie ununterbrochen. Auf die Fragen nach dem Grund ihres Weinens antwortete sie ihrem Vater nicht. Nach einer Woche des Weinens sprach der Vater zu ihr: »Liebling, was bedrückt dich eigentlich? Willst du dich etwa in einen Dämonen verwandeln, oder in ein Landtier oder vielleicht in einen Bär?«–»Ich will ein Bär werden«, sagte die Tochter. »Nun, so werde ein Bär«, sagte der Vater zu ihr. Da verwandelte sie sich in einen Bären. Später, als dieser Bär getötet wurde, fand man unter seinem Fell den Armreif der Tochter.

– Ein Mensch heiratet eine Tierfrau oder einen Tiermann, sie bekommen Kinder mit besonderen Fähigkeiten. Davon berichtet eine Erzählung der Giljaken: »Der erste Mensch wurde in dem Dorfe Rui geboren. Einst ging er auf den Fischfang. Er fing den Wassermutterfisch, paarte sich mit ihm und warf ihn wieder lebend in das Meer. Am nächsten Tage ging er wieder auf Fischfang, fing wieder den Wassermutterfisch, paarte sich mit ihm und warf ihn wiederum lebend in das Meer zurück. Viele Male tat der Giljake so, erzählte aber niemand davon. Im Sommer gebar

1 Siehe dazu ausführlich mein Buch *Der Flug des Schamanen*, 2004.

der Wassermutterfisch einen Knaben und warf ihn auf den Ufersand (...) Nach einem Jahr war der Knabe bereits vollständig erwachsen« (Findeisen 1956: 15).

– Beim Volk der Sami auf der russischen Halbinsel Kola wird die Mythe vom Wildrenmann erzählt, der halb Mensch, halb Tier gewesen sein soll. Die Mutter dieses Wildrenmannes war eine Schamanin, die sich in ein Wildrenweibchen verwandeln konnte und in dieser Gestalt mit dem Vater des Wildrenmannes, einem richtigen Wildren, zusammenkam. Das aus dieser Beziehung entsprungene Kind war der Wildrenmann. Innerhalb seiner Hütte hatte er eine Menschengestalt, außerhalb der Hütte war er ein Wildren. Er war der Stammvater der Kola-Sami.

Diese Verbindungen waren möglich, weil alle Wesen als nicht getrennt voneinander gesehen wurden.

Unabhängig von ihrer Erscheinungsform wurden Mensch und Tier in ihrer spirituellen Essenz, ihrem Geist, als unterschiedlich, aber gleichwertig empfunden. Diese Auffassung beinhaltet ein Höchstmaß an Abstrahierung, eine Loslösung von der Verhaftung an der materiellen Erscheinung. Ob sich eine bestimmte Qualität – wie zum Beispiel Fruchtbarkeit als kreativer Aspekt, Schönheit, Fürsorge, Weisheit, Klugheit – über die Erscheinung »Bär« oder »Adler« oder »Schlange« in die Welt einbringt, spielt dabei keine Rolle.

In europäischen und auch sibirischen Mythen ist es vor allem die Geschichte der sich in einen Menschen verwandelnden Schwanenjungfrau, die aus großer Sehnsucht heraus wieder in die Erscheinung des Schwans zurückkehrt.

Freiwillig für eine bestimmte Zeit Mensch zu werden gehörte in der Vorstellung der alten schamanischen Kulturen des heutigen Europas und Sibiriens zur Lebensform aller Wesen. Aber lebenslang Mensch sein zu müssen widersprach dieser Lebensform. »Ihr seid irdische Wesen und bleibt auf der Erde, ich aber stamme aus dem Himmel und fliege dorthin zurück«, ruft die über ihrem Heim schwebende Schwanenfrau den Zurückbleibenden zu.

In den späten Volksmärchen des christlichen Europas wurde dann die Geschichte der Verwandlung von Wesen immer zu dem einzig denkbaren Schluss hingeführt: ehelich-irdische Gemeinschaft als Erlösung aus der als qualvoll empfundenen Tiergestalt.

Fliegende Schwäne mit Mädchen.

Das wirft auch einen interessanten Seitenblick auf das Thema »Sodomie« in »primitiven Kulturen«. Kann es nicht sein, dass die frühen Forscher Rituale beobachteten, die von der Verbindung Mensch - Tier als ebenbürtige, sich befruchtende Wesen handelten? Oder dass es ein ritueller Akt der Erneuerung war, ein Regenerationsritual zur Bewirkung der Fruchtbarkeit der Tiere, um das Überleben der Menschen zu gewährleisten. Vielleicht war es der erste Versuch einer Beeinflussung des Laufs der Natur zu größerem Nutzen des Menschen?

»Gelbhaarige Jungfrau, die Büffelfärse, ist die Herrin der Tiere der Cheyenne, als diese noch Jäger und Sammlerinnen irgendwo im Norden, im heutigen Kanada waren, und ihre Hochzeit mit einem der jungen Männer ist der Beischlaf des archaischen Schamanen mit der Tierherrin zur Regenerierung der Tiere.«
H. P. Duerr, *Sedna oder die Liebe zum Leben*

Die Wirkkräfte der Natur müssen unseren Vorfahren lange Zeiten hindurch unfassbare Vorgänge gewesen sein. Naturerleben und Beobachtung waren der einzige Weg, das Lebensgeschehen begreifen und deuten zu können. Irgendwann werden die Menschen erfahren haben, dass äußerliches Geschehen und innerliches Geschehen miteinander in Beziehung stehen. Mehr und mehr wird sich ein Bewusstsein um die Verbindung innerer und äußerer Welten entwickelt haben. Aus diesem Bewusstsein heraus haben sich neue Möglichkeiten von Beeinflussung auf die hinter dem Naturgeschehen stehenden Kräfte entwickelt. Als Tierwesen und Menschenwesen miteinander »verwandt« zu sein brachte auch Verpflichtungen mit sich: sich umeinander zu kümmern. Vielleicht wurde in diesen Zeiten der bis heute noch gültige Grundsatz aller Religionen geboren: Ich gebe, damit du gibst. Du gibst mir dein Fleisch zum Essen, ich sorge dafür, dass du durch meine Opfergabe geehrt wirst und wieder in das Leben zurückkehren kannst! (Knochen der getöteten Tiere vergraben, ins Wasser geben, Jagdopfer als Versöhnungs- und Erhaltungsopfer.)

Tiergeister wurden zu Tiergöttern, Tiergötter wurden zu Menschengöttern mit Tierattributen und -eigenschaften, Menschengötter wurden zu von Tier- und Menschengestalt unabhängigen Vorstellungen. Wir leben nicht mehr in den Wirklichkeiten unserer frühen Menschenahnen, wir leben in Zeiten einer Weltbild- und Gottesbildverunsicherung, von fundamentalistischen Anschauungen bis hin zur Wissenschaft als Religion.

Diese Verunsicherung bringt ein große Öffnung und kreatives Potenzial für »neue« und »alte« Wege mit sich. Die Möglichkeit der Erfahrung und des Lebens vielfältiger innerer und äußerer Wirklichkeiten ist heute so groß wie kaum zuvor in der Menschheitsgeschichte. In meinem Dorf in der Lüneburger Heide leben Menschen mit christlicher, buddhistischer, islamischer, sufischer, hinduistischer Weltsicht. Und auch die spirituellen Wege der Wicca, der Asatru, des Druidentums und Schamanentums sind bei uns in der Heide vertreten.

Der Begriff »Heide« *(paganus = pagan)* für einen Nichtchristen wurde schon in der Frühzeit des Christentums verwendet. »Heide« leitet sich ab vom alten Wort *haithio* für »unbebautes, wildes Land«. Heiden: Die Landbevölkerung, die vor allem in Norddeutschland und Nordeuropa sich als Letzte zum Christentum bekehren ließen.

Asatru – den Asen treu – ist eine in Island, Dänemark, Norwegen und Australien staatlich anerkannte Religion des Neuheidentums.

Die zuletzt genannten spirituellen Wege erschließen Bewusstseinsräume, aus denen heraus sich neue Wirklichkeiten der Naturbezogenheit und Naturverehrung in unsere Welt verweben. Diese Wege schließen den Reichtum der Wissensinformationen unserer Jetztzeit mit ein. Oftmals ergänzen sie sich nicht nur, sondern treffen sogar aus verschiedenen Ansatzpunkten heraus die gleiche Aussage (zum Beispiel die Annahme einiger Physiker, dass die Grundinformation des Lebens ein Klangfeld ist).

Wir befinden uns also bei unserer Erfahrungssuche nach dem »Geist von etwas« von allen Seiten her in bester Gesellschaft bewusster Menschen, die bereit sind zu erfahren, dass alles Lebendige miteinander verbunden ist.

Eine Feder ist eine Feder – Der Kreis öffnet sich

Mein Vater die Sonne

Ich zeichne
den Himmel
und seine Zeichen
die Welt der Sáiva-Seen
und
möge er lebendig sein
der Fuchs
der Wolf
der Bär
die Otter
der Hermelin
der Hase
die Forelle
die Grauforelle
die Große Maräne
der Heilbutt
der Wal
der Goldregenpfeifer
die Wildgans
der Schwan
der Auerhahn, der sich auf
einem Baumwipfel niederlässt
der Vogelbeerbaum
die Weide
die Birke

Valkepäa, 1992 (Gedicht 34)

Immer noch kreist der Habicht über mir. Ich gehe unter seinen schrillen Schreien über die Wiese zurück zum Seminarhaus. Mein Blick ist vom Himmel zur Erde unter mir zurückgekehrt, ich nehme das kribbelnde und krabbelnde Insektenleben der Wiese wahr – und halte inne: Vor mir liegt eine große, weißbraun gestreifte Feder. Eine Habichtsfeder! Ich hebe sie auf, streiche mit ihr über mein Gesicht, gebe meinen Atem auf dieses feine Federgespinst. Dann hebe ich sie hoch zum immer noch über mir kreisenden Habicht und bedanke mich für sein Geschenk. Ich nehme die Feder als gutes Vorzeichen für die vor mir liegende Zeit der willentlichen Begegnung mit dem »Geist der Tiere«. Möge das Zusammensein mit den Menschen in dieser Zeit sich so federleicht und belastungsfähig zusammenfügen und uns weit in die vielfältigen Wirklichkeiten der Welten tragen!

Wir sitzen im Kreis, vor mir liegt die Feder des Habichts. Jede der Seminarteilnehmerinnen hat etwas mitgebracht, in dem sich ihre besondere Beziehung zu einem Tier ausdrückt. Im Kreis liegen eine Schwanenfeder, ein kleines Büschel grauer Haare vom Wolf, eine Adlerfeder, das gefleckte Fell eines jungen Hirschs, eine Bärenkralle, ein Bärenzahn, ein Stück abgestreifte Schlangenhaut, ein Hirschgeweih, die Feder einer Wildgans, der Flügel einer Krähe, eine getrocknete Erdkröte, drei Eulenfedern.

Jede erzählt die Geschichte ihrer besonderen Beziehung zu dem Tier, welche Bedeutung das vor ihr liegende »Teil« des Tiers für sie hat. Berührende, wundersame und auch fantastische Geschichten erfüllen unseren Kreis. Sie erzählen nicht nur vom Tier, sondern vor allem von der Erzählerin und ihrem Blick auf die geistige Verbindung zwischen Mensch und Tier. Immer wieder fällt das Wort »Krafttier«.

Die Geschichten sind erzählt.

Ich bitte mir von der Wildgansfrau die Erlaubnis aus, ihre hellgraue Feder für eine kleine Übung verwenden zu dürfen.

Neben mir liegen einige leichte Stoffbündel. Ich öffne eines: 107 graue Federn unterschiedlicher Größe, über die Jahre hin gesammelt auf den Wiesen der Elbmarsch. (Die anderen Bündel bergen: 107 weiße Gänsefedern, 33 Krähenfedern, 47 Federn vom Star, 23 Eulenfedern, 13 Bussardfedern, 27 Federn vom Eichelhäher.)

Ich lege die geliehene Wildgansfeder dazu, stehe auf und öffne das Tuch. 107 und 1 Wildgansfedern fliegen in die Luft, fallen langsam segelnd herunter. Ich beobachte aus meinen Augenwinkeln den Schreck, der die Wildgansfrau überfällt. 108 Wildgansfedern in allen Größen bedecken den Teppichboden. Wie soll sie da »ihre« Feder wiederfinden?

»Was macht den Unterschied aus zwischen der Feder der Wildgansfrau und den anderen 107 Wildgansfedern?«

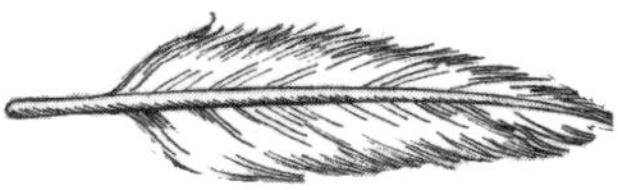

Schweigen. Ich bitte die Teilnehmerinnen, in diesem Schweigen zu bleiben und die Zeit bis zum Abendessen alleine draußen in der Natur zu verbringen. Am Abend werden wir dann unsere Einsichten zu der Feder-Frage austauschen. Die Spielregel lautet: Keine der Federn im Seminarraum darf bewegt werden!

Als ich am Abend den Seminarraum betrete, wird schon heftig diskutiert. Immer wieder zeigen Finger auf eine der Federn, die den Innenkreis unserer Sitzrunde bedecken. Einige der Teilnehmerinnen halten ihre »Tierteile« betrachtend in der Hand. Ob sie sich überlegen, wie sie eine unauffällige Markierung anbringen können? Sie trauen mir wohl zu, dass ich in meinem Koffer noch etliche Flügel, Krallen, Hörner oder Häute habe ...

Es wird eine lange Nacht.

Was ist es, dass aus einer »normalen« Feder ein wirkungsvolles Ritualwerkzeug entsteht?

> Eine klassische Definition des »Heiligen« im Schamanismus von Mircea Eliade:
> »Der heilige Stein, der heilige Baum werden nicht als Stein oder Baum verehrt – sie werden verehrt, weil sie *Hierophanien* sind, weil sie etwas zeigen, was nicht mehr Stein oder Baum ist, sondern das Heilige, das ›ganz andere‹ (...) die ganze Natur kann sich als kosmische Sakralität offenbaren.«
> Mircea Eliade, *Das Heilige und das Profane*

Weder hebt sich eine der 108 grauweißen Federn durch besondere Leuchtkraft hervor, noch bewirken die konzentrierten Spür- und Fühlversuche etwas, so oft auch sensible und auf das Erspüren von Energien geschulte Hände über die Federlandschaft streichen. Dass sich die Federn bewegen, ist Folge des durch die Bewegung der Arme und Hände erzeugten Luftstroms.

Die Wildgansfrau erzählt. Sie ist betroffen darüber, »ihre« Feder nicht wiedergefunden zu haben zwischen den anderen Federn. Sie erzählt davon, wie sie diese Feder gefunden hat, wie sie mit ihr arbeitet: Sie ist das wichtigste Werkzeug ihrer rituellen Heilarbeit, begleitet sie auf all ihren Innen- und Außenreisen, sie hing über der Wiege ihres Kindes.

Ist sie mit ihrem Bezug zur Feder und damit zur Qualität Wildgansfrau einer romantisierenden Wunschvorstellung in die Falle gelaufen, einer Symbolüberfrachtung oder heimlichen magisch-mächtigen Wunschvorstellungen erlegen?

Ich strecke meinen Arm aus, ergreife »die« Feder und gebe sie unter staunenden Blicken der Wildgansfrau zurück.

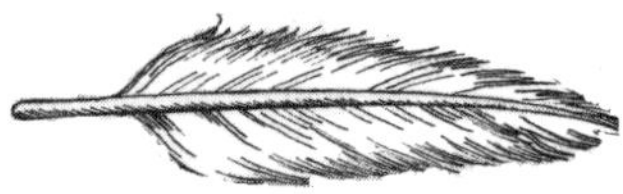

Nein, ich bin weder hellsichtig noch habe ich gezaubert – ich habe einfach nur getrickst und »die« Feder mit einem Hauch meines Lippenstifts am Kielende versehen. Den Lippenstift hatte ich durch die beiläufige Bewegung vom Finger zum Mund auf den Finger gebracht.

So konnte ich »sie« von den anderen Federn unterscheiden.

Ansonsten war die Feder nur eine Feder wie alle anderen Federn auch. Eine Feder ist eine Feder.

Der rituelle Umgang mit einer Gänsefeder hätte unserer Gänsefrau in den Zeiten der Hexenverfolgung das Leben kosten können, vielleicht hätte man sie auch »gefedert und geteert«. Federn – Zeichen der Fähigkeit zum willentlichen Seelenflug, Zeichen der Verbindung zu Geistern. Ich erinnere mich, dass ich in der Zeit der Blumenkinder einmal mit einer Feder als Ohrschmuck der Einladung einer guten Freundin in ihr Elternhaus folgte. Es war ein evangelischer Pastorenhaushalt. Die Frau des Hauses schaute voller Abscheu auf meinen Ohrschmuck und rief aus: »Du trägst ja Teufelswerk an deinem Ohr!« Eine schwarze Feder. Mein Aufenthalt dort war nur sehr kurz – dabei war es doch nur eine Feder!

Die einzige Gänsehaut an diesem Abend wird durch kaltes Duschen hervorgerufen. Das Gänsedaunenkissen verbindet die müden Tiergeist-Forscherinnen zwar nicht unbedingt mit dem Geist der Gans, beschert aber federleichte Träume.

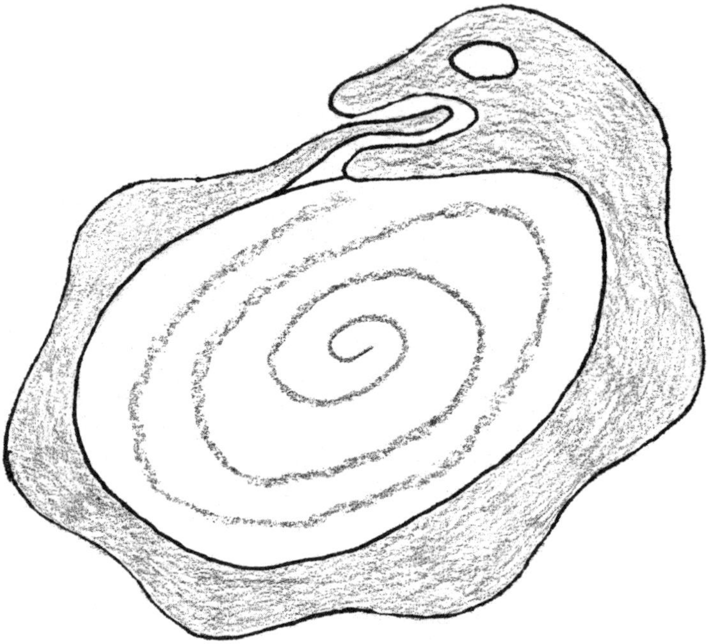

»Jetzige Zeit und vergangene Zeit sind vielleicht gegenwärtig in zukünftiger Zeit, und die zukünftige Zeit ist enthalten in der Vergangenheit.«
T. S. Eliot

Die Geschichte der geistigen, heilenden Arbeit der europäischen Schamanen der Frühzeit und die Bedeutung, die Tiere als ihre geistigen Verbündeten für sie hatten, zeigt sich nicht nur in den sichtbaren Spuren, die der Mensch hinterlassen hat. Archäologische Funde sind es, die uns den Weg weisen in die hinter den materiellen Funden liegende geistige Welt unserer Schamanenahnen. Die Menschen der Frühzeit wussten sicherlich, dass sie durch geheimnisvolles Wirken verbunden waren mit nichtsichtbaren Kräften, die Einfluss auf ihr Menschengeschick nahmen. Da dieser Einfluss für den Menschen günstige oder ungünstige Auswirkungen haben konnte, war es notwendig und klug, mit diesen Mächten in Kontakt zu stehen und zu versuchen, das Wirken der Kräfte zu eigenen Gunsten zu beeinflussen.

Man konnte aber nicht sicher sein, dass sich die Kräfte freundlich zeigten – es waren Gewalten, die auch zu fürchten waren!

So alt unsere Menschengeschichte ist, so alt ist sicherlich auch das Wissen um die Wirkung von Ritualen, mit denen man sich mit den das Leben bestimmenden Kräften in Verbindung setzen konnte.

Den bislang ältesten Hinweis auf Ritualhandlungen – als ein Ausdruck der Vorstellung von den Zusammenhängen des Lebens – wurde in Bilzingleben nördlich von Erfurt entdeckt. Dort hatten vor zirka 370 000 Jahren Menschen ihren Siedlungsplatz – drei Hütten, Feuerstellen, Werkstatt, Schlachtplatz und eine Stelle, die auf eine Nutzung als Kultplatz schließen lässt: ein dicht mit Steinen und flachen Knochenstücken gepflasterter runder oder eventuell auch ovaler Platz. Es wurden Splitter von menschlichen Schädeln gefunden, eine Abwurfstange vom Rothirsch, einem Amboss ähnlicher Steinblock. Die Knochensplitter und Schädel weisen auf postmortale Kulthandlung hin. Es wurden auch Knochen mit eingeritzten Strichmustern gefunden. Die Deutungen dieser Funde, vor allem des Kultplat-

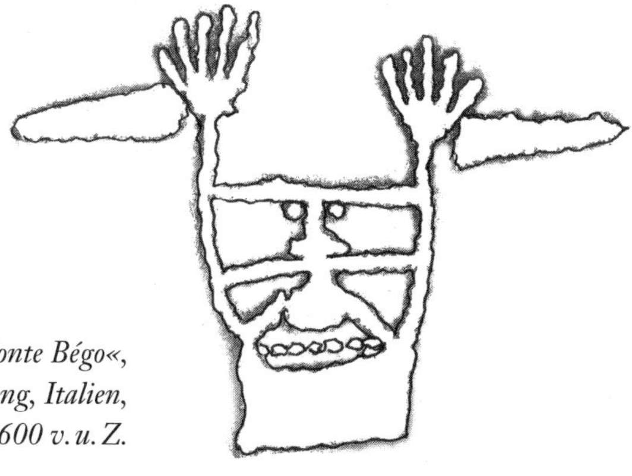

»Schamane von Monte Bégo«, Felszeichnung, Italien, 2000–1600 v. u. Z.

zes, bleiben vorerst nur im Bereich der Vermutungen. Ohne Zweifel zeugen diese Funde nicht nur vom Überlebenskampf der Frühmenschen, sondern auch von einem Denken in Zusammenhängen, die über den mechanischen Kreislauf von Geburt-Leben-Tod hinausgingen.

Das Zerschlagen der Schädel nach dem Tod der Menschen (selbst wenn das zum Zwecke des Verzehrs der Gehirne diente), an einem vom Alltagsleben abgesonderten Platz – heißt diese Handlung doch, dass dem Inneren des Schädels besondere Zuschreibungen zukamen. Vermutete man eine besondere Kraft im Schädelinneren, die man sich nach dem Tod des Menschen aneignen wollte? Oder wurden die Knochen zerschlagen, um sie in besonderer Weise der Erde als »Nahrung« zurückzugeben, damit neues Leben daraus erwachsen konnte? Handlungen, die sicherlich mit der Absicht verbunden waren, »etwas« zu bewirken.

Nicht sehr weit entfernt von diesem alten Lagerplatz erzählt ein anderer Fund vom absichtsvollen Handeln und von den geistigen Zusammenhängen des Lebens der Menschen der Frühzeit:

Urpferde in der Höhle von Lascaux, um 17000 v. u. Z.

Vor zirka 400000 Jahren haben Jäger in der Nähe von Schöningen bei Helmstedt mindestens 17 Wildpferde erlegt. Inmitten der Überreste der Pferde lagen 7 hölzerne Wurfspeere aus Eibenholz, zirka 2,50 Meter lang. Es sind die ältesten Holzgeräte der Welt, die belegen, dass bereits der altsteinzeitliche Mensch ein großes handwerkliches Können besaß und eine längere Erfahrung als Jäger hatte, als bislang angenommen. Aber diese Wurfspeere erzählen noch mehr: Sie erzählen vom Verhältnis der Jäger vor 400000 Jahren zu den Tieren und zur Vorstellung vom Geist des Lebens, vom Geist der Tiere. Warum haben die Jäger ihre wertvollen, unversehrten Speere inmitten der Tiere zurückgelassen? Speere, deren Herstellung mit den damaligen Werkzeugen eine sehr mühevolle Arbeit war. Die Hinterlegung der Speere, mit denen die Wildpferde getötet wurden, war eine rituelle Handlung. Vielleicht sollte sie Ausdruck der Versöhnung mit dem erlegten Tier sein. Oder die Speere sollten als Gabe erwirken, dass zukünftiges Jagdglück nicht ausblieb.

Jagdbräuche

Von der Verbundenheit mit Tieren, den Kräften der Natur und vom Wissen über das Wirken dieser nichtsichtbaren Kräfte auf das Leben der Menschen erzählen bis heute bei uns in Europa einige Jagdbräuche. Das Ritual des Erlegens von Tieren zur Absicherung der Lebensexistenz eines Stammes war sicherlich geprägt von großem Respekt und Furcht vor der Überlegenheit des Tiers im Überleben in der Wildnis – und auch vor der geistigen Macht der Tiere.

Spuren der Ehrung des erlegten Tiers im heutigen Brauchtum der Bauern und Jäger:

– Hat ein einzelner Jäger ein Tier erlegt, zieht er seinen Hut und verneigt sich vor dem Tier. Er wartet, bis es verendet ist und verbläst es mit dem Jagdhorn. Dann legt er das Tier auf die rechte Seite, so dass die Herzseite oben liegt. Der Jäger bricht einen Zweig von einer der »gerechten« Baumarten Tanne, Fichte, Eiche, Erle oder Kiefer. Das Tier erhält vom Jäger den »letzten Bissen«, das heißt ihm wird ein Stück des Zweiges in den Äser, das Maul, gesteckt. Ein weiterer Zweig wird in Brusthöhe auf den Rumpf des Tiers gelegt. Beim männlichen Tier zeigt die abgebrochene Spitze des Zweigs zum Haupt hin, beim weiblichen Tier entgegengesetzt.
– Das Zeremoniell des Verblasens (der Seele des toten Tiers), nachdem das erlegte Jagdwild in besonderer Ordnung gelegt wurde. Beim Verblasen nehmen die Jäger ihre Hüte ab und erweisen den Tieren Respekt.
– Teile der zerlegten Beute werden – mit einem kleinen Ritual verbunden – vergraben oder verbrannt. So wird es der Erde und dem Himmel zurückgegeben, die das Wild haben werden und wachsen lassen.
– In einigen bäuerlichen Gegenden wird gleich nach dem Schlachten und Zerlegen des Tiers auf das Wohl der Seele des Tiers getrunken.

Diese beeindruckenden Funde lassen Vermutungen auf rituelle Handlungen zu, bieten aber keine Hinweise auf das geistige Weltbild dieser Menschen oder auf das Vorhandensein von geistigen Führern, Heilerinnen, Schamaninnen.

Spuren des Schamanismus der europäischen Frühzeit, die in Darstellungen Zeugnis geben von den schamanischen Elementen der Seelenreise, der

Trance, der Beziehung zwischen dem Geist des Menschen und dem Geist des Tiers, diese Spuren führen uns zirka 40000 bis 30000 Jahre zurück:

Die ältesten bildnerischen Zeugnisse der Welt wurden in Deutschland gefunden, ausschließlich in den Höhlen des Achtals und des Lonetals in Baden-Württemberg. In drei Höhlen fand man aus Mammutelfenbein geschnitzte Tierfiguren – Löwe, Pferd, Mammut, Wisent, Höhlenbär, Fellnashorn. Einige der Tiere lassen Reste von Ösen erkennen. Offensichtlich Amulette – aber zu welchem Zweck? Zum Schutz vor dem Tier, das dargestellt wurde? Als ein Zeichen für das Tier, dessen Geist den Jäger beschützt? Als Amulett zum Erwirken von Jagdglück im Sinne von Jagdmagie?

Welche Absicht auch mit dem Tragen der Tiere um den Hals verbunden war, es weist auf ein abstrahierendes Denk- und Vorstellungsvermögen mit der geistigen Welt hin.

Eine zirka 32000 Jahre alte Darstellung, als Halbrelief aus einem kleinen Elfenbeinplättchen gearbeitet, lässt klar die Gestalt eines Menschen erkennen. Mit gespreizten Beinen und erhobenen Armen sieht es wie die Darstellung eines Menschen in beschwörender, anrufender Haltung aus. Seine Füße erscheinen hufartig, und ein langer Fortsatz zwischen den Beinen könnte nicht nur ein Phallus oder Lendenschurz sein, sondern ebenso ein Tierschwanz. Ein Schamane in Tiergewand, in Tierverwandlung? Ein Jagdritual zum »Rufen der Tiere«? Oder, mit den Attributen des erjagten Tiers versehen, ein Dank- oder Versöhnungsritual für den Geist des erlegten Tiers?

Dieses Mensch-Tier-Wesen ist nicht der einzige Zeuge einer schamanischen Weltsicht der Verbundenheit von Mensch und Tier in den Höhlen Baden-Württembergs vor zirka 32000 Jahren: Eine aufrecht stehende Mensch-Tier-Gestalt, zirka 30 Zentimeter hoch, einst aus dem Stoßzahn eines Mammuts geschnitzt, mit dem Kopf eines Löwen, erzählt ebenso von dieser Weltsicht. Im Jahr 2003 wurden in der Höhle »Hohle Fels« auf der Schwäbischen Alb drei weitere Skulpturen aus Mammutelfenbein gefunden. Ein Pferdekopf, ein Wasservogel und das kleine Halbrelief eines stehenden Bären oder Löwen bilden mit den vorherigen Funden die weltweit älteste Ansammlung figürlicher Kunst!

Viele Zuordnungen sind möglich zu diesen 18 Elfenbeinfiguren, besonders zu den Tier-Mensch-Figuren. Doch eigentlich reduzieren sich alle Interpretationen auf eine Einsicht: Die Menschen der Kultur, aus der diese Figur stammt, waren geprägt von einer Weltsicht, in der die Verbindung von Mensch und Tier wichtig und eng war. Es wäre vermessen, anhand der wenigen gefundenen Stücke Konzepte aufzustellen über geistige Entwicklung, Denken und Glaubensvorstellungen unserer frühen Menschenahnen und -ahninnen. Konzepte sind geprägt von der Art und Weise, wie wir heute Leben betrachten, werten, erklären – sie richten sich aus nach unserer heutigen Sicht von Welt.

Dass sich über die langen Jahrtausende, durch den Wechsel der Klimazonen hindurch überhaupt einige bildnerische Zeugnisse unserer Ahnen erhalten haben und auch gefunden wurden, sind glückliche Zufälle. Sie sind aber nicht nur Vermächtnisse aus der Vergangenheit. Sie werden zur Gegenwart in dem Moment, in dem ich sie in der Gegenwart wahrnehme. Und so werden sie auch zu einem Teil der Zukunft, denn vermutlich sind sie noch sichtbar, wenn ich nicht mehr unter den Lebenden bin, wenn ich Vergangenheit bin.

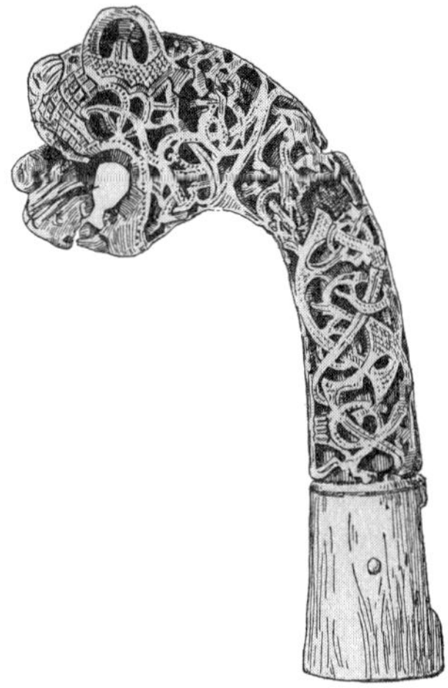

Tierkopf vom Osebergfund, Norwegen, zirka 800 n. u. Z.

Ein an das Ende einer Stange aufgesetzter Vogel als Ausdruck der Fähigkeit zum Schamanenflug wurde noch im 19. Jahrhundert als »Himmelspfahl« auf den Gräbern von Schamanen im Gebiet der Arktis gesehen. Im arktischen Schamanismus werden Hirschgeweih und Bärenpfoten als die wirksamsten Attribute des Schamanen in seiner Heilarbeit und beim Umgang mit den Geistern angesehen. Auch die Eule spielt dort eine wichtige Rolle, ist sie doch diejenige, die »alles sieht.« Diese Attribute traditioneller schamanischer Arbeit weist auch der »Gehörnte« der Höhle von Les Trois Frères auf.

Der »Vogelmann« aus der Höhle von Lascaux, der »Gehörnte mit Bärenpranken, Pferdeschweif und Vogelaugen« und der »Bisontänzer« aus der Höhle von Les Trois Frères, der »Zauberer von Lourdes mit Tierschwanz und Hirschgeweih« in der Höhle Les Espelugues wurden tief unter der Erde in nur schwer zugänglichen Höhlen gefunden.

Das Eindringen in tiefe Höhlen war vielleicht mit einem besonderen Ritual verbunden, das nur den für den Umgang mit der Welt der Geister

Höhlenzeichnung »Zauberer von Lourdes«.

zuständigen Menschen, die wir heute Schamanen nennen, vorbehalten war. Gemäss zahlreichen Zeugnissen wurden Höhlen in der Frühzeit als weiblich angesehen. Das Eindringen in die Höhle war ein Eindringen in den Schoß der Erdmutter, die in ihrer Gebärhöhle alles Leben und damit auch die Seelen der Tiere hütete. Vielleicht war dieses rituelle Eindringen in die Höhle eine ekstatische Unterweltreise zum Zwecke des Holens, Rufens der Tiere, die als Jagdwild für das Überleben der Gemeinschaft gebraucht wurden. Als »Verwandter« der Tiere in den Raum einzudringen, in dem ihr Geist gehütet wurde, hieß auch, sich dem Geist der Tiere in »verwandter« Erscheinung zu nähern: tierähnlich, mit Fell, Krallen, Gehörn und Federn bekleidet.

»Wieder brach ich auf
in meiner Gestalt als junger Rentierstier,
ich ging sieben Tage
auf unserem Erdröhrenweg.«
Gesang eines tundrajurakischen Schamanen über seine Unterweltreise zur Urmutter der Rentiere (aus: H. P. Duerr, *Sedna oder die Liebe zum Leben)*

Die Zeichnungen der »Tiermenschen« aus den französischen Höhlen sind wie andere frühe Kulturzeugnisse, zum Beispiel die »Alte mit Fellkappe« aus Malta-Belaja, Sibirien, und die in Österreich gefundene kleine Schieferstatuette der »Frau vom Galgenberg«, die bekanntesten der altsteinzeitlichen Erzähler. Sie können uns von den schamanischen Kosmologien unserer europäischen Ahninnen berichten – wenn wir uns einem wahrnehmenden Erkennen öffnen und uns nicht hinter »schon alles wissenden« Sichtweisen verschließen.

Alle diese Funde erzählen nicht nur von der Strukturierung der damaligen Gesellschaften, von ihrem Leben mit den Gegebenheiten ihrer Natur-Umwelt. Sie erzählen auch von ihren geistigen Landschaften, ihren Seelenlandschaften und ihren Vorstellungen vom Raum des Todes. Indem wir ihrer Geschichte nachspüren, können wir etwas von der Information aus dem Bewusstseinsfeld der Menschen, die diese Funde einmal geschaffen haben, erfahren. Unsere Berührung mit diesen »alten« Informationen kann zu einer erweiterten Sicht der raum- und zeitunabhängigen Informationen über Zusammenhänge des Lebens werden.

Wie verschieden wir Jetzt-Menschen in Aussehen, Denken und Leben auch sind von den kreativen Erschaffern und Erschafferinnen der »Kunstobjekte« vor 40000 Jahren oder den Speerjägern vor 400000 Jahren – die zentrale Lebensfrage war für sie sicher die Gleiche wie für uns heute: Woher komme ich – wohin gehe ich?

Dumme Gans und Bärenmilch

Bei meiner Spurensuche stieß ich auch auf eine reiche Sammlung an Sprichwörtern und Redensarten, die sich auf Vergleiche aus dem Tierreich beziehen. Eigentlich hatte ich erwartet, in diesem Bereich Bezüge zum Geist der Tiere zu finden oder wenigstens Schlussfolgerungen aus Tierbeobachtungen. Doch die meisten Sprichwörter und Redensarten haben weder mit den biologischen Eigenschaften des Tiers noch mit ihrem Geist zu tun. Auch Aristoteles stellt mit seiner »Vogelbetrachtung« keine Ausnahme dar: »Ganz allgemein sind Vögel mit harten Federn tapfer, die mit den weichen feige.«

Zweifelsfrei haben die Menschen die Wesensart der Tiere, ihre Eigenheiten und Qualitäten auf sehr menschliche Vorstellungen hin zugeschnitten. Eigenschaften, die sich auf das beziehen, was uns Menschen wichtig ist, auf Nutzen und Schaden und nicht auf die dem Tier eigene Lebensart:

- treuer, gerissener, gemeiner, fauler Hund;
- falsche Katze, Katzenmusik, Katzenwäsche, Naschkatze;
- falsche, listige, kluge Schlange;
- dumm: Esel – Gans – Kuh – Huhn – Hund;
- armes Schwein, Glücksschwein, altes Ferkel, Schweinigelei, Schwein haben;
- stolzer, eitler Hahn; Streithahn;
- schlauer, listiger, verschlagener Fuchs; fuchsteufelswild;
- siegreicher Adler, Götterbote Adler; stolzer, einsamer, unfehlbarer Adler.

Böse Tiere – gute Tiere. Teuflische Tiere – göttliche Tiere.

Kein Wunder, dass die Werbeindustrie schon immer Tiere zum Imagetransfer eingesetzt hat, als ideale Sympathie- und Sehnsuchtsträger, als Symbole für menschliche Charaktereigenschaften:

Der schlaue Fuchs der Bausparkasse – der nährende Bär der Dosenmilch – der Kuschelbär für Kuschelweich beim Weichspüler – die daunenweiche Gans für Soft-Toilettenpapier – der kapitale, potente Hirsch des Kräuterlikörs – die Schlange als »neuste Form der Verführung« beim Cabrio-Autokauf – Adler, Gans, Kranich, Falke als zuverlässiger Durchquerer der Lüfte für Luftfahrtgesellschaften – der kraftvoll männliche, urwüchsige Wodka-Bär und das Körner pickende Huhn des Doppelkorn, – sie sind nur einige Beispiele aus dem vielfältigen Werbezoo.

All diese noch so verqueren Zuschreibungen können derart wirksam sein, weil sie auf einfach verständliche und emotional berührende Weise anknüpfen an die in uns gespeicherten Informationen der Verbundenheit von Mensch und Tier und an unsere Sehnsucht nach einem anderen, naturverbundenen Leben. Diese Verbundenheit umfasst weit mehr Informationen als nur die der Evolutionstheorie.

Wohin führt es, was für einen Sinn macht es für unser heutiges spirituelles Leben, den Spuren des frühen Schamanismus nachzugehen, dem geistigen Verhältnis vom Mensch zum Tier?

Wir leben nicht mehr in einer Welt der engen Verbundenheit mit Natur und Tier, können uns ernähren und kleiden unabhängig von tierischen Produkten, leben wind- und wettergeschützt und müssen keine Wetter erzeugenden Kräfte gnädig stimmen. Die landwirtschaftlichen Produkte wachsen und gedeihen auch ohne rituelle Opfergaben; ebenso die Fruchtbarkeit der Frauen können wir weitgehend selbst bestimmen und beeinflussen. Wir haben die Möglichkeit, uns für einen der vielfältigen spirituellen Wege zu entscheiden – auch für den des Schamanismus. Doch wie ist es für uns heute noch möglich, diese von uns oft so sehnsüchtig betrachteten schamanischen Verhältnisse von Mensch zum Tier alltagstauglich zu leben?

Vielleicht haben ja die Teilnehmerinnen und Teilnehmer des Seminars einige Antworten darauf, vielleicht kennen sie Wege zu einem uns entsprechenden Umgang mit dem »Geist der Tiere«?

Hirschmann und Schlangenfrau – Wie wirklich sind Geisttiere?

»Das ist ja gerade das Geheimnis, das Große Geheimnis, dem wir alle gegenüberstehen, das Rätsel, das sich uns stellt, das sich unweigerlich jedem Menschen stellt: Wie erkenne ich den Geist, wenn er in der Materie eingeschlossen, im Grunde also *unerkennbar* ist?«
Mircea Eliade

Vogel-Irritationen

Vögel flattern erschreckt auf, Spitzmäuse flitzen in ihre Löcher – die Ruhe des frühen Voralpenmorgens ist dahin. Zwölf Frauen und Männer versuchen, sich möglichst leise am Waldrand entlangzubewegen. Es wird wieder menschenschritt-still. Am Rande des Waldes hat sich jede einen Platz gesucht, von dem aus sie gut die Wiese beobachten kann. Die Beobachter wollen »Kontakt aufnehmen« zu den Morgen-Vögeln, die über der Wiese kreisen, die in der Wiese nach Futter suchen.

Auf einem Flecken Moos sitzt der Hirschfellmann, er macht einen unruhigen Eindruck, kratzt sich im Nacken. Sein Bemühen, sich ganz auf die ruhige Atmung und die Empfindung des Körpers zu konzentrieren, ist schon gleich am Anfang gescheitert – irgendetwas krabbelt hinten im Nacken …

Na gut – dann richtet er eben ohne vorbereitende Atemübung seine Aufmerksamkeit gleich auf das Vogelgeschehen in und über der Wiese. Kleine Vögel schießen pfeilartig in die Wiese herunter, um bald darauf wieder fast gerade hoch in den hellen Morgenhimmel zu fliegen.

> »Wie willst du wissen, ob nicht jeder Vogel, der den Luftweg durchschneidet, eine ungeheure Welt des Entzückens ist, verschlossen deinen fünf Sinnen?«
> William Blake (1757–1827)

Der Hirschfellmann überlegt: Sind das Lerchen – oder doch Kiebitze? Dem Gesang nach werden es eher Lerchen sein, sinniert er weiter – und holt tief Luft. Nun hat er sich bei dem erwischt, was er doch auf keinen Fall machen wollte: zuordnen, einordnen, in zoologischen Kategorien denken. Gut, dass ihn die Seminarleiterin jetzt nicht sieht! Was hat sie doch in der nachtmüden Morgenstunde eindringlich den Teilnehmerinnen gesagt:

»Wenn ihr etwas vom geistigen Feld eines Tiers erspüren wollt, gibt es nur einen Weg: die bewusste Erfahrung. Das hört sich simpel an – denn bewusste Erfahrung erfordert eigentlich nur eines: die Bereitschaft zur Erfahrung. Doch ganz so simpel ist es nicht, bewusst zu erfahren. ›Bereitschaft zur Erfahrung‹ beinhaltet: einen wachen, offenen Geist, der bereit ist, Ungesehenes zu sehen, Nichtgehörtes zu hören, Ungespürtes zu spüren. Lasst euch nicht durch die alltäglichen Denkmechanismen von ›Einordnen, Bewerten, Interpretieren‹ die Wege zum Erspüren neuer Räume blockieren. Bleibt mit dem Atem und eurer Aufmerksamkeit immer beim Tier, nehmt es wahr mit allen Sinnen!«

Der Hirschfellmann setzt sich wieder aufrecht hin, lässt seinen Atem durch jede Zelle seines Körpers streichen, erlauscht mit jedem Atemzug und einem weichen, nichts fixierenden Blick die Vogelwelt in der Wiese. Er hört nicht – er lauscht, hält keinen Ton und kein Geräusch fest. Nicht das vielstimmige Vogelgezeter hinter sich im Wald, nicht den jubelnden, Sehnsucht erweckenden Gesang der Feldlerchen, nicht den hohen, schrillen Ruf des Habichts. Das Lauschen lässt den Vogelklang durch ihn hindurch fließen, als hätte er keinen festen Körper.[2]

Er spürt das schnelle Flattern der kleinen Lerchenflügel in seinem Herzen, das jetzt irgendwie auch flattert. Ein Gedankenblitz schießt durch das fast ruhige Denknetz des Hirschfellmannes und schleudert ihn aus dem Lauschen hinaus: »Lerchen – wie bin ich denn ausgerechnet auf die gekommen, die sind doch viel zu klein und unbedeutend, um Geisttiere zu sein.«

Er richtet seinen Blick auf den doch wesentlich imposanteren Habicht hoch oben in der Luft. Und hört fast gleich wieder auf damit. Schon wieder ist er in die Vorstellungsfalle getappt! Schon wieder hat er versucht, sich nicht auf das einzulassen, was ihm begegnet, sondern diese Begegnung zu manipulieren, immer gemessen an seinen Vorstellungen von »Kraft« und »Wichtigkeit«. Na ja, gesteht er sich ein, irgendwie hat er auch immer im Hinterkopf, dass die Art seines Geisttiers ja auch etwas aussagen könnte über die eigene Wesensart – und diese Aussage hätte er doch gerne mit beeindruckenden Attributen verbunden gesehen.

Der Hirschfellmann ärgert sich über sich selbst – diese Falle kennt er nun doch wirklich zur Genüge. Vor seinem geistigen Auge tauchen alle von ihm gelesenen Bücher über »Krafttiere« und ihre Zuschreibungen auf. Nirgends hat er etwas über Feldlerchen gelesen, noch nie hat er gehört, dass ein Schamane eine Feldlerche als geistigen Begleiter hatte.

In den mythischen Überlieferungen keltischer Völker werden der Feldlerche die Qualitäten von Freiheit und Fröhlichkeit zugeordnet, es wurden ihr sogar göttliche Eigenschaften zugeschrieben. Die Lerche wurde als Vogel der Sonne gesehen.

2 Siehe auch »Vogelklang-Lauschübung«, Seite 183.

In alten Büchern über die Beobachtung von Vögeln, so bei Leonardo da Vinci, wird folgende Beobachtung wiedergegeben: Findet sich eine Lerche bei einem kranken Menschen ein, so wendet sie sich vom Menschen ab, wenn der Mensch dem Tode nahe ist. Wird der Kranke wieder gesunden, so sieht ihm die Lerche lange ins Gesicht, und bald darauf beginnt der Heilungsprozess.

Von einem Habicht als Geisttier hat er zugegebenermaßen auch noch nie etwas gelesen – der Hirschfellmann gerät ins Grübeln. Da beißt ihn zu seinem Aufwachglück eine Ameise. Er setzt sich wieder aufrecht hin, lenkt die Aufmerksamkeit auf seinen Atem, auf den weichen Blick, lässt sich erneut darauf ein, mit seinem ganzen Körper zu lauschen. Der Hirschfellmann spürt, wie sich seine Körperempfindung verändert, es fühlt sich durchlässiger als vorher an, als hätte sein Körper keine festen Abgrenzungen mehr. Die innere Kontroll- und Wertebrille verschwindet mit jedem Atemzug etwas mehr. Die Filter der Wahrnehmung fangen an, sich zu bewegen, zu verschieben. Wieder durchwirbeln ihn die schnellen Flügelschläge der Lerchen, ihre Jubelarien prickeln wie Champagner durch seine Zellen, ihm wird etwas schwindlig. Sein weicher Blick ist weit, weiter als sein Gesichtsfeld. Er kann den hohen Flug der kleinen Lerchen wahrnehmen, ohne die Augen zu bewegen. Mit jedem Einatmen nimmt er den Flug und den Gesang in sich auf, mit jedem Ausatmen gibt er seinen Atem in den Gesang und in den Flug zurück. Er fühlt sich weit und hoch und hell und leicht und voller Glück, er spürt etwas von der »Qualität« Lerche.

> »Ihre kleine Kehle arbeitet unter dem Gewicht der Inspiration; jede Feder
> ihrer Kehle, ihrer Brust und ihrer Flügel vibriert vor göttlichem Ausfluss.
> Die ganze Natur hört schweigend zu, und die gefährliche Sonne
> Bleibt unbeweglich auf dem Berg stehen, den kleinen Vogel
> Mit Bewunderung und Demut, mit Liebe und Verehrung betrachtend.«
> William Blake (1757–1827)

Der Hirschfellmann lässt sich in das Gras der Wiese sinken, streckt tief aufatmend die Glieder weit von sich, blinzelt in den hellen, wolkenlosen Himmel und versucht, die hoch oben flatternden Lerchen zu sehen. Das Licht der Morgensonne macht sie fast unsichtbar.

»Wenn ich etwas von der Lebensenergie ›Lerche‹ wahrnehmen kann, werde ich dann eigentlich auch von ihr wahrgenommen? Hat meine Wahrnehmung auch eine Auswirkung auf das Wahrnehmungsfeld des Tiers, nimmt es mich in diesem Moment auch wahr?« fragt er sich und beschließt, diese Frage in den Kreis der Seminarteilnehmer einzubringen. Doch als allererstes braucht er – trotz dem ihn immer noch erfüllenden, leichten Lerchengefühl – unbedingt ein kräftiges Frühstück!

Fragen, Fragen ...

Zwei Stunden später sitze ich mit den zwölf Tiergeistlauscherinnen, -lauschern im Kreis auf der Wiese. Nach einem stärkenden Frühstück wollen wir versuchen, gemeinsam den Hunger nach Antworten auf die vielen Fragen zu stillen, die sich aus der morgendlichen Kontaktaufnahme-Übung ergeben haben.

Der Hirschfellmann ist nicht der Einzige, der mit seinen Fragen einen bewegten Gedankenaustausch anregt und zudem noch weiteren Fragen die Türen öffnet:

- Was ist das, der Geist eines Tiers?
- Ist ein Geisttier das Gleiche wie ein Krafttier?
- Kann ich mir ein Geisttier suchen? Kann ein anderer für mich ein Geisttier suchen?
- Wie erkenne ich mein Geisttier?
- Wer legt fest, was ein Geisttier ist und was nicht?
- Haben nur Schamanen Geisttiere?
- Wozu ist es gut, einen Geisttier-Begleiter zu haben?
- Hat man immer den gleichen Geisttier-Begleiter, sein ganzes Leben lang? Kann man auch mehrere haben?
- Ist jeder natürliche Hirsch zugleich ein Hirsch-Geisttier?
- Muss ich meinem Geisttier als biologischem Tier begegnet sein, bevor es mein Geisttier sein kann?
- Kann auch ein Geisttier aus einer anderen Kultur mein Begleiter sein?
- Gab es früher, in den alten europäischen Kulturen, auch Geisttiere, oder ist das etwas Indianisches?

Ich sammle die Fragen, lese sie noch einmal vor. Diese Bündelung wirkt wie ein kalter Schauer auf die erhitzten Gemüter – hat doch jede der Teilnehmerinnen Erfahrungen im der Begegnung mit dem Geist der Natur und schamanischen Reisen zur Krafttiersuche. Eigentlich. Aufweckend kalt ist dieser Fragenschauer, weil im ersten Moment so wenig Antworten da sind auf diese Fragen. Und vor allem, weil den Teilnehmerinnen bewusst wird, wie wenig sie über die meisten dieser Fragen nachgedacht haben, obwohl sie alle eine besondere Beziehung zu einem bestimmten Tier und zu dessen Geist haben.

»Da nach der Ansicht des Heidentums die ganze Natur für lebendig galt, den Tieren Sprache und Verständnis menschlicher Rede, den Pflanzen Empfindung zugegeben, unter allen Geschöpfen aber vielfacher Wechsel und Übergang der Gestalten geglaubt wurde, so folgt von selbst, dass einzelnen ein höherer Wert beigelegt, ja dieser bis zur göttlichen Verehrung gesteigert werden konnte. Götter und Menschen wandelten sich in Bäume, Pflanzen oder Tiere, Geister und Elemente nahmen Tierformen an (...) Unter diesen Gesichtspunkt gebracht hat eine Verehrung der Bäume oder Tiere nichts Befremdliches. Roh geworden ist sie nur dann, wenn im Bewusstsein der Menschen das höhere Wesen hinter der angenommenen Form schwand und diese nun allein es zu vertreten hatte.«
Jacob Grimm, *Deutsche Mythologie*, 1835

Nachdenkliche, betroffene Stille herrscht in unserem Kreis. Die Stille lässt das leise Konzert der fliegenden und krabbelnden Wiesenbewohner hörbar werden. Vielleicht sollten wir ihnen eine Weile lauschen, vielleicht wird dadurch eine der verschlossenen Türen zum Feld der möglichen Antworten aufgeschlossen?

Ich bedanke mich innerlich beim Insektenorchester für diesen kreativen Anstoß, lese nochmals laut die Fragen vor und gebe Hinweise für die nächste Übung:

Bitte konzentriert euch auf die Frage, die euch am wichtigsten ist. Setzt euch alleine in die Wiese, geht in eine bewusste Atmung und nehmt mit allen Sinnen diese lebendige Wiese in euch auf. Konzentriert euch auf eure Frage. Schließt die Augen, atmet einige Male tief ein und aus und visualisiert mit weiterhin geschlossenen Augen einen in der weitesten Ferne liegenden Punkt. Dieser Punkt ist das Feld aller Möglichkeiten an Antworten. Konzentriert euch auf den Stirnpunkt, der Drittes Auge genannt wird. Verbindet den Punkt des Dritten Auges über einen gedachten Faden mit dem in der weitesten Ferne liegenden Punkt des Antwortenfelds. Schickt eure Frage über diesen Faden in das Feld der möglichen Antworten. Dann spult den Faden wieder zurück in das Dritte Auge. Ihr habt hiermit eure Frage abgegeben, damit sie frei ist, auf eine Antwort zu treffen. Öffnet die Augen, nehmt eure Umgebung ohne Interpretationen wahr, haltet nichts fest – keinen Gedanken, kein Bild. Spürt euren Körper, seid euch eurer Sinne bewusst. Mehr nicht.

Ich werde irgendwann mit der Trommel ein Zeichen geben, dass ihr die Übung abschließen sollt.

Verteilt in der Wiese sitzen die Lauscherinnen. Es liegt eine große Ruhe über der Wiese, die Luft beginnt unter der mittlerweile senkrecht stehenden Sommersonne zu flirren. Zeit, die Trommel zu schlagen.

Ich bitte die Lauscherinnen, bis zum Treffen am Nachmittag nur wenn unbedingt nötig miteinander zu reden. Sie sollen ihren inneren Raum, der durch die Übung auf der Wiese zum Empfangen von Antworten frei geworden ist, schützen. Ansonsten sollen sie die freie Mittagszeit alleine und draußen verbringen und es sich gut gehen lassen – ohne Denkaufgaben.

Die Baumkronen der alten Buchen spenden angenehmen Schatten, als wir uns am Nachmittag wieder im Kreis zusammensetzen. Jede Teilnehmerin hat ihr Tier-Kraftobjekt vor sich gelegt. Reihum erzählt jede, wie es ihr mit den Übungen ergangen ist, welche der aufgeworfenen Fragen zum »Geist des Tiers« ihr am dringlichsten war – und welche Antworten ihr begegnet sind.

Bei der Morgenübung »Kontakt mit einem Vogel aufnehmen« ging es nahezu allen wie dem Hirschfellmann: Es war schwierig, sich ohne Manipulationsversuche oder Wertungen und Interpretationen einfach nur auf die Begegnung mit »Vogel« einzulassen.

> »Der scharfhufige Elch im Norden, die Katze auf der Hausschwelle,
> Die Schwarzmeise, der Steppenhund,
> Der Wurf der grunzenden Sau, der an den Zitzen saugt,
> Die Brut der Truthenne, sie mit halbgespreizten Flügeln,
> Ich sehe in ihnen und mir dasselbe alte Gesetz.«
> Walt Whitman (1819–1892)

Fast übereinstimmend erzählen alle, wie es ihnen nach dem Loslassen ihrer Frage auf der Wiese ergangen ist:

Die Frage war wirklich nicht mehr »da«. Die Teilnehmerinnen konnten nahezu entspannt ihre Umgebung sinnlich wahrnehmen. Sie erzählen von Gras, den Pflanzen und Tieren der Wiese als von Qualitäten, denen sie Begriffe zuordnen wie »nährend«, »mich weit machend«, »mich süß fühlend«, »Geborgenheit«, »Glück, Freude«, »Dankbarkeit«, »Verbundenheit«.

»So hätte ich noch Stunden verbringen können«, höre ich immer wieder. Es klingt ein Staunen mit, als erzählt wird vom Moment des Erkennens der Antwort: »Auf einmal wusste ich, wie es ist.« Und jede erzählt, wie es für sie ist, welche Antwort ihre Frage gefunden hat. In der Mitte unserer Runde habe ich auf dem trockenen Waldboden einen Kreis gezogen. Ich bitte darum, dass jede nach dem Erzählen eines der herumliegenden Blätter mit ihrer Antwort als Information »belegt« und in den gezogenen Kreis legt.

Zwölf Buchenblätter liegen im Kreis. Die Teilnehmerinnen konzentrieren sich auf den Kreis, verbinden sich über ihren Atem mit jedem einzelnen Blatt, verweilen einige Atemzüge lang bei jedem Blatt. Durch die Atmung und die Konzentrierung wächst der Blätterhaufen zu einem mit Antworten gefüllten Raum an. Beim Einatmen nehmen die Teilnehmerinnen Antworten aus dem Informations-Blätter-Raum auf, ohne über sie nachzudenken, ohne sie festzuhalten. Das Atmen webt die Antworten in das eigene Informationsfeld ein – und verwirbelt sie beim Ausatmen wieder neu im Antworten-Raum.

Es ist nicht mehr wichtig, wer etwas gesagt hat und ob es als richtig empfunden wurde; es geht nur noch darum, sich auf den Atemfluss zu konzentrieren, der die Antworten miteinander vernetzt und der das Blätter-Antwort-Feld mit dem eigenen Feld verbindet. Ich schlage leise die Trommel zum Zeichen, dass eine jede ihre Übung abschließen soll.

Eine intensive Gesprächsrunde beginnt. Ich wundere mich, dass die uns lauschenden Buchen nicht bei einigen Beiträgen mit ihren Zweigen applaudieren!

Als zentral schält sich die Frage nach dem »Geist des Tiers« heraus, alle anderen Fragen hängen in ihrer Beantwortung mit dieser Geist-Frage zusammen.

> »Eine neue Frage aufzuwerfen, neue Möglichkeiten oder alte Fragen aus einem neuen Blickwinkel zu betrachten, erfordert kreative Vorstellungskraft und kennzeichnet wirklichen Fortschritt in der Wissenschaft.«
> Albert Einstein (1879–1955)

Wir stellen bald fest, dass es keine alleingültigen, keine richtigen und falschen Antworten gibt. Das geistige Feld des Schamanismus, in dem die Teilnehmerinnen und auch ich zu Hause sind, ist kein dogmatisches Glaubensgebäude, hat keine festen Gesetze. Es ist ein lebendiges, sich ständig erneuerndes Feld von Möglichkeiten der Erfahrung von Lebenszusammenhängen. Da wir nicht in Gemeinschaften leben, die sich auf ein gemeinsames Leben in einer vom Weltbild des Schamanismus bestimmten Welt beziehen, entsprechen unsere Fragen und Antworten unseren westlichen Lebensbedingungen, unseren kulturellen und gesellschaftlichen Wirklichkeiten.

Menschen aus noch im Schamanismus lebenden Völkern würden unsere Fragen sicherlich nicht stellen, weil sie in einer Geisttier-Wirklichkeit leben. Nach fast 2000 Jahren der systematischen Beschneidung und Rodung der Wurzeln unseres europäischen schamanischen Kulturerbes nähern wir uns mit vorsichtigen Schritten wieder diesem vergessenen Teil unserer Wirklichkeit.

Die Antworten sind Versuche, die Zusammenhänge der geistigen Welten schamanischer Kulturen in unsere Terminologien zu übertragen, um sie verstehen zu können. Wenn wir uns den eigenen schamanischen Wurzeln annähern wollen, müssen wir die Begriffe »Geist« und »Tier« unserer heutige Denk- und Lebensart entsprechend mit Bedeutung füllen.

Im Gespräch miteinander kristallisiert sich heraus, dass es nicht darum gehen darf, das geistige Weltenbild und die darauf bezogenen Rituale aus indigenen, schamanischen Kulturen zu imitieren. Die Vielfalt der Antworten entspricht der Vielfalt der schamanischen, geistigen Wege, die in diesem Kreis zusammentreffen.

Antworten

Im Folgenden fasse ich die wichtigsten Antworten zusammen, die sich in meinen Seminaren, aus meinen langjährigen Studien zum Thema und den vielen Erfahrungen mit Schamanen herauskristallisiert haben. Ich betrachte sie als Türöffner für weitere, noch nicht gestellte Fragen und für weitere, noch nicht gehörte Antworten, aus denen sich vielleicht ein neuer Teppich webt als Grundlage für eine unserer Zeit und Kultur entsprechende, authentische Form des Schamanismus.

> »Mit jeder Frage fragen wir nach uns selbst. Alles Angeschaute ist Antwort.«
> Jean Gebser (1905–1973)

Was ist das, der Geist eines Tiers?

– Meine Überlegungen zur Definition von »Geisttier« und »Tiergeist« basieren auf der Anschauung, dass das Leben in all seinen Erscheinungsformen materialisierte Information aus einem vielschichtigen, schöpferischen Bewusstseinsfeld ist. Dieses für uns Menschen erfahrbare Bewusstseinsfeld ist ein Ausdruck des Großen Geistes; ich nehme an, dass er mehr umfasst als das, was wir heute »Bewusstseinsfeld« nennen.

Die materialisierten Lebensinformationen sind verbunden und durchdrungen von geistigen Qualitäten – als Aspekte des Großen Geistes.

– Wahrscheinlich sind wir Menschen nicht in der Lage, Informationen aus dem Bewusstseinsfeld anders erkennen und verstehen zu können als in Erscheinungen von uns bekannten Formen – so zum Beispiel in Tiergestalten.

Der »Geist des Tiers«

– Mit dieser Sichtweise kann mir ein Tier nicht nur als biologisch definiertes Lebewesen begegnen, sondern auch als Übermittler geistiger Qualitäten – Geist des Tiers, Tiergeist. Dabei bleibt das Tier, dem ich begegne – zum Beispiel ein Bär –, immer noch ein Bär mit all seinen Eigenschaften als Raubtier. Aber: Im Zusammenhang mit schamanischen Ritualen zur Erkenntnis der Verbundenheit allen Lebens – sichtbar oder nichtsichtbar – ist es möglich, die geistige Information »Bär« zu erkennen und mit ihr in Kommunikation zu treten – mit dem »Geist des Tiers«. Je nach kulturellem Kontext tragen Tiergattungen spezifische Informationen, die sich immer auch auf die geistigen Vorstellungswelten der Kulturen beziehen.

– Der »Geist des Delfins« übermittelte den alten Kulturen des Mittelmeerraums folgende Qualitäten: zur Energie des Mondes zugehörig, Geleiter der Seelen der Toten in die Unterwelt, Weisheit und Mitgefühl, Tier der Großen Mutter (griech. *delphe*, »Schoß, Bauch«). Der Flussdelfin des Amazonas trägt für die dort im schamanischen Weltbild lebenden Völker ganz andere geistige Informationen: Strafe und Vergeltung für Tabuübertretungen, Verführung, Schaden und Krankheit. Ich verwende »Geist des Tiers« und »Tiergeist« – als Übermittler geistiger Qualitäten aus den schamanischen Welten des Bewusstseins – in der gleichen Bedeutung.

– Im Unterschied zu diesem Geist-Informations-Zusammenhang eines Tiers werden in schamanischen Traditionen auch die Erscheinungen von Tieren, die in veränderten Bewusstseinszuständen gesehen werden, als »Tiergeister« bezeichnet. Ebenso verstorbene Tiere, die in nächtlichen Ritualen den Schamanen als Geister erscheinen und die Rituale stören, werden als »Tiergeister« bezeichnet. In diesem Fall treten die Tiergeister manchmal auch in verwandelter Form auf, beispielsweise können sie aussehen wie Geister, die Menschen ähneln. Solche Erscheinungen von verwandelten Tiergeistern sind aus dem Schamanismus der Lakandonen Mexikos, der Shipibos in Peru und aus Nepal bekannt.

Tiergeist – ein Beispiel

Die Tiergattung Bär ist im nordeuropäischen und sibirischen Schamanismus Träger einer bestimmten Information als ein Aspekt aus dem Urgewebe allen Lebens: Fruchtbarkeit, Heilkraft; speziell: Lebloses zum Leben bringen – Rückzug und Erneuerung.

Durch die Gattung Bär werden diese Aspekte des Urgeists, aus dem sich Leben immer wieder neu erschafft, in unsere Welt getragen. Dieser bestimmte Aspekt von Geist kann aber nur in unserer Menschenwelt wirken, wenn er von Menschen erfahren wird. Erfahrung des Geists kann geschehen in einer Annäherung des Menschen an das geistige Feld des Bären. Dazu reicht die Beobachtung eines natürlichen Tiers nicht aus. Das Erkennen der »Wirklichkeit des Geists des Bären« bedarf eines veränderten Blicks. Um diese Wirklichkeit zu »sehen«, gibt es zahlreiche Techniken.

Ein mächtiges Ritual, in dem der Geist des Tiers erfahrbar wird, sind rituelle Tiertänze. Bei diesen Tanzritualen tragen die Tänzerinnen Tiermasken, verbinden sich über Konzentration und Bewegung mit dem Geist des Tiers. Ist der Tanz »gut«, dann ist es der Tiergeist, der diesen Tanz tanzt – der Bär selbst, mit der Bewegung und Ausstrahlung des natürlichen Tiers. Die Masken haben den Zweck, dass sich der Tiergeist dahinter verbergen kann, unsichtbar für die Menschen, die seinen Anblick nicht ertragen könnten.

Rituelle Tiertänze, Felszeichnung, Usbekistan, zirka 2500 v. u. Z.

Geisttier

– Ein Geisttier ist im traditionellen Schamanismus ein Berater und Gefährte aus der geistigen Welt, der Anderen Wirklichkeit: Der Schamane kommt während seiner Lehrzeit durch Methoden wie Rückzug, Diät oder durch Visionen in den Kontakt mit einer besonderen Energie, die sich ihm als Tier zeigt, zu ihm spricht, ihn lehrt und in seiner Arbeit für die Gemeinschaft unterstützt.

– In einigen traditionellen schamanischen Kulturen gehört zum Prozess des Erkennens des Geisttiers auch die kämpferische Begegnung mit dem natürlichen Tier. Erst wenn es vom Schamanen getötet wurde, wenn er das Blut des Tiers getrunken hat, dann ist er der Bruder des Geists des Tiers und darf sich »Bärschamane« nennen. Der Bärschamane kann sich auch in das Geisttier verwandeln und so als natürliches Tier erscheinen.

– Ein natürliches Tier kann man von einem natürlich erscheinenden Tier, das jedoch ein verwandelter Mensch ist, unterscheiden: Letzteres verhält sich wie ein Mensch.

– Das Geisttier trägt nicht nur die Information des Geists der Gattung Tier mit sich, in der es erscheint. Es verfügt auch über das ganze Wissen der Kosmologie des Schamanen und kann sich ebenso in andere Erscheinungsformen verwandeln.

– Das Geisttier des Schamanen ist vom gleichen Stamm wie er, sie sind »Verwandte«. In einigen Kulturen gehen Schamane und Geisttier eheähnliche Verbindungen ein.

– Der Schamane kann verschiedene Geisttiere als Begleiter (Informationsträger) für unterschiedliche Aufgabenbereiche haben.

– Geisttiere sind Manifestationen einer geistigen Kraft, die unabhängig vom Schamanen existent ist, ein vom Schamanen unabhängiges Leben führt.

Der Jaguarschamane Reshin Nika vom Volk der Shipibo aus dem peruanischen Amazonasgebiet sagt dazu: »Es gibt den Jaguar, der ein Tier ist, und es gibt den Jaguar, der ein Geist-Jaguar ist. Nicht jeder Tier-Jaguar ist ein Geist-Jaguar, aber jeder Geist-Jaguar kann sich in einen Tier-Jaguar verwandeln oder auch in etwas anderes. Der Geist-Jaguar mag es nicht, wenn man ihn – ›Jaguar‹ nennt, deshalb nenne ich ihn *hermano*. Der *hermano* hilft mir bei Heilungen, dann singe ich sein Lied. Es gibt noch andere Geisttiere, aber die sind nicht dazu da, bei Heilungen zu helfen, die haben andere Aufgaben.« (Persönliche Mitteilung, 2003)

Ist ein Geisttier das Gleiche wie ein Krafttier?

– Der Begriff »Krafttier« ist in keiner im Schamanismus lebenden Gemeinschaft zu finden. Er entstammt dem Vokabular einer auf die westlichen Industrieländer abgestimmten Seminararbeit aus dem weiten Feld des nordamerikanischen Schamanismus (power animal).

– Ein Geisttier als Begleiter, Verbündeter oder Lehrer ist eine eigenständige, von mir unabhängige Qualität, kein auf die Erfüllung meiner Bedürfnisse abgerichteter »Kraftspender«.

– Der Begriff »Kraft« entspricht mehr dem westlichen »Nutzgedanken«, der unsere Industriekulturen bestimmt, als einer geistigen Qualität: Da ist etwas, das hat Kraft. Wenn ich Kraft brauche, gibt »es« mir von seiner Kraft.

– Der Kraft-Begriff beinhaltet die Gefahr, dass nicht mehr auf das Prinzip der gegenseitigen Erhaltung geachtet wird. Was gebe ich dem Krafttier? Kraftfutter?

– »Mir kommt ein Tier in den Sinn, das wirklich ein enormes Krafttier ist, vor dem ich höchsten Respekt habe: die Blattschneideameise. Sie transportiert auf menschliche Maße übertragen eine Last von mindestens 300 Kilogramm und ist dabei noch sehr schnell – wirklich, ein Kraft-Tier!«[3]

Totem – der Begriff aus der Sprache der Algonkin, ist im Zuge der Kolonisierung durch europäische Völker nach Europa gelangt. Die Algonkin nennen das ihrem Wesen entsprechende Tier *ototeman*, »er ist aus meiner Verwandtschaft«.

Kann ich mir ein Geisttier suchen? Kann ein anderer für mich ein Geisttier suchen?

– »Anfangs habe ich, ehrlich gesagt, doch mehr ein Tier visualisiert, als dass ich es ›wirklich‹ gesehen und erfahren habe. Die Erzählungen der anderen in meiner Gruppe haben mich sehr unter Leistungsdruck gesetzt, auch ein ›mächtiges‹ Tier als Begleiter haben zu müssen. Mit dem Begriff ›suchen‹ habe ich von Anfang an Schwierigkeiten gehabt, denn ›suchen‹ impliziert, dass ich eine Vorstellung habe von dem, was ich suche. Sonst könnte ich es ja nicht erkennen, wenn ich es finde! Und Vorstellungen bergen gerade bei der ›Krafttiersuche‹ die große Gefahr der Projektion in sich. Für mich ist die Begegnung mit einem Geisttier kein Suchen nach dem Motto: ›Da muss doch jemand sein für mich!‹ ›Wirkliche‹ Erfahrung eines Geisttiers erfordert eine Bereitschaft zur Erfahrung als Folge einer geistigen Arbeit an sich selbst, erfordert das Loslassen aller Vorstellungen und Wünsche. Das fiel mir nicht leicht.«

– Wir können diese Kraft, die sich im Geisttier manifestieren kann, nicht suchen – sie ist da. Wir können lediglich unsere Zugänge zum geistigen Informationsfeld öffnen und unsere Fähigkeiten trainieren, um Anschluss an

3 In den folgenden Abschnitten geben die mit Anführungszeichen gekennzeichneten Passagen die Meinung von Seminarteilnehmerinnen wieder.

den Geist des Tiers zu bekommen; um die Informationen lesen zu können, die der Geist des Tiers uns übermittelt.

– Hinweise wie »Wenn sich dir ein Tier viermal zeigt, ist es dein Krafttier« vermitteln ein mechanistisches Herangehen an die Begegnung mit einem Geisttier. Mit dieser Art von »Finden« ist kein Erkennen als geistiger Wachstumsprozess verbunden, sondern wir übertragen die prüfbaren, zählbaren und damit kontrollierbaren Vorstellungen unserer Alltagswertigkeiten auf eine spirituelle Arbeit.

– »Ich habe schon als Kind den Bären am liebsten von allen Tieren gehabt, dieses projizierende Denken lässt keinen Raum für die ›wirkliche‹ Erfahrung eines Geisttiers. Was nicht besagt, dass das Geisttier für die Begegnung mit mir nicht doch die Gestalt des Bären annimmt!«

– »Für einen anderen ein Geisttier zu suchen erscheint mir mehr als schräg! Ich sehe die Begegnung mit einem Geisttier als einen wichtigen Teil meiner spirituellen Arbeit an. Diese Arbeit kann niemand für mich machen.«

– Wenn jemand derart krank ist, dass sie sich weder bewegen noch konzentrieren kann, dann kann es hilfreich für die Kranke sein, dass jemand ihr ein Geisttier als heilsamen Begleiter sucht. Wenn jemand in ihrer körperlichen oder geistigen Beweglichkeit nicht gravierend eingeschränkt ist, wüsste ich nicht, warum ein anderer für sie ein Geisttier suchen sollte. Das fühlt sich für mich so an, als ob sich dahinter auch Machtgeschichten verstecken, nach dem Motto: »Ich weiß, wie es geht, kenne mich aus, bin befähigter als du, diese besondere Arbeit der Geisttiersuche zu machen.« Jede braucht die ihrem geistigen Weg entsprechende Zeit zur Erfahrung, auch die ihr eigene Weise der Erfahrung, das ist für mich gerade bei schamanischen Techniken oberstes Gebot. Und manchmal ist es genau richtig, »nichts« zu sehen oder zu finden.

– »Das Wort ›suchen‹ beinhaltet auch den Aspekt ›aussuchen‹. Ich glaube nicht, dass in einem Regal in der Anderen Wirklichkeit neben dem Kraftfutter die Krafttiere stehen, um sich von mir aussuchen zu lassen. ›Suchen‹ riecht für mich sehr danach, dass ich es bin, die alles entscheidet, die Suche und somit auch das Finden. Ich kann mir einfach nicht vorstellen, dass so der Austausch von Informationen im kosmischen Lebensnetz funktioniert!«

Wie erkenne ich mein Geisttier?

– »Ich war einige Zeit in einer sogenannten schamanischen Lerngruppe. Da wurde uns gesagt: ›Wenn sich dir ein Tier auf einer Reise viermal zeigt, dann ist das dein Krafttier.‹ Mit meiner heutigen Erfahrung finde ich diese Vorgehensweise sehr mechanistisch, so als ob man ›Geist‹ abzählen oder abwiegen könnte, um ihn dann als ›richtig‹ zu befinden. Man muss sich meiner Meinung nach mit viel Zeit, Geduld, innerer Aufmerksamkeit und ohne zu viel Konzeptballast auf die geistigen Welten einlassen, die man mit ›Bewusstseins-Reisetechniken‹ betreten kann. Es braucht einige Erfahrung, aber es gibt einen Moment, da ›weiß‹ man, dass eine Begegnung mit einem Tier in so einem veränderten Bewusstseinszustand die Begegnung mit ›meinem‹ Geisttier ist. Diese Begegnung hat immer eine sehr besondere Qualität, ist anders. Es ist ein Erkennen.«

Wer legt fest, was ein Geisttier ist und was nicht?
– Die noch lebendigen schamanischen Kulturen haben ihrer natürlichen Umwelt entsprechend sehr unterschiedliche Auffassungen davon, was ein Geisttier ist und was nicht. So werden in Amazonien giftige Tiere – zum Beispiel Giftschlangen – nicht als Geisttiere erfahren, aber die großen Würgeschlangen sind gern gesehene Helferinnen in Heilritualen. Dabei orientieren sich schamanische Traditionen an Tieren, die in der natürlichen Umwelt der Menschen durch auffällige Merkmale herausragen: zum Beispiel Gefährlichkeit, Klugheit, Überlebensfähigkeit, extreme Fähigkeiten wie Schnelligkeit, hoch fliegen, in Wasser und auf Land leben.
– Wir sind hier bei uns an keine Stammeszuschreibungen gebunden. Wenn wir in Kontakt kommen mit dem »Geist der Schöpfung« über die Information, die ein Geisttier trägt, kann es eigentlich jedes Tier sein, das mich einen besonderen Aspekt der Lebensenergie erfahren lässt.

Haben nur Schamanen Geisttiere?
– In traditionellen schamanischen Gemeinschaften hat nur der Schamane, die Schamanin Umgang mit Geisttieren. Ein Großteil der Macht des Schamanen bezieht sich auf diese Fähigkeit, willentlich mit Geisttieren umzugehen. Nur »starke, wissende« Schamanen können den Kontakt mit Geisttieren bewältigen. Im traditionellen Schamanismus ist die Begegnung mit Geisttieren in der Anderen Welt häufig mit Kampf verbunden, erfordert Mut und Geschicklichkeit. Dort wird das Geisttier mit Liedern, rituellen Speisen, Räucherungen, Kräutern oder Tabak gerufen, herbeigelockt mit das Geisttier ehrenden Ansprachen. Es kann auch geschehen, dass sich das Geisttier nicht rufen lässt – es ist eine vom Rufenden unabhängige, eigenständige Energie.

– Unsere gesellschaftliche Realität entspricht nicht der einer schamanischen Gemeinschaft. Und Schamanen kann es nur dort geben, wo auch die Gemeinschaft im Schamanismus lebt. Allerdings haben wir in den letzten Jahrzehnten viel über Schamanismus von Menschen aus schamanischen Kulturen lernen können. Dieses Lernen hat bei mir ein meiner Lebensart entsprechendes Verständnis von Geisttieren wachsen lassen. Ich habe auf Trancereisen Zugang zu meinem Geisttier gefunden, aber ich imitiere in der Art, wie ich mit der Wirklichkeit des Geisttiers umgehe, keine der Schamaninnen, von denen ich gelernt habe. Ich habe meinen eigenen Weg gefunden. Das Geisttier ist eine große, hilfreiche Bereicherung für mein spirituelles Leben und auch für mein Alltagsleben. Um im Geist des Schamanismus zu leben und zu wirken, brauche ich nicht das Aushängeschild einer selbsternannten Schamanin.
– Durch jahrelange schamanische Seminararbeit laufen schon so viele Geisttiere durch europäische Informationsfelder, dass ich mir sicher bin, dass diese tierische Belebung des »Feldes der abendländischen Kulturen« auch in der alltäglichen Wirklichkeit Veränderungen zeigt, ein Aufwachen in ein »anderes« Bewusstsein über das, »was die Welt zusammenhält«, mit sich bringt. Deshalb: Je mehr Geisttiere ins Leben gebracht werden, desto besser!

> »Jeder Eskimo kann die Hilfe oder den Schutz eines Geistes oder eines Toten erlangen, doch ist damit keine Schamanenkraft verbunden. Hier wie in so vielen anderen Kulturen ist nur der ein Schamane, der sich infolge mystischer Berufung oder eigener Entscheidung der Unterweisung eines Meisters unterzieht, mit Erfolg die Initiationsproben ablegt und ekstatischer Erlebnisse fähig wird, die den übrigen Sterblichen unzugänglich sind.«
> Mircea Eliade, *Schamanismus und archaische Ekstasetechnik*

Wozu ist es gut, einen Geisttier-Begleiter zu haben?
– »Für mich ist mein Geisttier so etwas wie eine mütterliche weise Alte. Immer, wenn ich merke, dass ich aus meiner inneren Balance geraten bin, verbinde ich mich durch Konzentrationsübungen mit meinem Gans-Geisttier. Oft fliege ich auf dem Rücken meiner Geisttier-Gans über die Welt. Das zentriert mich, ich bin danach immer klar, ruhig und fröhlich. Ich brauche in bedrohlichen Situationen nur an sie zu denken, dann bin ich mir ihrer mich schützenden Kraft sofort bewusst, das verändert auch sofort mein Selbstbewusstsein, stärkt meine Entschlusskraft.«

– »Ich rufe mein Hirsch-Geisttier, wenn ich in der Behandlung eines Patienten nicht mehr weiterkomme. Ich gehe dann auf eine Bewusstseinsreise mit der Absicht, das Geisttier zu treffen und es um Rat zu fragen. Ich bekomme immer einen Hinweis, der mir neue Ansätze in der Behandlung zeigt. Irgendwie ist der Hirsch wie ein Bruder, der mir sehr nahe ist, immer. Diese Verbindung über den Hirsch an das geistige Feld ist eine große Bereicherung für mein Leben, ich habe jetzt ein geistiges Zuhause.«

– »Mich begleiten drei verschiedene Geisttiere. Bei sehr persönlichen Fragen und Schwierigkeiten setze ich mich mit dem Schwan-Geisttier in Verbindung. Das vermittelt mir eine Energie, die mich bei der Bewältigung alltäglicher, persönlicher Angelegenheiten sehr stärkt und zentriert. Irgendwie fallen mir immer wie von selbst kreative Lösungen ein, wenn ich mich dann mit meinem Geist-Schwan verbinde. Mit der Bärenenergie verbinde ich mich besonders, wenn ich Unterstützung brauche bei meiner Arbeit mit den Kindern in der Schule. Die Bärenenergie erfahre ich auch immer als eine Schutzkraft, wenn ich mich verunsichert oder bedroht fühle. Mein drittes Geisttier ist der Rabe. Mit seiner geistigen Kraft verbinde ich mich, wenn ich auf meinem spirituellen Weg nicht mehr weiterkomme, zweifle oder verzage. Es fällt mir leichter, mit einem erfahrbaren Geisttier nichtsichtbare Dimensionen als Wirklichkeit zu erkennen als über einen abstrakt-geistigen Zugang.«

– »Wenn ich mit meinem Geisttier in Kontakt bin, fühle ich mich ›ganz‹, empfinde mich vollkommener, als wenn ich nicht in dieser Verbindung bin.«

– »An der veränderten Art, wie sich mir mein Tiergeist heute zeigt im Vergleich zu meiner Anfangszeit vor fünf Jahren, erkenne ich mein geistiges Wachstum, meinen Weg. Heute habe ich das Gefühl, immer in der Verbindung mit meinem mich begleitenden, lehrenden und schützenden Geisttier zu sein, auch wenn ich mir dieser Verbindung manchmal nicht bewusst bin – sie ist da.«

Schutzgeister

In allen schamanischen Kulturen kennt man Schutzgeister. Sie sind an keine festgelegte Erscheinungsform gebunden, hängen ab vom ökologischen Lebensumfeld und dem geistigen Bezugsfeld. Orte, Landschaften, Gebäude, Personen und auch Tiere können einen Schutzgeist haben.

Bei den Ostsami oder Skolten im Nordosten Skandinaviens ist bis heute noch das Wissen davon überliefert, dass einst jede Skoltenfamilie ihren eigenen, tiergestaltigen Schutzgeist hatte. Er wurde vom Vater auf den Sohn und von der Mutter auf die Tochter vererbt. Die »normalen« Menschen hatten nur im Schlaf Zugang zu ihrem Schutzgeist, aber der Schamane konnte sich mit seinen vielen Schutzgeistern auch im Wachzustand unterhalten.

Für die Jäger und Fischer der Samikultur war ein gutes Verhältnis zum Schutzgeist der Tiere entscheidend, denn das Leben der Menschen war abhängig davon, dass die Tiere ihnen wohlgesonnen waren. Dementsprechend aufwendig wurden die Schutzgeister der Tiere mit Ritualen und Festmahlen geehrt.

Einen Schutzgeist »sucht« man sich nicht, man »hat« ihn, so wie auch ein Ort oder eine Landschaft, zum Beispiel Wald, See, Berg, ihren Schutzgeist nicht suchen müssen. Ob als Erbe übernommen oder danach zugeordnet, welchem Tier das Kind nach seiner Geburt als Erstes begegnet, oder ob er im Traum gesehen wurde – der persönliche Schutzgeist eines Menschen begleitet ihn sein Leben lang. Beim Tod des Menschen verschwindet der Schutzgeist und lebt in seinen eigenen Behausungen weiter, die auf der Erde oder in der Luft sein können. Die Toten haben auch Geister, aber andere.

Schutzgeister als »Hüter« und »Wächter« von Orten, Landschaften verlangen vom Menschen beim Betreten ihres Gebietes nicht nur Respekt, sondern manchmal auch Opfergaben.

Ein Schutzgeist ist nicht gleichzusetzen mit einem Geisttier. Aber ein Geisttier hat neben den Qualitäten der Vermittlung von Informationen und Einsichten, der Verbindung zum »allumfassenden Großen Geist des Bewusstseinsfelds« auch die Qualität eines Schutzgeists.

Hat man immer den gleichen Geisttier-Begleiter, sein ganzes Leben lang? Kann man auch mehrere haben?

– »Den Begriff ›haben‹ finde ich in Zusammenhang mit einem Geisttier unmöglich. ›Haben‹ hört sich an, als könne man ein Geisttier besitzen. Für mich ist es so, dass der Rabe mir sich am intensivsten von allen anderen Geisttieren, denen ich begegnet bin, in meinem Leben zeigt.«

– »Nun stehe ich schon seit über vierzehn Jahren mit Geisttieren in Verbindung. Meine Erfahrung ist, dass sich die Erscheinungsform meines Geisttiers immer gewandelt hat, wenn ich selbst auf meinem spirituellen Weg eine Wandlung erfahren habe. Anfangs war der Bär mein vertrauter

Begleiter, dann war es ein Falke, und der Bär trat mehr in den Hintergrund. Heute ist es die Schlange, die mir als Geisttier-Begleiterin am nächsten ist. Bär und Falke sind aber immer noch da, und in bestimmten Situationen zeigen sie sich mir.«

– »Lange Zeit geriet ich nahezu unter Leistungsdruck, wenn die anderen in meiner Trainingsgruppe von ihren Geisttieren erzählten, wen und wie viele sie ›haben‹. ›Haben‹ finde ich übrigens auch eine sehr schwierige Formulierung – wie kann man einen ›Geist‹ besitzen? Heute sehe ich das gelassen, mir zeigen sich Informationen aus dem Bewusstseinsfeld hauptsächlich abstrakt. Nur ein Eichhörnchen durchquert unverdrossen meine inneren und äußeren Welten. So gesehen, ist wohl ein Eichhörnchen mein Geisttier.«

– »Ich arbeite therapeutisch. Wenn ich in der Arbeit mit Patienten nicht weiter weiß, gehe ich in einen Trancezustand und bitte um Hilfe. Je nach Beschaffenheit meines Problems zeigen sich mir unterschiedliche Tiere mit Lösungsinformationen. Ich glaube nicht, dass das alles meine persönlichen Geisttiere sind, aber es sind Geisttiere. Die Kröte spielt dabei sozusagen die ›erste Geige‹, sie zeigt sich mir am häufigsten, zu ihr habe ich auch ein persönliches Verhältnis.«

Ist jeder natürliche Hirsch zugleich ein Hirsch-Geisttier?

– Ein Hirsch, dem ich in seiner natürlichen Umgebung begegne und der sich wie ein Tier verhält, ist ein natürliches Tier.

– »Wenn ich einen Hirsch in der Natur sehe, erinnert er mich an mein Geisttier Hirsch, aber er ist kein Geisttier, er ist ein natürliches Tier. Ich sah aber auch schon einmal im Wald einen Hirsch, der mich wirklich direkt und lange ansah und dann lautlos verschwand. Lange habe ich überlegt, ob das ein natürlicher Hirsch war oder mein Geisttier, das sich gezeigt hat. Ich bin mir bis heute nicht sicher.«

Können auch domestizierte Tiere »Geisttiere« sein?

– Hund, Hauskatze, Gans und Pferd sind bei uns schon seit einigen Jahrtausenden domestizierte Tiere. Durch diese lange, an den Menschen gebundene Geschichte sind Mensch und Tier in ihren Schwingungsfeldern stark miteinander verflochten, haben wechselwirkend auf ihren Geist, auf ihr Informationsfeld eingewirkt. Diese domestizierten Tiere tragen unverändert den Geist des Tiers ihrer Gattungsart, sind uns als Manifestation der besonderen Information »Geisttier« aber zu nah, zu »vermenschlicht«.

– Ich habe von meiner Hauskatze vieles verstanden und gelernt, indem ich ihr Verhalten beobachtete. Immer wieder fällt mir auf, wie schnell ich ihr Verhalten nach menschlichem Verhalten einordne und benenne. Ich bin mir nicht sicher, ob das Verhältnis zwischen meiner Katze und mir nicht doch sehr davon bestimmt ist, dass ich ihre »Ernährerin« bin. Domestizierte Tiere können sehr wohl Lehrer für uns Menschen sein. Doch sind sie in ihrem Verhalten sehr geprägt von dem Bezug zu uns Menschen. Ich kann mir vorstellen, dass diese Bezugsstruktur aus dem alltäglichen Miteinander auch als dementsprechend geprägte Qualität auf das geistige Informationsfeld von Tier und Mensch einwirkt.
– Ich kann mit dem Geist meiner individuellen Hauskatze durchaus Kontakt aufnehmen und ihr auch auf einer geistigen Ebene begegnen. Doch sie ist kein Geisttier. Sie ist ein auf das Leben mit dem Menschen ausgerichtetes biologisches Tier mit einem ihr eigenen Geist, aber kein »Geist«, der sich mir in Gestalt einer Hauskatze zeigt, wenn ich mit veränderter Wahrnehmung in die Bewusstseinswelten reise.
– »Immer wieder begegne ich auf Trancereisen meinem verstorbenen Hund. Ich freue mich jedes Mal sehr, ihn zu sehen. Im Alltag bin ich meinem Hund emotional noch sehr verbunden. Diese Emotionen haben zu tun mit der Erinnerung an die gute Zeit, in der mein Hund mit mir gelebt hat, auch mit Trauer über den Verlust dieser guten Zeit – und mit Gefühlen wie Verlassenheit, Einsamkeit. Bei der Begegnung mit meinem Geisttier spielen diese Emotionen gar keine Rolle, da diese in einem anderen, nicht persönlichen Raum stattfindet.«

Muss ich meinem Geisttier als biologischem Tier begegnet sein, bevor es mein Geisttier sein kann?

– »Auf Bewusstseinsreisen bin ich mehrmals einem Tiger begegnet, sonst kenne ich ihn nur aus dem Zoo. Ich habe viel über Tiger gelesen und mir Dokumentationen über sie angesehen, dadurch weiß ich jetzt einiges über sein Leben als natürliches Tier. Das hat es mir leichter gemacht, beim Geisttier Tiger die Informationen zu erkennen, die auch mit seiner Tierwesensart zu tun haben.«
– »Ich habe schon seit langem einen Hirsch zum geistigen Gefährten. Im letzten Herbst hatte ich das Glück, unter Anleitung eines erfahrenen Försters einem Hirsch in der Natur ganz nahe zu kommen. Das hat mich sehr beeindruckt, aber auch etwas eingeschüchtert – so ein mächtiges, stolzes Tier! Irgendwie hat diese Begegnung auch meine Einstellung zum Geisttier Hirsch verändert. Ich habe jetzt ein anderes Verhältnis zu den Infor-

mationen, die der Geist-Hirsch mit sich trägt. Dieses neue Verhältnis ist mit viel mehr Respekt und Achtung verbunden als vor meiner Begegnung mit einem biologischen Hirsch.«

Kann auch ein Geisttier aus einer anderen Kultur mein Begleiter sein?

– »Früher hatte ich einen Tukan als Geisttier, er ist mir oft auf meinen Bewusstseinsreisen begegnet. Ich habe mir sämtliche Informationen besorgt, die ich über Tukane finden konnte. Auch habe ich mir Fotos vom Tukan besorgt, sogar ein Tukan-Stofftier hatte ich. Im Laufe meiner Lernzeit in schamanischen Welten fiel es mir immer schwerer, den Geist des Tukans in meine alltägliche Wirklichkeit zu tragen. Ich bekam das Gefühl, dass ich den Tukan-Geist aus seinem Heimat-Informationsfeld herausgezogen habe und er seine Informationen in meinem natürlichen, geistigen Heimat-Informationsfeld nicht wirksam einbringen kann. Irgendwann habe ich mich mit einem Dankesritual von ihm verabschiedet. Ich bekam ein Geschenk, das sich als Rabe-Geisttier offenbarte. Der Kontakt mit dem Raben-Geisttier hat mein Leben in allen Welten sehr verändert. Durch das Geisttier habe ich auch Zugang bekommen zu der geistigen Welt meiner Schamanenahninnen hier in den Alpen.«

– Mein Geisttier ist der Jaguar. Ich fahre oft in den Dschungel, dort bin ich ihm auch in einer Vision begegnet. Ich bin der schamanischen Dschungelwelt sehr verbunden, auch, wenn ich hier in Deutschland bin. Der Geisttier-Jaguar ist mir hier ein naher geistiger Begleiter. Wenn ich im Dschungel bin, erfahre ich ihn aber wesentlich intensiver, dort ist er auch in den Visionen viel lebendiger als hier. Ich denke, das Geisttier wird insbesondere aus dem geistigen Feld genährt, in dem es in seiner Erscheinungsform als Jaguar zu Hause ist. Kein Wunder, dass die Informationen, die das Geisttier mir im Dschungel übermittelt, so viel mächtiger in ihren Auswirkungen sind als hier.

Gab es früher, in den alten europäischen Kulturen, auch Geisttiere, oder ist das etwas Indianisches?

– Wir wissen von Geisttieren bei uns hauptsächlich etwas über die Rückschlüsse, die wir aus alten Überlieferungen, Mythen oder archäologischen Funden ziehen. So ist überliefert, dass bei den nordgermanischen Völkern die Auffassung herrschte, jedes Kind werde einem geistigen Begleitwesen geboren, das mit ihm aufwächst und es in seinem Leben beratend und warnend begleitet. Dieses geistige Wesen nannte man *Fylgja*, es konnte unterschiedliche Tiergestalt annehmen. Die *Fylgja* war für menschliche Augen nicht sichtbar, nur Hellsichtige konnten sie bei anderen sehen. Sah man seine eigene *Fylgja*, wurde das als die Ankündigung des eigenen Todes interpretiert.

– »Ich habe die nordischen Nibelungen gelesen und erinnere mich, dass im Zusammenhang mit irgendeiner der vielen Schlachten in Norwegen von einem König und Krieger, *Bjarki*, Folgendes erzählt wird: Er schlief während einer Schlacht ruhig in der Halle, aber sein Geist stürzte sich in Gestalt eines Bären in die Schlacht und wurde auch von anderen gesehen. Der Name *Bjarki* heißt soviel wie ›Bärchen, kleiner Bär.‹ Für mich ist das die Erzählung von einem Geisttier.«

– Gewiss war auch bei unseren Ahninnen der Frühzeit in Europa das Wissen um Geisttiere lebendig. Es ist nichts »Nordamerika-Indianisches«, kein »Imitat«, wenn wir hier sitzen und versuchen, einen Weg zu finden im Umgang mit der Wirklichkeit von Geisttieren.

Was gebe ich dem Geisttier, braucht es mich?

– Das Prinzip der gegenseitigen Erhaltung ist das Grundprinzip allen Lebens. Durch die Begegnung mit einem Geisttier fließt auch etwas von der eigenen, besonderen Menschenqualität als Information in das Bewusstseinsfeld ein. Alle Informationen von Leben stehen in Wechselwirkung zueinander – ob als Materie manifestiert oder als nicht sichtbare Information. Die Informationen des Geisttiers werden dadurch, dass ich mich vom Geist durch das Geisttier berühren lasse, in unsere Menschenwelt getragen, durch mein Wirken als Qualität manifestiert. Ich bekomme nicht nur – ich gebe auch. Wer wen braucht, ist eigentlich eine müßige Frage, wenn man von dem Prinzip der gegenseitigen Erhaltung ausgeht.

– Information »an sich« ist zu nichts nütze, wenn sie nicht »angewandt« wird und dadurch Wirkung haben kann. Das Geisttier könnte Tausende von Jahren eine wichtige, besondere Information für die Menschen mit sich tragen. Wenn niemand da ist, der diesen Information nicht nur begegnet, sondern sie auch »lesen« kann und in sein persönliches Informationsfeld einbringt, in die Welt einwirkt – wenn das nicht geschieht, dann nützen uns die besten Informationen nichts, die irgendwo im Kosmos herumschwirren. Wahrscheinlich braucht das große Bewusstseinsfeld uns Menschen als Energien, die Informationen umsetzen. Wenn das so ist, dann »gibt« mir das Bewusstseinsfeld über das Geisttier Informationsimpulse für mein Leben, und ich »gebe« dem Geisttier (das ich als einen Ausdruck des Bewusstseinsfelds sehe) die Möglichkeit zum Wirken in unserer Welt.

Es ist still geworden in unserem Kreis nach diesem lebhaften Austausch. Zeit, etwas von dieser Fülle an Einsichten und Ansichten zu verdauen! Ich bitte die Teilnehmerinnen, sich hinzulegen, die Augen zu schließen, den Körper zu entspannen und nichts weiter zu tun als dem aufkommenden Wind zu lauschen.

Nach einer Weile nehme ich mein Instrument Hang[4], lasse meine Hände auf ihm tanzen – die feinen, schwirrenden Klänge verbinden sich mit dem Wind. Ein Lied steigt in mir auf, ohne Worte, ich singe es leise für die Windgeister. Plötzlich fegt eine kleine Bö in unseren geschützten Buchenkreis, verwirbelt die zwölf Blätter der Mitte. Sie segeln in alle Richtungen davon. Zeit, auch unseren Kreis aufzulösen.

Nach dem Abendessen setzen wir uns wieder im Seminarraum zusammen. Ich blicke in die Runde – allen ist anzusehen, dass ihnen das Geisttier-Menü des Nachmittags noch weitgehend unverdaut in den Mägen liegt. Genug gedacht, formuliert und sinniert! Schamanismus, ein spiritueller Erfahrungsweg – mit der Betonung auf »Erfahrung«!

> »Erfahrung ist der Schlüssel zum Verstehen.«
> John G. Bennett (1897–1974)

Ich scheuche die müde Runde hoch mit der Aufgabe, Feuerholz zu sammeln und ein Feuer auf dem dafür vorgesehen Platz zu entzünden. In einer Stunde werden wir uns dort zusammenfinden, wer eine Rassel oder Trommel hat, soll sie mitbringen. Ach ja – jede soll bitte auch ihren »Tierfetisch« mitbringen. Dieser Begriff löst Befremdlichkeit aus. Einige der Teilnehmerinnen sagen, dass sie den Begriff »Fetisch« mit Afrika und Haiti verbinden, mit Voodoo und schwarzmagischen Praktiken – aber ihre »Kraftobjekte« seien doch keine Fetische! Doch, es sind Fetische in bester schamanischer Tradition.

Bis in unsere Tage hinein wird die Macht der Tiere in einigen Völkern Sibiriens immer noch als so groß empfunden, dass sie als Tiergestalten abgebildet werden oder Teile des Tiers als »Vertreter« des Tiers gestaltet werden. In einigen Ethnien werden Tierfetische auch gefüttert, um sich des Schutzes und der freundlichen, stärkenden Zuwendung des Tiergeists zu versichern. In besonders schweren Fällen von Krankheit fertigt die Scha-

4 Das Hang wurde von den Instrumentenbauer und -bauerinnen der PANArt, Felix Rohner und Sabina Schärer, entwickelt. Es ist das Resultat langjähriger Forschung am Steelpan und Studium der Instrumente der Welt: Gong, Gamelan, Trommel, Singende Säge, Ghata. Hang heißt in der Sprache der Region Bern (Schweiz) »Hand«, und es wird auch mit den Händen gespielt. www.hang.ch.

manin einen ihre Heilarbeit unterstützenden Tierfetisch an. Dieser Fetisch wird aber nicht angebetet, man richtet auch kein Anliegen an ihn. Der Umgang mit Tierfetischen gehört durchaus zum Schamanentum!

»Ein Fetisch (= ›Zauber, Zaubermittel‹) ist ein Objekt, dem besondere Bedeutungen und Eigenschaften zugeschrieben werden. Ein Fetisch wirkt im Rahmen einer Weltanschauung, in der es möglich ist, dass sich geistige Qualitäten in Materie manifestieren. So kann sich in fast allen schamanischen Kulturen auch der ›Geist von etwas‹ in einem Fetisch verkörpern.

Nicht nur im Schamanismus, in allen Kulten und Religionen verkörpern Kultgegenstände den ›Geist‹ von etwas. Vom indischen Heiligen Ramakrishna ist dazu eine kleine Episode überliefert: Einmal trat er an eine Figur der Göttin Kali heran, um sie anzubeten. Da sagte jemand zu ihm: ›Diese Figur wurde vom Bildhauer Nabin geschaffen.‹–›Ja, ich weiß‹, entgegnete Ramakrishna, ›doch für mich ist es die Verkörperung des Geists‹.« (J. Campbell, *Der Flug der Wildgans)*

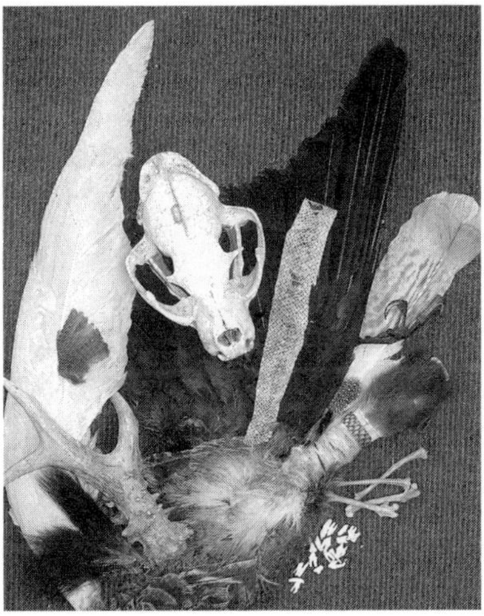

Tierfetische

Der Tanz der Tiere

»Ich glaube an Intuition und Inspiration. Imagination ist wichtiger als Wissen, denn Wissen ist begrenzt, während Imagination die ganze Welt umfasst.«
Albert Einstein

Es ist ein großes Feuer geworden, die Flammen schlagen prasselnd hoch in die helle Sommernacht. Im Norden des Feuerplatzes steht ein Holunderbusch. Der Norden bezeichnet für mich die Qualität der Heimat der Hüterin der Tiere. Deshalb habe ich mich mit meiner Trommel an den Holunderstrauch gestellt, dem Strauch der dreigestaltigen Erdmutter Holle.[5]

Die ältesten Wege, sich mit dem Geist des Tiers zu verbinden, sind die des Klangs und der Bewegung. Aus vielen Kulturen sind frühe Zeugnisse bekannt – Felsbilder, Höhlenmalereien –, die von der Verbindung des Menschen zum Geist des Tiers über Bewegung und Klang erzählen. Diesen Weg werden jetzt auch die Frauen und Männer unserer Gruppe gehen, und es wird ein neuer Weg sein, den sie durch ihren Tanz aus dem Geflecht der alten Pfade heraus entstehen lassen.

Tanzende Gruppe von Tieren und anthropomorphen Wesen, Felszeichnung, Dagestan, Kaspisches Meer (Russland), zirka 2500 v. u. Z.

Sie stehen im Kreis um das Feuer herum, jede hat eine Rassel in der Hand. Jede trägt bei sich das Objekt, das für sie eine Brücke zu ihrem Geisttier darstellt: Der Hirschfellmann hat sich das Hirschfell umgehängt; die Schwanenfrau, ebenso die Adlerfrau, hat sich die Feder mit einem Lederband am Oberarm befestigt; der Wolfsmann hat sich die Wolfshaare in einen kleinen Haarzopf eingebunden; der Bärenmann hat die Bärenkralle fest an den Zeigefinger der rechten Hand gewickelt; die Bärenfrau trägt den Bärenzahn an einer Schnur um den Hals; die Schlangenfrau hat die brüchige Haut der Äskulapnatter in einen kleinen, seidenen Beutel gesteckt und ihn sich um die Hüfte gebunden; der Hirschgeweihmann hat sich das Geweih an einer Kappe befestigt und auf seinen Kopf gebunden; die Wild-

5 Siehe dazu ausführlich mein Buch *Bärenkraft und Jaguarmedizin*, 2002.

gansfrau hat die Feder in ihren langen Zopf eingeflochten; der Krähenmann hat sich den Flügel der Krähe auf den Rücken gebunden; die Krötenfrau trägt die getrocknete Kröte in einem Beutel mit sich, den sie sich mit einem Schal um die Hüfte gebunden hat.

Die Gesichter haben etwas von ihren menschlichen Zügen verloren – ein breiter Streifen schwarzer Karton mit kleinen Sehschlitzen bedeckt die Augenpartien, die nicht bedeckte Gesichtshaut ist bemalt mit brauner oder schwarzer Körpermalfarbe. Fremd sehen sie aus, obwohl jede doch genau weiß, wer sich hinter den einfachen Masken verbirgt. Es verändert die Wahrnehmung des Anderen sehr, wenn man das Gesicht nicht mehr sofort als Erkennungsmerkmal der Person zuordnet, sondern durch die Verfremdung etwas »anderes« erspürt werden kann.

Es gibt nichts mehr zu bereden, nichts mehr zu erklären, nichts mehr zu bedenken – keiner trägt mehr eine Uhr. Einige Atemzüge lang konzentriert sich jede auf die Absicht, sich mit der Energie ihres Geisttiers zu verbinden und diese Energie körperlich zu erfahren. Dann gibt jede der transformierenden Kraft des Feuers eine rituelle Wiesenblüten-Gabe. Beifuß, Johanniskraut, Weißdorn, Wegerich verschwinden in den Feuerzungen.

Mit kurzen, stampfenden Schritten bewegt sich der Kreis der Tänzerinnen gegen den Uhrzeigersinn um das Feuer. Das Stampfen wird rhythmisch begleitet von den Rasseln der Tänzerinnen, ich lasse die dröhnenden, dunklen Töne der doppelseitigen Trommel aus Nepal mit dem hellen Rasselklang tanzen.

Die Schlangenfrau trägt nicht nur ein fast durchsichtiges Stück der abgestreiften Haut einer Äskulapnatter bei sich, sie hat sich auch den Herzbereich, die Füße und die Hände mit Schlangenfett (der schwarzen Boa) eingerieben. Sie ist sich sicher, dass das im Dschungel Amazoniens für Heilzwecke verwendete Schlangenfett sie heilsam bei der Erspürung des Schlangengeists unterstützen wird. Es braucht eine Weile, bis sie sich an das durch die Sehschlitze begrenzte Gesichtsfeld gewöhnt hat. Die Begrenzung schafft einen ungewohnten Blickwinkel. Sie empfindet diese Begrenzung als sehr zentrierend, nur am Rande nimmt sie die anderen Gestalten wahr, sie orientiert sich am Feuer und am Rhythmus.

Runde um Runde umkreisen die Tänzerinnen das Feuer. Der Rhythmus ist schneller geworden, die Bewegungen der Einzelnen verändern sich.

Die Schlangenfrau macht mit ihrem Oberkörper kreisende Bewegungen, beugt sich vor und zurück, schert aus der Reihe der Tänzerinnen aus. Sie tanzt ihren Schlangentanz. Immer noch im Rhythmus der Rasseln, biegt sich ihr Körper in fließenden Bewegungen. Ich richte meine innere

Aufmerksamkeit beim Trommeln eine Weile nur auf die Schlangenfrau. Sie tanzt nicht für sich, sie tanzt auch nicht für die anderen. Ihre Hüften kreisen, sie tanzt mit ihrem Geisttier. Sie tanzt den Schlangengeist, windet sich im Gras. Das Geisttier tanzt.

Auch die Krötenfrau hat sich aus dem Kreis der Feuertänzerinnen gelöst. Sie bewegt sich in einem eigenartigen Sprungschritt, ihr Kopf ist zwischen den Schultern eingezogen, sie erscheint leicht bucklig. Der Rasselrhythmus der Krötenfrau hat sich ihren Bewegungen angepasst.

Nach und nach verlassen die Tänzerinnen das Feuer. Es ist heruntergebrannt, ich lege die Trommel zur Seite und füttere das Feuer mit Holz. Das aufflackernde Feuer erhellt den Tanzplatz: Rhythmisch stampfend, rasselnd und teilweise auch Laute von sich gebend, bewegen sich die Tänzerinnen. Jede ist in sich konzentriert, ist ganz in der Bewegung ihres Körpers. Ich greife wieder zur Trommel und schlage sie fordernd.

Ein Zauber liegt über den Tänzerinnen und Tänzern, liegt über der Wiese, dem Holunderbusch und den angrenzenden Bäumen. Es fühlt sich an, als seien sie alle mit in den Tanz verwoben.

Immer wieder wechsle ich den Arm, der die Trommel hält, sie wird zunehmend schwerer. Da sehe ich den Krähenmann mit »normalem« Gang auf mich zukommen. »Mein Tanz ist beendet, für mich ist es jetzt gut so. Soll ich weitertrommeln?« Dankbar gebe ich ihm die Trommel, der Krähenmann entlockt der Trommel ein rhythmisches, eindringliches Rufen.

Rasseln und Trommel erschaffen unermüdlich neu den Klangteppich, auf dem die Tänzerinnen tanzen, auf dem die Geisttiere tanzen, auf dem sich der Geist von beiden verbindet.

Irgendwann löse ich den Krähenmann beim Trommeln ab, dann löst er mich wieder ab. Ich bin erstaunt, wie lange die Tänzerinnen in ihren Bewegungen bleiben. Kaum habe ich das gedacht, da legt sich die Schlangenfrau zusammengerollt ins Gras. Als habe sie damit ein verabredetes Zeichen gegeben, legen sich auch die anderen Tänzerinnen nach und nach ins Gras. Ich bitte den Krähenmann, mit dem Trommeln langsamer zu werden und dann aufzuhören.

Unter dem Holunderstrauch habe ich ein Büschel getrocknetes Schilf deponiert, das ich jetzt hervorhole.

Ich suche mir einen Platz unterhalb der am Boden liegenden Tänzerinnen und fange an, leicht und sanft mit dem Büschel Schilf zu rascheln. Nach einer Weile gehe ich zum Hirschfellmann, der vor mir liegt, Arme und Beine weit von sich gestreckt. In gleichmäßigem Rhythmus lasse ich raschelnd die Schilfblätter über seinen Körper wandern, ohne ihn zu berühren, von den Füßen hoch zum Kopf, ziehe in der Luft einen Kreis um ihn, hülle ihn in einen schützenden Raum ein. Neben dem Hirschfellmann kauert, auf Knie und Unterarme gestützt, die Krötenfrau. Ich hülle auch sie in die Stille des Raschelraums ein. Ein Klang steigt in mir auf, will nach draußen gebracht werden, will gesungen werden. Leise lasse ich den Klang hörbar werden. Ich gehe von Tänzerin zu Tänzerin, dann stelle ich mich wieder in ihre Mitte, webe mein Lied und das Rascheln der Schilfblätter in den immer kühler werdenden Nachtwind ein.

Maskentanz im Schamanismus

Seit Anbeginn der Zeiten versucht der Mensch, die sein Leben bestimmenden, nichtsichtbaren Kräfte durch »Rituale der Kommunikation« zu erfahren. Eine Möglichkeit, mit der geistigen Welt zu kommunizieren, ist der Tanz.

Rituelle Maskentänze sind eine der möglichen Erfahrungsformen, mit allen Sinnen dem Geist eines Tiers zu begegnen. Nicht als Theater- oder Rollenspiel, nicht als Verkleidungsspaß und auch nicht als Kunst-Event. Maskentanz als Ritual der Verwandlung, als Prozess der Wandlung. Jede Verwandlung ist eine Überschreitung der eigenen Begrenzung – sei es die Begrenzung der äußerlichen Erscheinung oder die Begrenzung gewohnter Wahrnehmungs- und Verhaltensmuster. So ist der Tanz der Tiermasken in den schamanischen Gemeinschaften ein Tanz der Erneuerung des Lebens. Etwas von diesem ursprünglichen Sinn der Maske hat sich in Europa in der Faschingsmaske erhalten, die im ursprünglich zeremoniellen Treiben eingesetzt wird zur Darstellung des »bitteren« Winters, der vom »schönen« Frühling vertrieben wird – zur Erneuerung des Lebens, zur Stärkung der wiedererwachenden Wachstumskräfte.

Storch und Bär – Frühling und Winter, Fastnachtsmasken aus dem sächsischen Erzgebirge.

Fastnacht

Darstellungen von Menschen mit Tierkopfmasken, Fell- und Vogelgewändern in Felsbildern und Höhlenmalereien unterschiedlicher europäischer Kulturgebiete zeugen vom rituellen Gebrauch der Maske, des Mediums der Verwandlung. Die ältesten Maskendarstellungen in Europa – in den Höhlen von Trois Frères und Lascaux – weisen Menschen in Tiermasken auf.

Seit Bonifatius (um 755) spricht die Kirche von »heidnischen Verkleidungen« im Karneval vor der Fastenzeit. Die Bezeichnung »Winteraustreibung« wurde nicht gerne gehört und als »Teufelswerk« deklariert. Besonders Hirsch-, Bock-, und Bärenmasken wurden als schändliche Vegetationsmasken der unchristlichen Vorzeit angesehen.

Mensch-Tier-Wesen aus der Höhle von Les Trois Frères.

Aus Kulturen, die heute noch in einem schamanischen Weltbild leben, wissen wir um die Wirkkraft – sowohl für Maskenträger als auch Zuschauer – eines schamanischen Rituals. Viele der indigenen Völker, die mit Maskentänzen leben, kennen kein Wort für »Maske«. Die Maske hat zumeist eine Bezeichnung mit der Bedeutung von »Geist«, »Ahne«, »Skelett«, »Halbgott«.

Fast immer geht es dabei um das Aufspüren von Ursachen für Krankheit, Missständen verschiedenster Art und deren Lösungen, um eine Person bzw. die Gemeinschaft wieder in ein Gleichgewicht zu bringen. Sich eine Maske aufzusetzen heißt für den Schamanen, sich mit der Energie »seiner« ihn als helfende Geister begleitenden Tiere zu verbinden. Es bedeutet, sich in einen nicht alltäglichen Bewusstseinszustand zu versetzen, mit veränderter Wahrnehmung neu zu erkennen.

Anthropomorphe Figuren, Altai (Mongolei), Felszeichnungen, zirka 2000–1500 v. u. Z.

»Maskentanz«, Ritzzeichnung der Chanten (Sibirien).

Dahinter steht das Wissen um die Existenz unterschiedlicher Lebensenergien, die durch uns wirken können, wenn wir »in eine andere Haut« schlüpfen, Abstand nehmen von unserem Ego, der Identifizierung mit unserer Persönlichkeit. In den Masken verkörpern sich jene Kräfte, auf deren Existenz alles Leben und die daraus entspringenden Formen zurückgehen. Ihre Gegenwart in den Masken gewährt den Fortgang des Lebens samt seiner Ordnung. Durch das Auftreten der Masken, in denen sich die lebensbestimmende Kraft zeigt, findet stets aufs Neue der Schöpfungsprozess statt.

Durch die Masken – die der Maskenkraft entsprechenden Bewegungen, Rhythmen, Lieder und Klänge – traten und treten immer noch Schamaninnen und spirituelle Sucherinnen in Kommunikation mit den nichtsichtbaren, das Leben beeinflussenden Welten und Kräften.

An jede Art von Maske knüpft sich – im rituellen Zusammenhang – eine Mythe, die den Ursprung der Maske in einer geistigen Anderswelt erklärt und auf die Bedeutung der Maske als Verkörperung einer ursprünglichen Kraft in der Gemeinschaft hinweist.

Trance-Maskentanz.

Der Maskentanz, der im Zusammenhang mit »Rituellen Körperhaltungen und ekstatischer Trance« jeden Sommer in der Lüneburger Heide und an anderen Orten stattfindet, ist ein intensives Ritual der Wahrnehmung und Kommunikation mit dem Informationsfeld »Tiergeist«.

Wahrnehmungsübungen in der Natur bereiten auf die Begegnung mit dem Geist eines Tiers vor, erhöhen innere und äußere Aufmerksamkeit, sensibilisieren die Sinne. Rituelle Körperhaltungen und ein schneller Trommel- oder Rasselrhythmus induzieren einen Trancezustand, in dem es möglich ist, Informationen und Sinnzusammenhänge zu erkennen. Diese Informationen zeigen sich im Zustand der Wachtrance oft in Gestalt eines Tiers, das mit seiner besonderen Information durch die wahrnehmende Teilnehmerin in Maske und Tanz in unsere Welt-Wirklichkeit eingebracht werden will.

Nach der eigenen, in der Trance erfahrenen Vision entsteht die Maske. Die Arbeit an der Maske ist keine »Bastelstunde« – vielmehr tritt man in Verbindung mit dem Geist, der sich durch die Maske zeigen will. Im nächtlichen Maskentanz ist es sowohl körperlich als auch geistig möglich, sich vom Geist des Tiers berühren zu lassen. In dieser Berührung kann erfahren werden, dass der eigene Geist ein Teil des Tiergeists ist und umgekehrt – dass eigener Geist und Tiergeist lediglich unterschiedliche Aspekte des schöpferischen, alles umfassenden Urgrunds des Lebens sind.

So wird in den Tagen und Nächten des rituellen Maskentanzes durch innere und äußere Vorbereitung ein Zustand der veränderten Wahrnehmung erreicht; durch die Hingabe im Tanz ist es möglich, unser Sein aus der Zeit und der gewohnten Bedeutung herauszuheben. Dabei kann es geschehen, dass die Trägerin der Tiermaske durch ihren Tanz die in der Trance erfahrenen Informationen aus dem Bewusstseinsfeld »Tiergeist« neu in das Netz der Lebensenergien einwebt. Den Geist eines Tiers im Maskentanz zu erfahren beinhaltet nicht automatisch, dass dieses Tier auch das Geisttier der Tänzerin ist. Diese Erfahrung kann einen tiefgreifenden Wandel und eine Weitung des eigenen inneren Raums und der Verbundenheit mit dem Geist allen Lebens mit sich bringen.

»Eine Maske ist nicht in erster Linie das, was sie darstellt, sondern das, was sie transformiert, das heißt absichtlich nicht darstellt. So wie ein Mythos verneint auch eine Maske ebensoviel, wie sie bejaht. Sie besteht nicht nur aus dem, was sie sagt oder zu sagen meint, sondern auch aus dem, was sie ausschließt.«
Claude Lévi-Strauss

Die Maskentanz-Erfahrung

Ich bitte die im Gras ruhenden Tänzerinnen, sich an das Feuer zu setzen. Es ist still im Kreis um das Feuer, ich reiche eine Karaffe mit »Gänsewein« und Gläser herum. Erfahrungen müssen erzählt werden. Durch das Wort und die aufnehmenden Sinne der Zuhörerinnen wird »die Welt« und ihr Geschehen immer wieder neu erschaffen. Das geschieht nicht nur in fernen Kulturen, das kann auch inmitten einer hoch technisierten Gesellschaft wie der unsrigen neue Wirklichkeiten aus alten Wurzeln entstehen lassen.

So beginnt eine nach der anderen, im Kreis die Essenz ihres Erlebens im Tanz des Geisttiers zu erzählen:

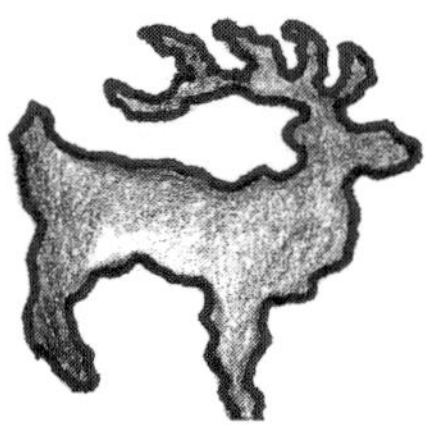

Hirschfellmann

»Der Rhythmus und der gemeinsame Tanz um das Feuer haben sehr schnell mein Denken gestoppt. Mein Körper hat sich verändert, meine Schultern und Beine fühlten sich riesig und stark an. Ich kam mir vor wie der sprichwörtliche ›Platzhirsch‹, der von allen gesehen und bewundert werden will. Ich bekam auch riesige Nasenlöcher und roch so intensiv, wie ich es noch nie vorher erlebt habe. Das Riechen veränderte sich, es wurde ein Wittern. Wittern umfasst viel mehr als nur etwas zu riechen – das habe ich nicht gewusst.

Ich spürte eine starke physische Kraft in mir, aber auch sexuelle Lust und so etwas wie Kampflust. Das hat mir besonders gut gefallen, ich habe noch nie Kampflust verspürt. Ich weiß jetzt, manchmal muss man auch bereit sein, für etwas zu kämpfen. Na, und dem Thema Lust werde ich jetzt auf jeden Fall mehr Aufmerksamkeit schenken! Ich finde es jetzt beim Nachfühlen und Erzählen nicht einfach, zwischen dem Erleben von physischer Kraft und geistiger Kraft zu unterscheiden. Oder gehört das zusammen?«

Hirschgeweihmann

»Das wacklige Hirschgeweih auf meinem Kopf hat mich anfangs beim Tanzen sehr behindert, ich hatte Sorge, es fällt herunter. Ich habe mich bemüht, meinen Atemrhythmus mit dem Stampfrhythmus meiner Beine in Einklang zu bringen. Irgendwann gelang mir das auch, da wurde ich immer ruhiger und hörte auf zu denken.

Am intensivsten war es für mich, als ich alleine auf der Wiese tanzte. Der beständige und schnelle Rhythmus hat mir sehr geholfen, in meiner Bewegung zu bleiben. Das Gefühl für das Geweih auf meinem Kopf hat sich nach und nach stark verändert, ich empfand es immer weniger als aufgebundenes totes Geweih. Es wurde warm auf meinem Kopf. Ich war mir des pulsierenden Wachsens des Geweihs sehr bewusst, es war mit dem Pulsieren meines Bluts verbunden, mit meinem Atem. Das Geweih bewirkte eine äußerst stolze, erhabene Körperhaltung.

Gleichzeitig war ich mir meines festen Standes auf der Erde und auch des Raums über mir bewusst. Ich hatte den Wunsch, meinen Körper in die Höhe und auch in die Tiefe wachsen zu lassen. Ich war eine lebendige Verbindung zwischen der Erde unter mir, dem Feuer einer Brunftlust in mir und der Luft um mich herum und über mir. Am liebsten hätte ich laut gebrüllt und meine Fruchtbarkeit in die Erde gegossen. Meine Bewegungen wurden immer schneller, heftiger. Jetzt weiß ich, warum immer diese komischen Kitschbilder von brüllenden Hirschen in den Schlafzimmern hängen. Vielleicht hat ja auch die Zuschreibung des Hirschs zur Sonne und Fruchtbarkeit in schamanischen Traditionen mit der Lust-Hitze zu tun, durch die neues Leben – die Kitzen – in die Welt gebracht wird in der Zeit, wenn auch die Sonne im Jahreskreislauf wieder stärker wird?«

In Deutschland wird seit sieben Jahren eine »Deutsche Meisterschaft der Hirschrufer« veranstaltet, um den besten Hirschrufer festzustellen. Beim Hirschrufen imitieren die Jäger das Röhren der Hirsche, um sie so vor ihre Flinte locken zu können.

Schwanenfrau

»Beim Tanz um das Feuer ist mir etwas schwindlig geworden, einen Moment lang war mir auch übel. Ich habe mich auf meinen Atem konzentriert, dann ging es wieder besser. Gedanken sind wie Gummibälle durch meinen Kopf gehüpft: Was soll das Rumgehopse hier? Ich hatte die Verbindung zu meinem Geisttier verloren. Dachte, ich schleppe nur noch die Schwanenfeder mit mir herum, weil ich keinem anderen Geisttier begegnet bin; dass ich doch eigentlich auch ohne Geisttier mich mit dem Bewusstseinsfeld verbinden könnte ...

Dann ging mir immer das Bild vom klassischen Schwanenballett durch den Kopf, furchtbar! Doch das gemeinsame Tanzen und der Rhythmus haben meine Denkgummibälle nach einiger Zeit zur Ruhe gebracht. Ich habe an nichts mehr gedacht, war nur noch der Rhythmus, fühlte nur noch das Stampfen meiner Füße auf der Erde, die schwingenden Bewegungen meiner Arme in der Luft. Irgendwann veränderte sich etwas in meinem Körpergefühl, in meiner Empfindung. Die Beine fühlten sich immer dünner an, aber auch biegsam und stark. Ich spürte kaum noch die Erde unter meinen Füßen, mein Körper war weich und leicht. Mein Kopf streckte sich weiter und weiter nach vorne, mein Hals wurde unglaublich lang. Als ich merkte, dass das alles einfach geschah, ohne vorherige Vorstellung, ohne bewusstes Dazutun, habe ich mich etwas erschrocken.

Wer machte das, wenn nicht ich? Wurde ich jetzt von etwas ›besessen‹? Zum Glück hielt dieser Denkmoment nicht lange an. Ich tanzte mit geschlossenen Augen und hatte trotzdem das Gefühl, zu sehen. Ich sah hauptsächlich blaue und grüne Farben und eine große Weite, wie ein Meer, das zugleich ein Himmel war. Irgendwie fühlte ich mich wie ein Frühling, so beschwingt und neu, aber auch etwas wild.

Es war ein wunderschönes Erleben in meinem Körper, in meinen Gefühlen. Jedoch bin ich mir nicht sicher, ob ich der Information meines Schwanen-Geisttiers begegnet bin. Ich möchte nach dieser Erfahrung unbedingt einmal wilden Schwänen begegnen, nicht diesen Parkteich-Schwänen bei uns in der Stadt.«

»Nur durch Ekstase gelangt der Mensch zur vollen Realisierung seiner Situation in der Welt und seines endlichen Schicksals.«
Mircea Eliade, *Schamanismus und archaische Ekstasetechnik*

Wildgansfrau

»Es hat mich beim Tanzen irritiert, dass ich nicht so stark in ein Flugerlebnis gekommen bin, wie ich es mir eigentlich vorgestellt habe für eine Begegnung mit meinem Wildgansgeist. Manchmal zogen mich meine Bewegungen sogar nach unten zur Wiese hin; obwohl es ja Nacht ist und ich die Augenmaske trug, konnte ich sehr genau die Grashalme sehen. Die Augenmaske hat mich erst gestört, aber dann habe ich die äußerliche Beschränkung meines Blicks als sehr angenehm empfunden. Ich fühlte mich konzentriert, durch nichts von meiner Konzentrierung auf den Rhythmus und die Bewegung abgelenkt. Ich habe viel Wind gespürt, habe ihn auch als großes Rauschen in mir gehört. Meine Bewegungen habe ich als sehr zielbewusst wahrgenommen, als ob ich genau wüsste, wohin ich gehen muss.

Am stärksten hat mich berührt, dass ich bei meinem Tanz auf der Wiese körperlich spüren konnte, dass mir die Gemeinschaft von Wesen meiner Art fehlt, um meinem Flug die ›richtige Richtung‹ zu geben, um mich entfalten zu können. Ich fühlte mich manchmal sehr alleine in meinem Tanz. Diese Information ist jetzt besonders präsent in mir. Ich fühle mich bestärkt, endlich meiner Sehnsucht nach einem Leben in einer größeren Gemeinschaft als der meiner Kleinfamilie zu folgen. Es ist für mich an der Zeit, den Wildgansgeist in meinem Leben zu verwirklichen. Ich habe Lust, es so wie die Wildgans zu halten, die immer ihre Artgenossen herbeiruft, wenn sie Futter findet: Ich bin bereit, materielles und geistiges Vermögen mit anderen zu teilen, ich will es nicht nur für mich alleine haben. Der Wildgansgeist will in mein Leben eingewoben werden!«

Wolfsmann

»Anfangs hat mir das rhythmische Stampfen viel Spaß gemacht, aber dann bekam ich das Gefühl, dass dieses starke Aufstampfen für mich nicht stimmte. Ich habe das nur gefühlt, nicht darüber nachgedacht. Wie von alleine veränderte sich daraufhin meine Bewegung, sie wurde leichter, verspielter – aber auch irgendwie vorsichti-

ger und bekam mehr Spannung. Als ich auf der Wiese tanzte, wäre ich am liebsten so tanzend durch die Wälder gelaufen. Ich empfand die Nacht als sehr hell und konnte durch meine Sehschlitze erstaunlich gut sehen. Ich fühlte mich unglaublich stark und wusste, dass ich der Anführer eines Rudels war. Ich spürte auch so etwas wie Kampfbereitschaft und Verteidigungsbereitschaft. Diese Gefühle sind mir sehr fremd – ich weiche Auseinandersetzungen im Alltag immer aus.

Ich fühlte mich auch irgendwie allein und verspürte den Drang, laut zu heulen. Ich wartete auf Resonanz, aber leider antwortete niemand meinem Heulen. Rhythmus und Bewegung brachten mein Denken und Analysieren vollkommen zur Ruhe. Nach meinem Tanz kam ich mir etwas komisch vor, besonders das Heulen war mir fast etwas peinlich, als ich mir dessen bewusst wurde. Auch mit dem Gefühl eines Rudelführers komme ich jetzt noch nicht ganz klar, es entspricht nicht meinem Selbstverständnis. Seltsamerweise spüre ich jetzt so etwas wie einen Schatten von Trauer.

Tja, ich weiß nicht, ob ich mich mit dem Wesen eines Wolfs unbedingt identifizieren kann, aber von der Information ›Wolf‹ habe ich auf jeden Fall etwas wahrgenommen. Ich brauche nun Zeit, um dem nachzuspüren.«

Adlerfrau

»Anfangs habe ich mich bemüht, Bewegungen zu machen, die dem Adler möglichst ähnlich sein sollten. Es war wichtig für mich zu merken, dass ich mich nur an meinen Vorstellungen von adlertypischen Bewegungen orientiert und mich dabei sehr kontrolliert habe. Der Rasselrhythmus hat zum Glück irgendwann mein Denken und Bemühen außer Kraft gesetzt, mein Körper fand in seine eigene Bewegung. Eine ganze Weile habe ich die Bewegung und den Rhythmus genossen und mich ganz hineinbegeben, weiter nichts. Die Augenmaske hat mich gestört, ich hatte das Bedürfnis, nach allen Seiten weit sehen zu können.

Erst als ich nicht mehr im Kreis war und auf der Wiese getanzt habe, trat eine auffällige Veränderung ein: Ich fühlte mich unglaublich stark, unbesiegbar, über alles erhaben. Meine Bewegungen und Atmung wurden immer langsamer, eine große Ruhe war in mir. Ich blickte mit geschlossenen Augen aus großer Höhe auf die nächtliche Wiese. Ganz scharf konnte ich alles erkennen, sogar Mäuse sah ich. Sofort schaltete sich mein Verstand ein, und ich fragte mich kurz, ob dieses Sehen nicht auf meiner Wunschvorstellung beruht. ›Und wenn schon!‹ sagte ich mir, beachtete meinen Denkhamster nicht mehr, rasselte schneller und überließ mich der aufkommenden Bewegung.

Ich gelangte in einen Zustand, der sich anfühlte wie ein schwebendes Gleiten auf einem sanften Wind, hoch oben in der Luft. In mir war eine große Freude; lustvoll spürte ich meinen Körper und die Möglichkeiten meiner Bewegungen. Und ich hatte auch tierisch Lust, mich auf eine der Wiesenmäuse zu stürzen, sie zu ergreifen, zu töten und zu fressen. Dieses Gefühl war für mich erschreckend, ich bin Vegetarierin. Es hat etwas gedauert, bis ich wieder ohne kontrollierenden Denkhamster ganz in meiner Adler-Bewegung war.

Dieses unglaublich gute Gefühl, alleine und unerreichbar durch die Lüfte zu gleiten, hat mich mit der Raubtierseite des Adlers versöhnt. Ich wäre am liebsten bis zur Sonne hoch gestiegen und hatte absolut keine Lust, zurück zur Erde zu kommen. Ich erhielt Informationen, mit denen ich in meiner Alltagswirklichkeit kaum verbunden bin. Interessant finde ich im Rückblick, dass ich mich weder als weiblich noch als männlich empfunden habe.«

»Mein ganzer Körper ist nichts als Augen.
Schaut ihn an! Habt keine Angst!
Ich schaue nach allen Seiten.«
Gesang eines Inuit-Schamanen

Bärenmann

»Als ich auf der Wiese getanzt habe, stimmte der Rhythmus meiner Schritte genau mit meinem Herzschlag überein, ich hörte während der ganzen Zeit hindurch meinen Herzschlag wie eine Trommel in meinem Körper. Die Bär-Bewegung kam wie von selbst, als wären diese Bewegung und das dazugehörige Körpergefühl etwas mir sehr Vertrautes.

Ich habe mich nicht mehr als Mensch gefühlt. Aber ich habe mich auch nicht als Tier wahrgenommen, es war noch etwas anderes. Ich habe mich vollkommen gefühlt, unabhängig von der Erscheinungsform Mensch oder Tier. Und ich habe die Qualität ›Bärenmann‹ gespürt: unerschütterliche Gelassenheit; der Alte, der um den Kreislauf der Zeiten weiß; der Einsame, der für die Nachkommenden Wege in neue Lebensräume erschließt; der spielerisch Lustvolle, der seine Geschicklichkeit immer wieder neu erprobt. Einige dieser Qualitäten sind mir vertraut, aber durch diese Erfahrung heute Nacht habe ich einen tieferen Zugang zu meinem Wesen und dem Geistwesen Bär bekommen. Es ist ein wenig wie eine Spiegelung – diese Informationen des ›Bärenmanns‹ und mein Informationsfeld ›Menschenmann‹.«

Bärenfrau

»Das rhythmische Stampfen um das Feuer hat ziemlich schnell meine Wahrnehmung verändert. Irgendwie war ich nicht so, wie ich mich sonst wahrnehme. Ich bin ja nicht sehr groß, aber beim Tanzen hatte ich das Gefühl, immer mehr in die Breite und in die Höhe zu wachsen. Meine Bewegungen waren aber nicht schwerfällig oder tapsig, wie ich es erwartet hatte vor dem Tanz. Ich fühlte mich schnell und grazil, wie eine Tänzerin, trotz meines mächtigen Körpers. Ich empfand unerschütterliche Kraft und Macht, und vor allem eine große, sinnliche Lebensfreude.

Die stärkste Empfindung war für mich der Moment des ›plötzlichen Erkennens‹: Ich bin die Leben gebende Urmutter, in meinem Schoß entspringt die Welt, aus mir verströmt sich das neue Leben. Ich berge das Wissen um die Zusammenhänge des Lebens. Ich hüte dieses Wissen, durch mich wird es ständig erneuert. Das sind die Informationen, mit denen mich mein Geisttier in Berührung gebracht hat. Ich habe mich nur gewundert, dass mir kein sichtbares Fell gewachsen ist, dafür habe ich jetzt einen Bärenhunger nach Süßem!«

Schlangenfrau

»Die eingeschränkte Sicht hat mir sehr geholfen, den Blick nicht mehr an etwas außerhalb von mir festzumachen. Bald hatte ich den starren Blick der Schlange. Eigentlich habe ich seit meinem Bandscheibenvorfall große Bewegungseinschränkungen; seltsamerweise wurde jedoch nach einer Weile mein Körper ohne jede Beschwerde oder Bewegungseinschränkung unglaublich biegsam und geschmeidig. Mein Becken hat sich ohne mein Zutun wie in einer endlosen Acht bewegt – eine Bewegung, die ich bereits in einem Bauchtanzkurs ohne großen Erfolg geübt habe. Ich genoss es, meinen Leib so dicht an die Erde gepresst in Bewegung zu fühlen. Ich kam mir nicht ›erniedrigt‹ vor in dieser Haltung, ich empfand mich als sehr stark und geerdet.

Alles, was sich um mich herum bewegte, konnte ich intensiv über meine Haut erspüren. Besonders die Körperteile, die ich mit Schlangenfett eingerieben habe, fühlten sich wie Bewegungssensoren an. Obwohl ich beim Tanzen geschwitzt habe, ist mir einige Male eigenartig kalt geworden. Diese Kälte habe ich als tiefschwarz empfunden, sie war in mir, nicht auf der Haut. Vielleicht war das etwas vom Hauch des Todes, den die Äskulapnatter durch ihr Gift in sich trägt.

Der Geist der Äskulapnatter war anwesend. Ich habe seine Lebensinformation als eine wachsame, sensible Qualität empfunden, besonders geeignet zur Unterstützung einzelgängerischer Wissenshüterinnen. Nun habe ich hier am Feuer den Entschluss gefasst, doch noch mit der Heilpraktikerausbildung anzufangen, obwohl ich schon 47 Jahre alt bin. Ich werde einfach meine ›alte‹ Haut abstreifen!«

Krähenmann

»Der gemeinsame Tanz im Kreis hat mir sehr geholfen, aus meinem Denken herauszukommen. Auch das eingeschränkte Gesichtsfeld hat meine Konzentrierung auf die Bewegung und den Rhythmus gefördert. Ich lasse mich sonst immer leicht durch andere vom eigenen Tun ablenken. Auf Trancereisen bin ich schon oft dem Krähengeist begegnet und habe mich richtig darauf gefreut, ihm dieses Mal vielleicht noch stärker über meinen Körper begegnen zu können – mich so ›richtig‹ als Rabenkrähe zu fühlen.

Als ich auf der Wiese in eine tanzende, schwingende Armbewegung kam, war ich voll übermütiger Freude. Ich hatte das Gefühl, alles zu können, alles zu sehen und alles zu wissen. Ich musste immerzu grinsen. Die anderen um mich herum habe ich nur als schwarze Schatten wahrgenommen, es war, als ob ich in einem großen Krähenschwarm tanzte. Verblüfft hat mich, wie gut ich sehen konnte trotz Maske und Dunkelheit. Als ich mir dieses Gedankens bewusst wurde, überfiel mich eine große Traurigkeit. Mir ist es in meinem Alltagsleben sehr oft zu laut und zu schnell, ich empfinde vieles um mich herum als zu schrill. Ich habe mich in Hockstellung zusammengekauert und gespürt, wie ich von großen Flügeln bedeckt wurde. Es war still unter diesen schwarzen Flügeln, das tat mir sehr gut.

Noch nie zuvor habe ich die Krähenenergie als etwas Stilles, Friedvolles erfahren. Dann vernahm ich auf einmal die Trommel, die ich bei meinem Tanz irgendwie nicht gehört habe. Ich wollte in diesem Moment etwas für die Gemeinschaft tun, deshalb habe ich gefragt, ob ich trommeln darf. Ich werde versuchen, mir in meinem Alltagsleben mehr Raum zu geben für Stille und Nachtdunkel.«

Krötenfrau

»Der gemeinsame Tanz um das Feuer fiel mir anfangs sehr schwer. Ich habe mir überlegt, welche Bewegungen eine Kröte macht, und versuchte es mit langen Hüpfschritten, aber das ging irgendwie nicht. Daraufhin habe ich mich nur noch auf den gemeinsamen Rhythmus konzentriert. Als ich mich auf der Wiese bewegte, ist von alleine eine Bewegung aus meinem Körper geflossen. Ich war erstaunt, wie geschmeidig und schön ich mich fühlte in diesem Wechsel von zusammengekauerter Stellung zur weit gestreckten Springstellung.

Ich bin noch nicht lange mit dem Krötengeist konfrontiert – in den letzten Wochen habe ich oftmals von großen Kröten mit grüngoldener Blasenhaut und einem Buckel geträumt. Es waren friedliche Träume, aber sie haben mich doch beunruhigt, denn ich mag Kröten überhaupt nicht, ich finde sie eklig. Sie kommen mir immer vor wie alte, verschrumpelte Frauen, die auf etwas lauern. So war das bis vor zwei Wochen: Da habe ich beim Umschichten eines alten Holzstoßes diese fast wie zu Leder eingetrocknete Erdkröte gefunden. Erst habe ich mich erschrocken; dann jedoch habe ich mich an meine Träume erinnert und an alles, was ich in Zusammenhang mit dem Begriff ›Tiergeist‹ schon gelesen und auch ein wenig erfahren habe. Nur – nie war da von Kröten die Rede, immer waren es schöne, kluge, starke Krafttiere mit einem ›besonderen‹ Geist. Was soll's, dachte ich mir, warum soll es mir mit der Begegnung von Geist in Tierform eigentlich anders ergehen als mit meinen sonstigen Lebensmustern? Ich finde, vieles, was mir geschieht und womit ich zu tun habe, ist oft absonderlich im Verhältnis zu dem, wie meine Umwelt lebt.

Ich habe die Kröte in ein seidenes Tuch gewickelt und auf meinen Ritualaltar gelegt. Seitdem machte ich für sie jeden Abend eine Räucherung mit Angelikawurzeln, stellte ein Schälchen Milch in den Garten und trommelte. Beim Trommeln habe ich versucht, mich auf die geistige Information ›Erdkröte‹ zu konzentrieren, um mit ihr in Verbindung zu treten. Ich habe auch das Märchen von der Unke gelesen – und ich habe etwas von der ›alten‹ Verbindung von Mensch und Tier verstanden.

Aber heute, beim Tanz, habe ich zum ersten Mal gespürt, warum sich der Krötengeist mich ausgesucht hat: So, wie ich in meinem Wesen bin, besitze ich die Gabe, Fremdes zu verbinden. Wenn ich es endlich schaffe, noch mehr von meinen Erwartungsmustern wegzukommen, werde ich die Zusammenhänge zwischen den nichtsichtbaren und sichtbaren Wirklichkeiten, zwischen dem Fremden und Vertrauten, besser erkennen können. Diese Verflechtungsgabe ist für mich zurzeit die wichtigste ›Kröteninformation‹. Ich werde versuchen, durch mein Handeln das Bewusstsein um diese Verflochtenheit und die daraus entstehende Verantwortung zu leben. Ich weiß, das hört sich alles sehr anspruchsvoll und kompliziert an – aber so eine Erdkröte ist ja auch kein gefälliges, leicht zugängliches Wesen!«

Eulenmann

»Bei mir ist das ganz anders als bei der Krötenfrau. Schon seit fünf Jahren begleitet mich der Eulengeist, er ist für mich mein Seelenbruder, mein Vertrauter. Ich habe die Eule immer als mein Krafttier bezeichnet – und als solches auch schon getanzt.

Bei meinem Tanz auf der Wiese habe ich zum ersten Male gespürt, dass ich für die Eulenenergie ein wichtiger Verbündeter bin, der durch menschliches Leben ihre Qualität in die Menschenwelt trägt. Ich hatte das Gefühl, in der Mitte eines großen Eulen-Kreises zu tanzen. Wie ein wirbelnder Derwisch tanzte ich, empfand mich aber wie eine stillstehende Säule aus Helligkeit. Von mir aus flossen helle Fäden in die Augen der um mich im Kreis stehenden Eulen. Es war, als ob ich sie füttern würde. Es ging gar nicht so sehr darum, mich als Eulenenergie wahrzunehmen. Viel wichtiger war es, mich als jemanden wahrzunehmen, der das Informationsfeld ›Eulenqualität‹ mit seiner ›Menschenqualität‹ füttert. So habe ich mein Verhältnis zum Geist der Eule noch nie erfahren. Mein vertrautes Konzept von Krafttier ist ziemlich durcheinander gerüttelt. Ich werde einige Zeit brauchen, um mich neu zu sortieren – nicht nur geistig, auch im Umgang mit einigen Praktiken, die ich bislang als schamanisch angesehen habe.«

Das Feuer ist herabgebrannt, Mitternacht ist längst vorbei. Die frühen Nachtstunden des neuen Tages wollen sich ihren Zauber nicht durch Diskussionen nehmen lassen. Eingehüllt in Decken, versunken in ein Nachsinnen des Gehörten, rücken wir dichter zusammen, wärmen uns aneinander und schweigen.

Ich schäle mich aus der wärmenden Decke, stehe auf, werfe Kräuter für gute Träume – Rosmarin, Wacholder, Lorbeer, Eisenkraut, Engelwurz – in die Glut und danke den Kräften und Geistwesen dieser Nacht, die uns in so vielfältiger Gestalt begegnet sind. Die Saat der Erfahrungen dieser Nacht braucht Stille und Ruhe, um sich in jeder von uns einnisten und entfalten zu können. Erklärende Wörter, Diskussionen um Anschauungen wirken manchmal wie ein die Erfahrungssaat zerstreuender Wind, der Verwurzelung und Wachstum der Saat verhindert.

Decken werden zusammengefaltet, Rasseln eingesammelt, die Glut mit Erde zugedeckt. Zeit, schlafen zu gehen!

Märchen von der Unke

Es war einmal ein kleines Kind, dem gab seine Mutter jeden Nachmittag ein Schüsselchen mit Milch und Weckbrocken, und das Kind setzte sich damit hinaus in den Hof; und wenn es anfing zu essen, kam die Hausunke aus seiner Mauerritze hervorgekrochen, senkte ihr Köpfchen in die Milch und aß mit. Das Kind hatte seine Freude daran, und wenn es mit seinem Schüsselchen da saß und die Unke kam nicht gleich herbei, so rief es ihr zu: »Unke, Unke, komm geschwind, komm herbei du kleines Ding, sollst dein Bröckchen haben, an der Milch dich laben.«

Da kam die Unke herbeigelaufen und ließ es sich gut schmecken. Sie zeigte sich auch dankbar, denn sie brachte dem Kind aus ihrem heimlichen Schatz allerlei schöne Sachen, glänzende Steine, Perlen und goldene Spielsachen. Die Unke trank aber nur Milch und ließ die Brocken liegen; da nahm das Kind einmal sein Löffelchen, schlug ihr damit sanft auf den Kopf und sagte: »Ding, iss auch Brocken.« Die Mutter, die in der Küche stand, hörte, dass das Kind mit jemand sprach, und als sie sah, dass es mit seinem Löffelchen nach einer Unke schlug, so lief sie mit einem Scheit Holz heraus und tötete das gute Tier.

Von der Zeit an ging eine Veränderung mit dem Kinde vor. Es war, solange die Unke mit ihm gegessen hatte, groß und stark geworden, jetzt aber verlor es seine schönen roten Backen und magerte ab. Und es dauerte nicht lange, da fing der Totenvogel an nachts zu schreien, und das Rotkehlchen sammelte Zweiglein und Blätter zu einem Totenkranz, und bald hernach lag das Kind auf der Bahre.

Von Vögeln, Hirschen und Schlangen als geistigen Gefährten im Schamanismus

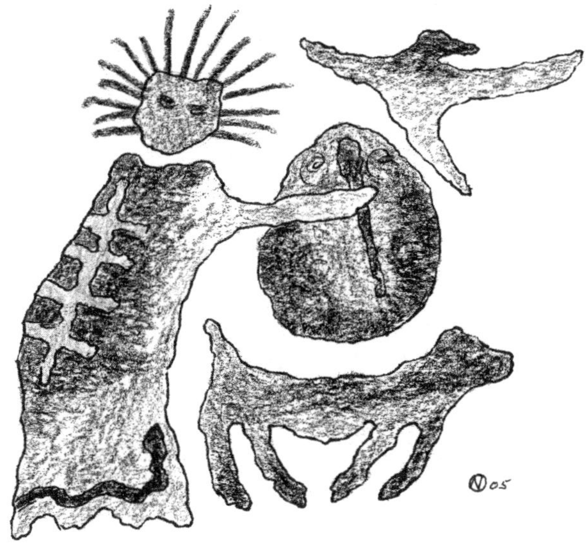

»Die Wirklichkeit, die Wirklichkeit trägt wirklich ein Forellenkleid
und dreht sich stumm und dreht sich stumm nach andren Wirklichkeiten um.«
André Heller

Das feine Gewebe des schamanischen Wurzelgeflechts, aus dem die heutigen europäischen Kulturen gewachsen sind, ist durch die Jahrtausende des kulturellen Wandels immer dünner geworden, zerschlissen und voll Löcher. Nur noch bruchstückhaft lässt sich ein zusammenhängendes Muster erkennen. Es ist nicht leicht und erfordert mehr Intuition als einen analytisch wissenschaftlichen Blick, die Bildersprache der Muster zu verstehen.

> »Zum Staunen muss der Mensch aufwachen. Die Wissenschaft ist ein Mittel, um ihn wieder einzuschläfern.«
> Ludwig Wittgenstein (1889–1991)

Aber immer wieder treten für uns erkennbare Tiere aus diesem Wurzelgewebe der schamanischen Weltsicht unserer Ahninnen heraus: eingeritzt in Knochen und Fels; aus Bernstein, Knochen oder Stein geschnitzt; aus Ton modelliert; auf Höhlenwände und Gefäße gemalt; als Tiermasken gestaltet. Manchmal führen die feinen Fäden des Wurzelgeflechts durch alte Begräbnisstätten und Ritualplätze, in denen Tieren besonderer Respekt bezeugt wurde. Einige der Höhlenzeichnungen, Felsritzungen und Grabstätten geben die Bedeutung des Tiers wieder: als mächtiger, vom Menschen unabhängiger Geist; als Verbündeter und Helfer der Schamanen und Schamaninnen. Erfahrungen und Forschungen bei im Schamanismus lebenden Völkern, vor allem dort, wo sie noch vorrangig als Jäger, Fischer und Sammlerinnen leben, können uns helfen, die Sprache dieser stummen Zeugnisse zu verstehen.

Schamanismus im Europa der Frühzeit ist keine auf Jahreszahlen festzulegende Kulturepoche, die wir heutigen Ländern und Staaten zuordnen können. Oft herrschten in der Frühzeit nur wenige Hunderte Kilometer voneinander entfernt verschiedene Gesellschaftsformen und geistige Weltbilder, unterschiedliche Arten der Jagd und des Anbaus von Nahrungsmitteln. Entsprechend den geistigen Welten und Riten, den sie umgebenden Landschaft und ihrem Tiervorkommen, den Jagdformen und der Tierzucht, hatten die Geisttiere vermutlich auch unterschiedliche Zuordnungen an Wichtigkeit im auf die nichtsichtbaren Kräfte bezogenen Leben der Menschen. Wie bestimmend die Wirklichkeit der Verbundenheit mit allen Lebensformen war – insbesondere der Verbundenheit mit Tieren –, spiegelt sich in Mythen, in denen Tierstämme als die Urahnen der menschlichen Stämme gesehen werden. Die Mythen berichten auch, dass vor allem Schamaninnen einer Tierfamilie entstammen, so wie es in der Geschichte von der »Schwanenfrau als erste Schamanin« berichtet wird.

Auch für einige mongolische Stämme sind Tiere die Urahnen – der Wolf und die weiße Hirschkuh. Der blaugraue Wolf Bortä-Tschino wird »der vom Himmel Erzeugte« genannt und verkörperte den Himmel. Er ist der Bräutigam der strahlen Hirschkuh Maralghoa, die die Erde verkörperte. Der Wolf wird als Ebenbild des Kriegers gesehen, der Kraft der Mongolen. Die Hirschkuh steht als Zeichen für die mongolischen Stämme und die Schamanen.

»Zwei Schwäne«, Felszeichnung vom Onegasee (Karelien, Russland), zirka 2500 v. u. Z.

Auch der Bär ist ein Tier, das eng mit unseren Menschenahnen verbunden ist:

Im schamanischen Weltbild der Evenken ist er der mythische Urahn. In der evenkischen Sprache bedeutet Mangi nicht nur »Bär«, sondern auch »Ahnengeist, Herr der Unterwelt«.

Im westlichen Sibirien lebt das vom Aussterben bedrohte Volk der Samojeden. In ihren Mythen erzählen sie von einem tapferen Mann, der einen riesenhaften Menschenfresser besiegte und sich die Tochter des Waldgeists zur Frau nahm. Ihrer Ehe entspross ein Bär, den die Samojeden als Stammvater verehren.

Nicht nur Völker Sibiriens und Nordamerikas sehen in ihm ihren Ahnen, auch die nordeuropäischen Goten und Dänen legten Wert darauf, Nachkommen eines Bärenahnen zu sein. Vielleicht war für sie der Bär eine Erscheinung des rothaarigen Gottes Thor?

Das englisch Wort *forebears* – Vorväter – trägt den Bären in seiner Bedeutung als Ahne noch in sich, so wie auch das Wort für Bär – *bear* – das gleiche ist wie für Gebären: *to bear*.

Auf die Zusammenhänge zwischen Bär und »bären« in der Bedeutung von: fruchttragend, zeugen, gebären weisen auch die Brüder Grimm in ihrem *Deutschen Wörterbuch* hin.

Nana Nauwald, *Bärenkraft und Jaguarmedizin*

Einigen der – mal schwächer, mal stärker – erkennbaren Tiermuster im dünnen Wurzelgewebe des Wissens um den Schamanismus unserer Ahnen werde ich in diesem Kapitel auf die Spur gehen. Diese »Fäden des alten Musters« möchte ich exemplarisch sichtbar und erfahrbar machen an Tieren, die sich auf jeweils eine der drei Welten in der Kosmologie des Schamanismus beziehen:

Vögel als Boten und Bewohner der Oberen Welt, die Familie der Hirsche (Ren, Elch) als Informationsträger der Mittleren Welt, die Schlangen als Boten und Bewohner der Unteren Welt. Weder die Zuschreibungen noch die von mir aufgezeigten möglichen Beziehungszusammenhänge zwischen Mensch und Geisttier sind als »sicher« oder »wahr« anzusehen. Wir können nur mit unserem heutigen Blick, der geprägt ist durch unsere Erfahrungen und Lebensbedingungen, auf dieses alte Muster der Lebenszusammenhänge sehen. Wir können das sogenannte Alte nur verstehen durch die uns entsprechenden Erklärungsmodelle, geprägt von heutigen wissenschaftlichen Erkenntnissen. Doch vielleicht erwachsen ja aus der Wiederbeachtung dieses alten Geflechts neue Triebe und neue Wege, die sich in unsere geistigen und materiellen Wirklichkeiten heilsam einweben.

Vogel-Felszeichnung, Sibirien.

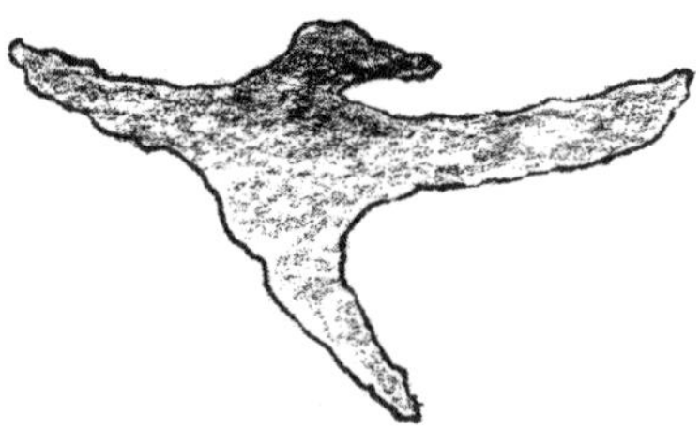

Vogelflug

Sollte jemand Schwierigkeiten haben, sich auf die schamanischen Welten der Geisttiere einzulassen, so empfehle ich, nichts weiter zu tun als den Flug der Vögel zu beobachten, ihren Gesängen zu lauschen. Wie auch immer wir diese Geschöpfe einordnen: Sie sind die schamanischen Tiere als Boten zwischen den Welten, Menschen und Geistern! Vögel durchqueren den Raum ohne für das menschliche Auge sichtbare Wege oder Ordnungen, sie durchdringen das Licht, die Luft und den Wind. Scharfäugig sind sie, weit blickend, tanzend, singend, in bunten Gewändern, Boten von Vorzeichen, auf Bäumen wie in der Luft zu Hause.

Doch vor allem sind sie »zweimal Geborene«. Zweimal geboren: erst als Ei, dann als Küken. Das Ei birgt in sich das Geheimnis des Lebens. Was muss es für Staunen und Ehrfurcht in den ersten Menschen hervorgerufen haben, als sie in einem Nest ein »Ding« erblickten, dem nicht anzusehen war, dass es etwas Lebendiges in sich barg. Durch die Wärme des Muttertiers, auch durch die Wärme der Sonne, entstand in dem »Ding« aus Flüssigkeit eine Form. Die Form war lebendig, hatte aus sich selbst heraus die Kraft und den Willen, die Schale des Eis von innen zu zerstören und als lebendiges, überlebensfähiges Wesen in die Welt zu treten.

Wie sollte man da nicht besonders die aus dem Ei geborenen Tierwesen (Vogel, Schlange, Schildkröte) als Manifestationen der »Großen Mutter allen Lebens« ansehen? So ist es nur folgerichtig, dass Schamaninnen, die in der Lage waren, direkt mit dem Bewusstseinsfeld des Lebens, der Heimat der Großen Mutter, zu kommunizieren, in sibirischen Überlieferungen aus einem Ei im hohen Nest des Schamanenvogels geschlüpft sind.

> »Nach zahlreichen Traditionen erstreckte sich in mythischer Zeit die Flugkraft auf alle Menschen; alle konnten den Himmel erreichen, entweder auf den Flügeln eines Vogels oder auf Wolken.«
> Mircea Eliade *Schamanismus und archaische Ekstasetechnik*

So beinhaltet auch der Begriff »schamanischer Flug« das wichtigste Kennzeichen einer Schamanin: die Fähigkeit, sich in einem veränderten Bewusstseinszustand willentlich durch die Welten zu bewegen.

Eine der ältesten Hinweise auf diesen »Flugzustand« ist der zirka 17 000 Jahre alte »Vogelmann« von Lascaux, dessen starre Körperhaltung, der vogelförmige Kopf und der ihm zur Seite gestellte Vogelstab. Auch die traditionellen Ritualgewänder sibirischer Schamaninnen unterschiedlicher Völker waren (und sind es wieder) mit vielen Zeichen der Fähigkeit zum schamanischen Flug versehen: Federn, Vogelkrallen, Vogelschnäbel.

> »Selbst heute noch glaubt man, dass die sibirischen Medizinmänner direkt von den Vögeln abstammen, die sie verkörpern. Das jakutische Wort für den Vogelmantel des Schamanen tanara bedeutet ›Himmel‹.«
> Buffie Johnson, *Die Große Mutter in ihren Tieren*

In einigen der heute noch lebendigen Schamanismuskulturen zeigen Federn, Federkrone und Vogelstab immer noch diese besondere Fähigkeit der Schamaninnen an. Federn sind im schamanischen Kontext ein Ausdruck für die Fähigkeit, Schwellen zu überschreiten. Federn bergen in sich die Energie und Lebenskraft des ganzen Vogels, mit seinen Eigenschaften.

Nichts Lebendiges kommt der Sonne so nah wie ein Vogel, also haben seine Federn auch die Kraft der Sonne in sich gespeichert. Die bewusste Nutzung von Federn in rituellen Zusammenhängen kann bewirken, dass die Information des Vogels über die Feder auf den Träger der Feder übergeht. Federn, nicht nur Attribute von »reisekundigen, mit besonderen Fähigkeiten ausgestatteten Menschen«, sondern als Flügel bei den Völkern des klassischen Altertums ein Privileg der Götter, sogar die Sonne wurde in einigen Kulturen geflügelt dargestellt!

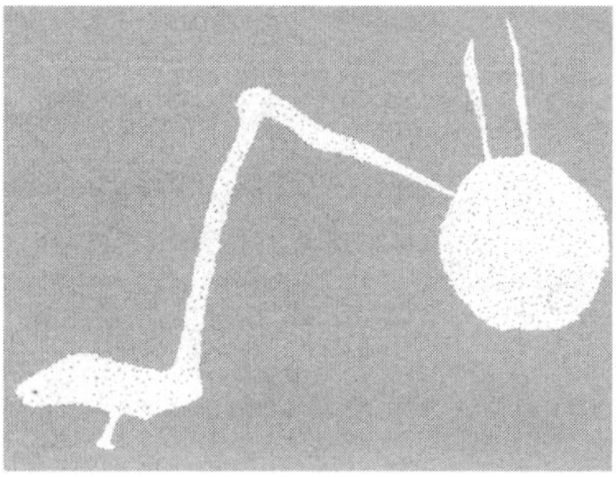

Wasservogel mit Maske oder Sonnenzeichen, Felsgravierung, Onegasee (Russland), zirka 2500 v. u. Z.

> »In einer orientalischen Geschichte fragt ein Vogel in buntem Federkleid den für sein großes Wissen bekannten Sperling, woher und wozu er so ein farbenprächtiges Gefieder habe. Der kluge Spatz antwortet ihm: ›Du bist mit einem winzigen Regenbogen vergleichbar. Weil du an die unsichtbare Welt erinnerst, ist es deine Berufung, den Himmel mit der Erde zu verbinden. Dein Flug lehrt die Menschen, dass sie sich vom sinnlich Wahrnehmbaren lösen müssen‹.«
> M. Davy, *Geschöpfe der Sehnsucht*

In älteren Berichten über die Schamanen im russischen Altai wird erzählt, dass der Schamane bei seinem Aufstieg in die Obere Welt die fünf Himmelsvögel anruft und die Mutter der neun Adler, die ihn bei seiner Reise begleiten sollen. Um die Gegenwart des Adlers anzuzeigen, ahmt der Schamane seinen Schrei nach. Bei seinem Aufstieg ruft er im Dritten Himmel die Gans, besteigt sie und setzt seinen Aufstieg in die Obere Welt fort.

»Er ist übrigens Spezialist im magischen Flug. Gewisse Schamanen haben den Mond besucht, andere sind rund um die Erde geflogen. Nach den Überlieferungen fliegen die Schamanen wie die Vögel, sie breiten ihre Arme aus wie der Vogel seine Flügel.«
Mircea Eliade, *Schamanismus und archaische Ekstasetechnik*

Adler und Gans zeigen nicht nur den Flug in die Obere Welt an, manchmal ist es im Schamanismus des Altaigebirges auch die Gans, auf deren Rücken der Schamane aus der Unterwelt zurückkehrt, die er zuvor auf dem Rücken des Pferds betreten hat.

Bei einigen Ethnien Sibiriens stellen die Schamaninnen junge Bäume und eine symbolische Leiter auf, wenn sie zum Zwecke der Heilung eine Reise in die Obere Welt antreten wollen. Die jungen Bäume werden mit rituellen Gegenständen behängt, vor allem mit Vogelfiguren – den sichtbaren Zeichen für die nichtsichtbare Himmelsreise der Schamanin.

Zur besonderen Rolle des Vogels als geistiger Berater und Begleiter im Schamanismus gehört auch die vom Geistvogel auf die Schamanin übergehende Qualität, »alles« zu sehen, »weit« zu sehen. Vielleicht weisen die zirka 24000 Jahre alten Frauenfiguren aus Dolni Vestonice auf diese besonderen Fähigkeiten des »Klarsehens, Hellsehens, Weitsehens« der alten Schamaninnen hin: Die Augen der Statuetten sind in den vogelförmig gestalteten Köpfen oft sehr auffällig betont.

Die Vogel-Qualität der Weitsicht hat für die Menschen Vogelflug und Vogelruf als Vorzeichen für das Kommende werden lassen, eine aus Naturbeobachtung entstandene Orakelform. Da die Vögel sich frei in der Luft bewegen können, hoch zur Sonne steigen, sind sie den Geheimnissen der Götter und Geister näher als die auf der Erde oder im Wasser lebenden Tiere. Deshalb hat in allen schamanischen Kulturen die Begegnung mit Vögeln als Boten der Geisteswelt besondere Bedeutung.

Raubvogel aus vergoldeter Bronze, Schildbeschlag von Vallstenarum (Gotland, Schweden), 7. Jahrhundert (British Museum).

Diese vielfältigen Zeugnisse und Zusammenhänge aus den Kulturen des Schamanismus lassen verstehen, warum Federn und Vogelstab, Vogelkrallen, Flöten aus Vogelknochen immer noch weltweit die schamanischen Ritualwerkzeuge für Heilung, Schutz und den Umgang mit Geistwesen sind.

»Die Vögel sind das Gegenteil der Zeit;
Sie sind unser Verlangen nach Licht,
nach Sternen, nach Regenbögen
und nach jubilierenden Melodien.«
Olivier Messiaen

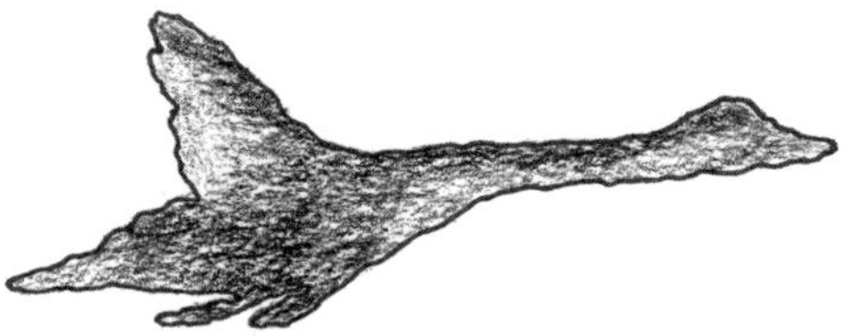

Wenn die Wildgänse ziehen ...

Die Verflechtung von Naturbeobachtung, daraus entspringender Erkenntnis geistiger Informationen, mythischer Zuschreibung und schamanischer Weltsicht möchte ich in den folgenden Streiflichtern am Beispiel der Wasservögel erhellen:

Die ältesten bislang gefundenen bildnerischen Zeugnisse von Vögeln sind die von Wasservögeln. Die großen Wasservögel – Schwäne, Gänse, Störche und Enten – sind Zugvögel und waren in der alltäglichen und geistigen Wirklichkeit der Menschen der Frühzeit in Nordeuropa und Sibirien von besonderer Bedeutung.

Unerklärlich – weil für unsere Ahninnen nicht beobachtbar – war das Verschwinden der Vögel im Winter. Wohin flogen sie, woher kamen sie zurück? Ersichtlich war nur, dass sie davonflogen vor der dunklen Zeit des Stillstands allen Wachstums und in der Zeit des neu erwachenden Lebens wieder zurückkehrten.

Tod und Vergehen, die Wiederkehr der Sonne, des Lebens und die daraus entspringende Fruchtbarkeit sind in den nordischen Kulturen eng mit den Zugvögeln verbunden. Diese Qualitäten sind es auch, die den magischen »Kessel des Wissens«, den »Kessel der Wiedergeburt«, in schamanischen Traditionen beschreiben. Der Kessel, in dem der zerstückelte Schamane in seinem Initiationserleben transformiert wird und mit neu zu-

Wasservögel und Mensch, Felszeichnung, Armenien, zirka 2000–1000 v.u.Z.

sammengesetzten Gliedern wieder in die Welt der Menschen als Schamane tritt.

Aus Rumänien und Serbien sind sogenannte Kultwagen der Bronzezeit mit und ohne Kessel gefunden worden, auf denen Entenvögel als Begleiter abgebildet sind bzw. den Kultwagen ziehen. (Der Schwan ist ein Entenvogel.) Auf einem kleinen, sicherlich in rituellem Zusammenhang genutzten Wagen aus Terrakotta wird die Verbindung von Fruchtbarkeit, Sonne, Schwänen sowie zwischen Mensch und Tier besonders deutlich: Drei Schwäne (oder sind es Enten?) ziehen den Wagen, auf dem eine Gestalt mit Vogelkopf in einem mit Sonnenzeichen verzierten Gewand steht.

Eine Erklärung, wohin die Zugvögel gingen und woher sie wieder kamen, wird in einer Mythe der Keten gegeben:

Tomam, die Mutter der Zugvögel

Tomam, die Vogelmutter, lebte in einem steinernen Haus am großen Fluss Jenissei. Wenn der Frühling nahte, stellte sie sich in ihrem weiten Gewand auf einen Felsen hoch über dem Jenissei. Sie hob ihre Arme hoch, und aus dem gewaltigen Ärmel ihres Gewandes schüttelte sie Flaumfedern heraus. Kaum schwebten die feinen Federn in der Luft, da verwandelten sie sich in Schwäne, Gänse und Enten und flogen in das Land der Keten. Im Herbst kehrten sie alle wieder zurück an den Felsen über dem Jenisseifluss. Dort wartete mit erhobenen Armen Tomam, die Mutter der Zugvögel, auf sie. Die Vögel verwandelten sich wieder in Flaumfedern, und Tomam barg sie in den Ärmeln ihres Gewandes – bis zum nächsten Frühjahr.

Wer sich Wildgänsen annähern möchte: In der jahrhundertealten Kulturlandschaft am unteren Niederrhein verbringen zwischen November und Februar bis zu 200000 Wildgänse aus Skandinavien und Sibirien den Winter. Auch die Elbauen und Elbmarschgebiete in Norddeutschland sind beliebte Rastplätze der Wildgänse.

Beobachtung und Erfahrung der Eigenart eines Tiers – jenseits romantischer Zuschreibungen – waren und sind für »richtige« Schamaninnen immer noch Voraussetzung zum Erkennen des Wesens eines Tiers. Erst dann werden die besonderen Informationen eines Geisttiers »wirklich« erfahrbar.

Fliegende Schwäne.

Hausgiebel in Schweden, 18. Jahrhundert. Schwäne und ein stilisierter Weltenbaum sollen das Haus schützen.

Wer den Gesang eines Schwarms von Singschwänen aus dem hohen Norden gehört hat, der sich aus abwechselnd hohen und tiefen Tönen zusammensetzt, der versteht, warum der Name »Schwan« sprachlich mit dem Wort »tönen« zusammenhängt: Das indogermanische Wort *suen* bedeutet »tönen, schallen«.

Der Singschwan hat einen sehr markanten melodischen Ruf (hingegen zischen und fauchen unsere einheimischen Höckerschwäne leider nur, wenn sie wütend sind, trompeten sie sogar). Sein Gesang stammt daher, dass beim Flug durch die besonders feinen Federn an seinen Schwingen ein singendes Geräusch entsteht.

Es heißt im Volksmund, dass beim Schwan, wenn er sich seinem Tode nahe fühlt, der Geist mit einem letzten Schwanengesang aus dem Körper weicht. Schwanengesang wird allgemein benutzt in der Bedeutung von: die letzten wichtigen Worte eines Menschen. Zwei Schwäne sind es auch, die mit ihrem Rauschen und Tönen das Wasser des Urdbrunnens an den Wurzeln des Weltenbaums Yggdrasil beleben, am Urquell allen Wissens.

Geschichten vom Schwan

Nicht nur in sibirischen Erzählüberlieferungen, auch im Märchen »Die sechs Schwäne« der Brüder Grimm wird von einer Mensch-Schwan-Verwandlung erzählt. Eine Sage aus Norddeutschland berichtet sogar von zwölf Schwanenjungfrauen, die sich in Menschen verwandelten:

Ein Bauer hatte drei Söhne. Seine Weizenfelder standen in reicher Blüte, da erblickte er eines Morgens inmitten eines Weizenfelds eine kreisrunde Fläche. Das Korn war so gleichmäßig niedergetreten, als ob leichte Füße darübergegangen wären. Der älteste Sohn hielt Nachtwache, um das Rätsel zu lösen, aber ein schweres Unwetter vertrieb ihn vom Feld. Dem zweiten Sohn erging es in der nächsten Nacht genauso. Auch beim jüngsten Sohn zog nachts ein schweres Gewitter auf, aber er hielt tapfer stand.

Als das Gewitter vorbei war, erklang ein Rauschen wie von Flügelschlägen und zwölf Schwäne kamen geflogen, ließen sich im Weizenfeld nieder. Sobald sie die Ähren berührten, wurden sie zu Jungfrauen in weißen Gewändern. Sie legten die Gewänder ab und tanzten mit ihren schneeweißen Füßen im Kreis. Eines der Gewänder lag in der Nähe des Jungen, er nahm es und verbarg es. Als die Jungfrauen ihren Reigen beendet hatten, zogen sie ihre weißen Gewänder wieder an, nur die zwölfte konnte ihr Gewand nicht finden und lief klagend herum. Als sie den Jungen entdeckte und ihr Gewand bei ihm sah, bot sie ihm dafür einen Beutel mit Gold an, der sich niemals leeren würde. Sie sagte ihm, dass sie in einem Jahr wiederkommen würde. Wenn er sie aus ihrer Schwanengestalt erlösen wolle, dann müsse er bei ihrer Begrüßung schweigen. Sie nahm ihm das Schwanengewand weg, flog davon. Es gab noch etliche Hindernisse zu überwinden, bis sie die Frau des Jungen werden konnte.

Der Schwan, Fabel von Leonardo da Vinci

Der Schwan neigte den biegsamen Hals aufs Wasser und spiegelte sich lange. Da begriff er die Ursache seiner Müdigkeit und dieser Kälte, die seinen Körper wie mit Zangen griff und zittern machte, wie im Winter: Mit absoluter Gewissheit wusste er, dass seine Stunde geschlagen hatte und dass er zum Sterben bereit sein musste.

Seine Federn waren noch weiß wie am ersten Tag seines Lebens. Er hatte Jahre und Jahreszeiten gelebt, ohne sein reines Kleid zu beschmutzen. Jetzt wollte er Abschied nehmen und sein Leben in Schönheit beschließen. Seinen schönen Hals hebend, steuerte er langsam, fast feierlich über den See zu einer Trauerweide hin, unter der er an heißen Tagen zu ruhen pflegte. Es wurde Abend. Der Sonnenuntergang verfärbte das Seewasser purpurn und violett. Und in dem großen Schweigen, das sich auf alles niedersenkte, begann der Schwan zu singen.

Niemals zuvor hatte er Töne so voller Liebe für alle Natur, für die Schönheit des Himmels, des Wassers und der Erde gefunden. Sein süßester Gesang verschwebte in der Luft, von Schwermut umflort, bis er sich leise, leise verlor, eins mit dem letzten Licht des Horizonts.

»Es ist der Schwan«, sagten bewegt die Fische, die Vögel, alle Tiere des Waldes und der Wiesen, »es ist der Schwan, der stirbt«.

Auch in der altnordischen Edda, im Wölundlied, spielen Menschen, die ihr Schwanengewand ablegen können, eine wichtige Rolle: Erzählt wird von »drei Mädchen in Schwanenhemden«, die »vom Süden durch den Finsterwald (Myrkwid) geflogen kommen, um Krieg zu treiben«. Auch sie lassen sich am Ufer eines Sees nieder und legen die Schwanenhemden ab.

»Mädchen von Süden durch den Myrkwid flogen,
die Schwanenjungfrauen, Schlacht zu wecken,
zu säumen am Seestrand, saßen sie nieder,
des Südens Kinder, spannen köstliches Linnen.«

Die drei Schwanenjungfrauen werden von drei Brüdern geheiratet, fliegen im neunten Jahr wieder davon, »um Krieg zu treiben«.

»So saßen sie sieben Winter,
aber den achten immer in Sehnsucht,
aber im neunten schied sie die Not:
die Mädchen zog es durch den Myrkwid fort,
die Schwanenjungfrauen, Schlacht zu wecken.«

Ein eindrückliches Beispiel für die kämpferische Qualität, die der Schwan als Wesenseigenschaft seiner biologischen Wirklichkeit und als Geisttier-Information mit sich trägt. »Kraft, Stärke, Weisheit« bergen hier – wie bei allen Wesen – nicht nur das lebenserhaltende, sondern auch das zerstörerische Element in sich. Diese Mythe weist auch darauf hin, warum es ausgerechnet der Schwan ist, in dessen Gewand Walküren und andere kämpferischen Frauen erscheinen: Sie vereinen in ihrem Wesen Höhe und Tiefe, so wie der Schwan der Vogel ist, der es vermag, in abgrundtiefen Gewässern zu tauchen und sich in den höchsten Himmelsräumen zu bewegen.

Die Walküren schwebten mit Schwanenflügeln über die Schlachtfelder und trugen die Toten hoch in das himmlische Walhall, zum Walvater. Der Schwan als ein Begleiter auf dem Weg in das Reich der Toten. Vom Schwan als Totenbegleiter und Vogel der Erneuerung weisen auch zwei rituelle Kesselwagen hin (zirka 1500 v.u.Z.), auf deren Wagengestänge bronzene Schwäne sitzen: der Kesselwagen von Acholshausen (Würzburg) und der Kesselwagen von Skallerup, Dänemark.

Bei all diesen Zuschreibungen in Schöpfungsmythen und alten Volkserzählungen dürfen wir uns beim heutigen Annähern an diese Mythen und dem neuen Erspüren des »Geists des Schwans« nicht von romantisierenden Vorstellungen den Blick trüben lassen für das Grundgefüge der scha-

Kesselwagen mit Wasservögeln von Acholshausen bei Würzburg, 1500 v.u.Z.

manischen Weltsicht, das ebenso auf den »reinen, edlen« Schwan zutrifft: Zum Kreislauf der Erneuerung allen Lebens gehört beim Schwan auch der heftige, blutige Kampf gegen Artgenossen um Revier und Überleben, der Tod durch die Not im Winter.

Romantisierende, vermenschlichte Sicht von Tierliebe hat auch den Schwan zu einer seiner Art nicht entsprechenden Lebensweise verführt. Tierliebe legt etlichen Tieren die Fesseln der Abhängigkeit vom Menschen um – so auch dem Schwan. Würden wir die Schwäne nicht mit unserem Lockfutter zur Winterszeit zum Hierbleiben verführen, dann würden die zirka 10000 Schwanenpaare Deutschlands wie alle anderen Zugvögel auch in ihre Winterquartiere fliegen. Zum Überleben im Winter brauchen sie uns Menschen nicht. Sie sind zum Fliegen geboren.

Kamen nach dem Winter die Schwäne aus unbekannten Welten zurück, so kam mit ihrem Gesang auch der Frühling. Gänse, Schwäne und auch die Störche brachten für Mensch und Natur neue, junge Wachstumskräfte mit sich. In der Kultur der Slawen (so zum Beispiel an der Ostsee, auf Rügen) war es den Sagen nach der Schwan, der im Winter die Kinder brachte, und der Storch, der die Kinder im Sommer brachte.

Der Schwan holte sie aus »Schwansteinen«, den großen Granitblöcken an der Ostseeküste, in denen die Kinder eingeschlossen waren. Der Storch dagegen holte sie aus dem Wasser, dem Urgrund allen Lebens.

Unter dem Wasser liegt die Unterwelt, die alte Welt der Erdmutter Holle, die die Seelen der Ungeborenen und die der Toten hütet. Ein alter Taufstein (zirka 1000) in einer Kirche in Bochum ist mit einem Fries von Gänsen geschmückt. Was haben Gänse in der Kirche zu suchen? Der Fries auf dem Taufbecken vermittelt noch heute die »alte« Information über die Erdmutter Holle, *mother goose*, die »unter dem Wasser« ihre Gänse hütet, die Seelen der Kinder. Sie wird in alten Illustrationen von Kinderreimen auch als auf einer Gans fliegend dargestellt.

»Holda« ist ein weiterer Name für die Leben spendende Erdmutter in ihrer Eigenschaft als Göttin der Liebe und Fruchtbarkeit. Schwalbe und Storch flogen ihr bei ihrem Frühlingsumzug

über das Land voran. In Gestalt der Göttin Nerthus fuhr Holda in einem verhüllten Wagen, der nach ihrem Fruchtbarkeit bringenden Umzug in einem Gewässer versenkt wurde – zurück in die Untere Welt. Vom Storch hieß es, dass er als Vogel der Holda im Herbst die Erde verließ, um in das Reich der Göttin zurückzukehren, in den »Himmel unter der Erde«, wo er bis zum nächsten Frühjahr wieder seine Menschengestalt annahm.

Taufstein mit Gans in der St.-Vinzentius-Kirche, Bochum Harpen.

In vielen der alten Kulturen war die Gans, lange bevor sie ein Nutztier wurde, Opfertier und Zeichen der Fruchtbarkeit. Immerhin kann eine Gans bis zu siebzig Eier legen und verteidigt ihre Küken mit grenzenloser Wut.

In der nordischen Mythologie war die Gans dem Gott Wotan geweiht und musste nach der herbstlichen Ernte ihm zu Ehren als Opfer ihr Leben lassen.

Es ist überliefert, dass die Weisen Frauen um die Zeit des Novembermonds der Holle eine Gans geweiht haben, die mit Beifuß eingerieben war. Beifuß wird auch die Mutter der Kräuter genannt. Gänsefett war auch häufig die Grundlage für »Flugsalben«.

Bis ins 11. Jahrhundert hinein war es in Nordeuropa tabu, in der Mitte des Winters eine Gans zu schlachten, da gerade im Winter die Sonne die mütterliche Sorge und Lebenskraft der Gans brauchte, um Kraft für die neue Jahreszeit zu gewinnen. Diese Regel wurde unter dem wachsenden Einfluss der Kirche so umgekehrt, dass es hieß, die Gans gehöre zu den Tieren, in denen sich die Seelen ungetaufter Heiden verbergen würden. Wie folgerichtig, die Gans zu Christi Geburt zu töten und zu essen!

Auch in den Märchen der Gebrüder Grimm gibt es in der Oberen Welt, über den Wolken, eine Gans, die goldene Eier legt. Der pfiffige Hans, der an einer Bohnenranke in die Obere Welt klettert und ein goldenes Ei hinunter auf die Erde bringt, zeigt in seiner Tat gleich mehrere Merkmale schamanischer Fähigkeiten auf: Willentlich in die Obere Welt zu steigen, dort eine Handlung auszuführen, die Auswirkungen auf das Leben in der Mittleren Welt hat, und wieder in unsere Welt zurückzukommen.

Nana Nauwald, *Bärenkraft und Jaguarmedizin*

Wasservögel sind es, die in Schöpfungsmythen der Völker Sibiriens und Russlands in die »Welt unter dem Wasser« gehen, um von dort einen Schnabel voll Erde hoch in die Welt über dem Wasser zu bringen. So wird es auch berichtet in einer Schöpfungsgeschichte der Burjaten am Baikalsee: Der Schöpfergeist, Sombol-Burchan, schwebt über dem Wasser. Er bat einen Wasservogel, dass er hinabtauchen und in seinem Schnabel schwarze Erde und mit seinen Füßen roten Lehm mitbringen sollte. Daraus schuf der Schöpfergeist die Erde. Zum Dank bekam der Wasservogel das Versprechen, dass er »ewig« leben und im Wasser tauchen sollte.

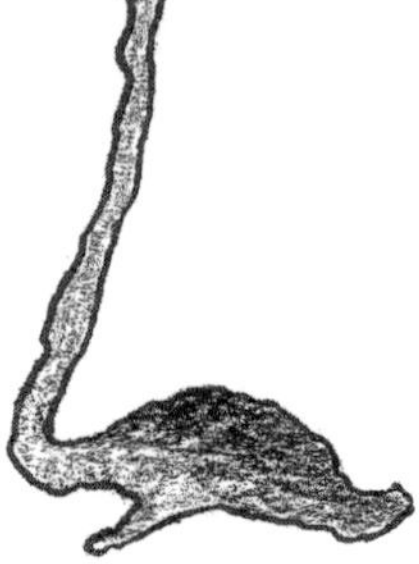

Ähnliches wird erzählt bei den Ostjaken im Gebiet des Jenissei, der Heimat der Vogelmutter Tomam. Der Schöpfergeist wird hier der »Große Schamane Doh« genannt. Auch er schwebte über dem Wasser, begleitet von einer Schar Wasservögel. Weil er keinen Ort fand, wo er hätte rasten können, gebot er einem Tauchervogel, etwas Erde vom Grund zu holen. Zweimal tauchte der Vogel, wobei er nur ein Körnchen Erde mitbrachte. Doch der Große Schamane Doh war imstande, daraus eine Insel im Wasser zu machen.

Wasservögel sind die einzigen Tiere, die in der Lage sind, die drei Welten zu durchqueren, Informationen zwischen den drei Welten zu vermitteln:

- Sie können tief unter das Wasser eintauchen, in die Untere Welt.
- Sie sind auf der Erde zu Hause, in den Wiesen, Sträuchern und Bäumen in der Mittleren Welt.
- Sie erheben sich hoch in die Lüfte – in die Obere Welt.

Diese Fähigkeiten haben sie immer noch, auch in unseren nicht mehr durch das Weltbild des Schamanismus bestimmten Kulturen. Die archäologischen Zeugnisse und mythischen Geschichten erzählen nicht nur von Vergangenem, sie zeugen von den immer gegenwärtigen geistigen Kräften und ihren Informationen.

Schamanische Weltsicht ist kein Traditionalistentum. Als Wegbereiterinnen neuer spiritueller Wege im Feld des Schamanismus sind wir frei in der Entscheidung, uns von überlieferten Bedeutungszuschreibungen zu lösen. Auch von den Zuschreibungen, die festlegen, wodurch sich ein Geisttier definiert.

Nur durch eigene Erfahrung der Wirklichkeit eines Geisttiers sind Zuschreibungen möglich. Und nur durch ein mit allen Sinnen erfahrenes Wissen sind wir in der Lage, geistige Informationen integer und authentisch in unsere Alltagswirklichkeit zu tragen, so wie es »richtige« Schamaninnen getan haben und immer noch tun: zum Wohle des Ganzen.

Erfahrungsübung: Wasservögel

Löse dich von allen Zuschreibungen und Vorstellungen. Übe die Disziplin, dir Zeit zu lassen, setze dir kein Ziel und schränke dich nicht ein in der Art und Weise, wie du in die Erfahrung gehst. Vielleicht ist bislang Ungesehenes zu erfahren: wie ein Vogel sein Ei durchpickt – die Rivalenkämpfe der Vögel – wo und wie sie schlafen – wie sie sich warnen, singen, balzen . . . Versuche wahrzunehmen, ohne Biologie-Blick, verbanne für die Zeit dieser Erfahrung alle Fachbücher. Und wenn du denkst, du »kennst« ihr Wesen, dann gehe auf »Reise«, verändere deine Wahrnehmungsfilter und lass dich vom Geist eines Wasservogels berühren, lass dich finden!

Archäologische und mythische Hinweise auf die Bedeutung der Vögel im schamanischen Weltbild der Kulturen des alten Europas und Sibiriens

Nordische Mythen

– Die Raben Hugin (der Gedanke) und Munin (die Erinnerung) sind die treuen Begleiter, Späher und Ratgeber des Weltenwanderers, Schamanen und Heilers Odin. Jeden Morgen sendet Odin sie aus, damit sie über die Erde fliegen und ihm von den Geschehnissen in der Welt berichten.

Odin auf Pferd mit Raben, Vendel (Uppland, Schweden).

– Ein Rabe bringt in den nordischen Nibelungen dem Sigmund ein Blatt, mit dem er die Wunde des Freundes heilt. Diesem heilsamen Botengang des Raben entgegen stehen die Zuschreibungen, die im europäischen Kulturgut viele Vögel der Rabenfamilie (Dohle, Elster, Krähe) als Aasfresser mit sich tragen müssen: Totenvögel, Unglücksvögel.

– In der *Edda* wird im *Wölundlied* berichtet vom Schmied Wölund (Wieland), der aus den Federn von Raubvögeln ein »Flughemd« schmiedet. Der so geflügelte Schmid flog zum Hof des Königs, um Rache zu üben für seine Verstümmelung. »Schamanen und Schmiede stammen aus demselben Topf«, heißt es beim Volk der Jakuten.

Deutschland

– Im »Hohlen Fels« bei Schelklingen, Schwäbische Alb, wurde die weltälteste Darstellung eines zirka 4 Zentimeter großen Wasservogels in Flug- oder Tauchhaltung gefunden, zirka 30000 bis 33 000 Jahre alt. Ein Zauber zum Anlocken der Wasservögel, eine Opfergabe?

– In der Geißenklösterle-Höhle auf der Schwäbischen Alb wurden zwei Flöten aus Schwanenknochen gefunden, zirka 30 000 Jahre alt. Vielleicht waren diese Flöten mehr als nur Instrumente, vielleicht kommunizierten unsere Ahninnen über diese Knochenflöten mit dem Geist des Schwans?
– Stab aus Rengeweih mit stilisiertem Gänse- oder Schwanenkopf, zirka 11 000 bis 13 000 Jahre alt. Ein Schamanenstab als Zeichen des schamanischen Flugs?
– Ein Name der alten Erdmutter ist Bertha, auch Hertha. Ihr Kennzeichen ist ein Schwanenfuß. Hexen wurden als Flugfrauen unter anderem daran erkannt, dass sie Hühner- oder Gänsefüße bei sich trugen.

Keltische Völker

Da die keltischen Völker keine Schriftsprache hinterlassen haben, sind die Qualitätszuschreibungen der Tiere auch hier nur aus Abbildungszusammenhängen und mythischen Überlieferungen zu ersehen.
– In Dupljaja, Jugoslawien, wurde ein Miniaturwagen aus Ton gefunden, von drei Wasservögeln gezogen, der eine menschliche Gestalt mit Vogelkopf trägt, zirka 1500 v. u. Z. Diese Figur hält ihre Hände mit gespreizten Fingern auf dem Leib, eine Geste der weiblichen Fruchtbarkeit.

Unter ihrem weiten Rock hat sie männliche Genitalien. Hinweis auf besondere Fähigkeiten? – Wie bei den Frauenkleider tragenden Schamanen Sibiriens und Nepals, die auf die Vereinigung der männlich-weiblichen Kräfte im Schamanen hinweisen.
– Bei Herford/Westfalen wurde eine kleine Ente aus Bronze als Grabbeigabe gefunden, sie wird einer keltischen Kultur zugeordnet, zirka 300 v. u. Z. Ein Seelenvogel?

Schwanenwagen von Dupljaja.

Vogelhelm von Ciumesti.

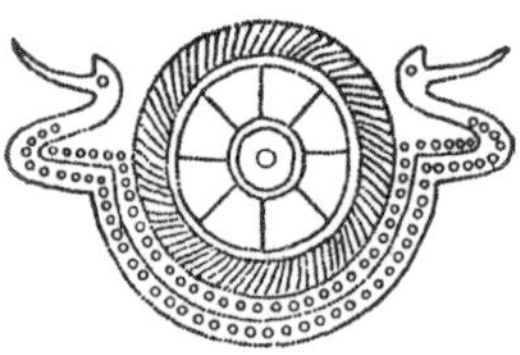

Sonne im Schwanenschiff.

– Eine Göttin des Todes, Badb, war in Gestalt der Krähe bei den Schlachten anwesend. Die aasfressenden Rabenvögel wurden nicht nur in Verbindung mit Tod und Krieg gesehen, sie wurden auch in Bezug zu Weisheit, List und Betrug gestellt. Mit diesen Qualitäten waren sie auch mächtige, schützende Begleiter für jene, die ihre Gunst erwerben konnten.

– Schwäne sind ein häufig wiederkehrendes Motiv in der Bronzekunst der Kelten. Die Mythen erzählen von Schwänen in Zusammenhang mit Verwandlungen, als Strafe oder Rache. Andererseits wurden sie assoziiert mit Reichtum, Reinheit, Anmut.

– Malerei auf einer Kachel aus Roussas, Frankreich: Ein Mensch sitzt auf einem großen Wasservogel. Der Vogelkopf ist mit Hörnern dargestellt; *Rigru*, »die mit den großen Augen«, war die Bezeichnung für die Eule in den keltischen Sagen und Mythen. Nachtvogel, Vogel der Weisheit und der Totenwelt, Seherin, Wächterin, Hüterin zwischen den Welten und Zeiten.

– Auch der Falke wurde als ein Bote zwischen dieser Welt und der Anderswelt gesehen. Entsprechend seinen Fähigkeiten – Schnelligkeit, Kampfbereitschaft, scharfer Blick – war er verbunden mit den Qualitäten von großer Sehkraft, Vorausschau, Erinnerungsvermögen. So ist es auch ein Falke, der auf dem Kopf der »Herrin der Tiere« auf dem griechischen Bronzegefäß »Hydria von Grächwil«, Schweiz, thront, zirka 2600 Jahre alt.

Silberkessel von Gundestrup, zirka 200–100 v.u.Z., Adler.

– Die große Königin und wunderschöne Göttin Rhiannon wurde von drei Vögeln begleitet. Deren Gesang war so lieblich, dass Kranke in einen heilsamen Schlaf fielen und Tote wieder zum Leben erweckt wurden.

– Kessel von Gundestrup, gefunden in Nordjütland, Dänemark. Gefertigt zirka 200 bis 100 v.u.Z., wahrscheinlich in Rumänien. Die Abbildungen auf dem Kessel können auch gelesen werden als die in der Edda beschriebene Kosmologie der alten germanischen Völker. Rechts und links neben dem Kopf einer Göttin – wahrscheinlich ist es Frigga, die Spenderin des Lebens, Trösterin im Tod – befinden sich zwei große Vögel, wohl die ihr zugeordneten Störche. Ein kleiner Vogel sitzt auf den Fingern ihrer rechten Hand, Zeichen für das neugeborene Leben, während sie mit dem linken Arm das abgelaufene Leben, die Toten, an ihrer Brust birgt. Auf einigen Platten des Silberkessels sind Raubvögel abgebildet, wahrscheinlich Adler. Vielleicht wird in diesen Darstellungen ein Zusammenhang zum mythischen Adler Hräswelg aufgezeigt, der seit Anbeginn der Zeiten mit seinen Schwingen alle Winde entfacht.

Frankreich

– Die Statuette der »Frau von Lespugue« hat flügelartig geformte Arme, ihr Körper ist eiförmig dargestellt, ihr Kopf ist vogelartig, auf ihrer Rückseite sind vertikale, an Schwanzfedern erinnernde Linien eingekerbt, zirka 25 000 bis 18 000 v. u. Z.

Georgien

– Vogelfrau – eine nackte Frau mit Vogelkopf ist auf dem Henkel eines Tongefäßes modelliert.

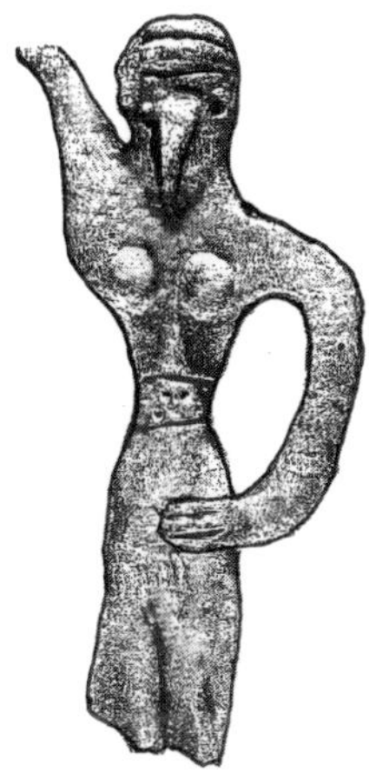

Georgische Vogelfrau, 1400–1300 v. u. Z., Heiligtum vom Melighele.

Griechenland

– Im antiken Griechenland und in Kleinasien waren die Gans und der Schwan Vögel der Aphrodite – die Göttin der Liebe wurde unter anderem auch auf einer Gans reitend oder auf einem Schwanenthron sitzend dargestellt. Sie verkörpern üppige Fülle und Fruchtbarkeit, die ewig geheimnisvollen Befruchtungskräfte der Natur.

– Aus Rhodos ist die Abbildung einer Medusa mit Doppelflügeln bekannt, die in ihren Händen zwei schwarze Schwäne hält, 700 bis 600 v. u. Z.

– Im *Medizinischen Tierbuch des Sextus Placitus Papyriensis* (um 500) wird beschrieben, wie der Adler altert. Seine Flügel werden immer schwerer, seine Augen trübe. Dann fliegt er hoch in den Dunstkreis der Sonne, breitet seine Flügel aus und lässt von der Sonne die alten Federn verbrennen. Er lässt sich herab zu einer Wasserquelle, taucht dreimal darin unter und steigt jung wieder auf – mit neuer Sehkraft und neuem Gefieder – unsterblicher Sonnenvogel.

Italien

– Im Süden der Alpen, in Val Camonica, hinterließ das Volk der Camuni zirka 300000 Felszeichnungen. Vor allem in der Nähe von Labyrinthen stehen große Vögel, manchmal mit Hörnern und Phallus versehen. Ein Vogel ist deutlich als Mittelpunkt eines Labyrinths zu erkennen, gebildet aus der nach innen verlaufenden Linie; entstanden zirka 700 bis 500 v. u. Z. Initiantische Rituale – zum zweiten Male geboren werden, so wie der Vogel?

– In der Adaurahöhle auf Sizilien gibt es zirka 12000 Jahre alte Darstellungen einer Gruppe maskierter Menschen mit vogelähnlichen Köpfen in Tanzpositionen.

– Auf dem Fragment eines etruskischen Bronzereliefs aus Perugia ist die Meduse in Gebärhaltung zu sehen, begleitet unter anderem von einem Vogel mit langem Hals – einem Storch? 500 v. u. Z.

Mitteleuropa

– Die Bronzezeit in Mitteleuropa war – den Grabbeigaben nach zu urteilen – reich an Rasseln aus Ton in Tierform, vorzugsweise Vögel. Waren es Darstellungen von Seelenvögeln, leitete ihr Geklapper in einen seherischen Zustand?

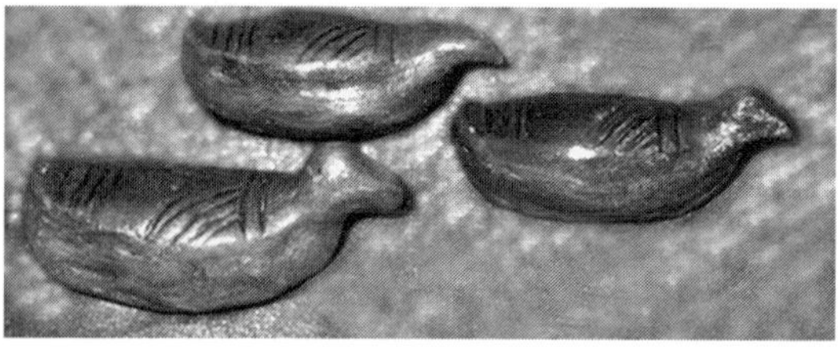

Vogelklapper.

– In Gestalt der Goldenen Gans wird das Wissen durch die europäische Märchenwelt getragen: Wer im Besitz der Goldenen Gans ist, der ist im Besitz des größten Schatzes, des »Wissens« um die Zusammenhänge des Lebens.

Russland

– Der Schwan ist das häufigste Motiv der bronzezeitlichen Felszeichnungen am Onegasee in der russischen Republik Karelien. Oft wurde der Schwan mit dem Zeichen für Ei (Schöpfung), Sonne und Mond (kosmische Ordnung) oder auch einem Boot als Zeichen für den Tod dargestellt. Die Legende erzählt, dass das Volk am Baikalsee aus der Verbindung einer

Mythischer Vogel im Kampf mit einem geweihgekrönten Mischwesen, Filzteppich, Pazirik-Nomaden, Ostaltai, zirka 500 v. u. Z.

Schwanfrau mit einem burjatischen Mann hervorgegangen ist. Heute noch erinnern Schamanenrituale an den großen weißen Vogel der Ahnin.
– Alte Schamanen-Ritualkleider aus dem Altai weisen auf Kopfbedeckungen aus aufrecht stehenden Vogelfedern hin, oft Federn vom Uhu. Federkronen sind auch aus anderen Ethnien Russlands und Sibiriens bekannt.

Sibirien
– Im Siedlungsplatz von Malta-Belaja wurden stilisierte fliegende Wasservögel aus Mammutelfenbein gefunden, als Anhänger gearbeitet, zirka 14000 Jahre alt.

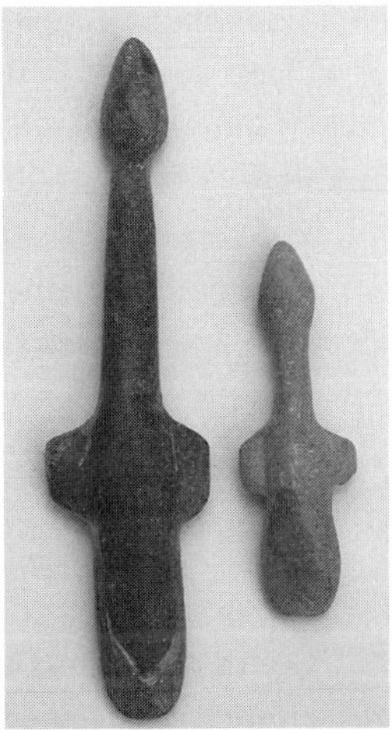

Wasservogel von Malta-Belaja.

Skandinavien
– Im finnischen Schöpfungsmythos, der Kalevala, ist die Welt aus dem zerberstenden Ei eines Urvogels entstanden.
– Von den Ostsamen ist bekannt, dass sie Gerstenkörner am Auge mit den Federn vom Schwan heilten. Die Gerstenkörner wurden auch »Vögelchen« genannt.
– Die alte Vorstellung der Sami vom Tod und von der Seele war, dass die Seele als Vogel in das Totenreich gelangt.
– Bei dem Volk der Skolten oder Ostsamen in Nordostskandinavien war der Schwan ein heiliger Vogel. Sie bezeichneten sich auch als »Volk des Schwans«.
– Zwei Singschwäne als Felszeichnung bei Leiknes, Tysfjord, in Norwegen, Bronzezeit.

Bildstein aus Gotland, 500–700 n.u.Z.

– Auf Bildsteinen in Gotland, Schweden, sind neben Hirschen auch oft Wasservögel abgebildet, Begleiter der Seelen der Verstorbenen über das Meer nach Westen hin, ins Totenreich? Auch Odin ist auf einem dieser Steine dargestellt, als Vogelmann mit ausgebreitetem Gefieder. Die Steine entstanden in den letzten Jahren der heidnischen Zeit Schwedens, zirka 400 bis 1100 n. u. Z.

– Eine bronzezeitliche Felszeichnung aus Schweden, Kallsängen, zeigt eine Gruppe von vier Wesen mit menschlichem Körper, Vogelkopf und Flügeln.

– Aus dem Gebiet von Bohuslän, Schweden, sind Felszeichnungen bekannt, die männliche Wesen und weibliche Gestalten mit Vogelkopf beim Akt der sexuellen Vereinigung zeigen.

– Aus der älteren Bronzezeit Skandinaviens (um 1500 v. u. Z.) sind viele »Schwanenkopfboote« auf Felsbildern überliefert; auch auf Gebrauchsgegenstände dieser Zeit wurden zahlreiche Schwanenmotive eingraviert.

Spanien

– Die Skulptur der »Dama de Baza«, in deren Rücken eine Höhlung für die Asche der Verstorbenen angebracht war, hält in ihrer linken Hand einen kleinen Vogel – einen Seelenvogel, 600 v. u. Z.

Pflanzen, deren Zuschreibung oder Anwendung sich auf Vogel-Eigenschaften beziehen

Adlerfarn

Einer der größten Farne in Nordeuropa, dessen Blätter an Adlerschwingen erinnern; er wird zirka 2,50 Meter hoch.

Mythisch: Farnsporen werden nur in besonderen Nächten durch ihre Leuchtkraft sichtbar. Nur dann können sie gesammelt werden, beispielsweise zur Zeit der Sommersonnenwende. Farnsporen machen unsichtbar und verhelfen dem Suchenden zu Schätzen, denn bei Berührung durch den »Elfenstaub« öffnen sich Tor und Schloss. Besonders wirksam war der Farnsame, wenn er in den Federkiel einer weißen Gans geschüttet und darin verwahrt wurde.

Gänseblümchen, Gänsefingerkraut

Aus den Blüten wurde ein Blütenwasser hergestellt, das die Sehkraft der Augen stärken sollte.

Habichtskraut

Hat blutreinigende Wirkung auf Leber und Niere. Dem Volksmund nach soll Habichtskraut als Tee getrunken die Fähigkeit verleihen, scharf wie ein Habicht sehen zu können. Ein starker Tee vom Habichtskraut, in die Ohren geträufelt, soll Ohrensausen vertreiben. Vielleicht, um danach so gut zu hören wie die Vögel, von denen einige bei Nacht sogar nach Gehör fliegen! Habichtskraut ergibt einen heilkräftigen Schnupftabak, der das Hirn klar macht und die Nase säubert – die besten Voraussetzungen für Weitsichtigkeit!

Storchenschnabel und Reiherschnabel

Sie erinnern mit ihren schnabelähnlichen Fruchtständen an einen Storch oder Reiher.

Schwalbenkraut (auch: Schöllkraut)

Der Volksmund sagt, dass Schwalben etwas vom Saft dieser Leber- und Gallenpflanze ihren Jungen in die Augen streichen, wenn diese entzündet sind (Leber- und Gallenfunktion stehen in Zusammenhang mit den Augen). Der Gattungsname Chelidonium geht auf das griechische Wort *chelidon* für »Schwalbe« zurück. Die Pflanze beginnt zu blühen, wenn die Schwalben eintreffen, und verblüht, wenn sie wieder nach Süden ziehen.

Vogelmiere (auch: Hühnerdarm, Vögelichrut)

Vogelmiere wird sehr gerne von Geflügel verzehrt, erhält es stark und gesund. Auch für Menschen hat Vogelmiere eine antivirale, immunstimulierende Wirkung, stärkt Magen und Darm. Die Blätter und Stengel enthalten neben den Vitaminen A, B und C auch große Mengen Kalium. Eine Spülung mit Vogelmiere hilft bei übermüdeten, entzündeten Augen.

Zahlreiche weitere Vögel tummeln sich in der Botanik

Vogelbrot – Vogelchleb – Vogelchrut – Vogelerbse – Vogelgras – Vogelhanf – Vogelhirsch – Vogelholunder – Vogelkirsche – Vogelknöterich – Vogelmeyer – Vogelmistel – Vogelsternmiere – Vogelwicke – Voglkraut.

Sonnenhirsch

»Den Sonnenhirsch sah ich von Süden kommen,
von zweien am Zaum geleitet.
Auf dem Felde standen seine Füße,
die Hörner hob er zum Himmel.«
Vers 55 aus Sólarljód, dem Lied der Sonne, Island

Was ist es, das den Hirsch in allen schamanisch geprägten Kulturen, in denen er auch als biologisches Tier existiert, als Geisttier so bedeutend und besonders sein lässt? Wodurch zeichnet sich der Hirsch aus, was hat er, was die anderen vierbeinigen Tiergeschöpfe in schamanischen Kosmologien nicht haben? Worauf gründet sich seine Zuordnung zur Sonne? Fragen, auf die ich in keinem Buch zufriedenstellende Antworten fand. So erinnerte ich mich an die Grundvoraussetzung schamanischer Weltsicht: die Erfahrung.

Ich wohne nahe einem Waldgebiet, in dem es ein hohes Aufkommen an Rehwild und einige Hirsche gibt. Rehwild zu sehen ist einfach, man stolpert im Wald und auf den am Wald liegenden Wiesen fast darüber, so zahlreich sind sie. Hirsche habe ich bislang nur vor mir flüchtend im Wald von hinten gesehen, ihr sehr feinfühliges Gehör hatte meine behutsamsten Anschleichversuche immer beizeiten registriert. Der Freundlichkeit eines Jagdpächters in unserem Dorf habe ich es zu verdanken, dass ich nun auch Hirsche von vorn, hinten und von der Seite kenne.

Hirsche sind eine weit verbreitete Tierart, sie sind in allen Klimazonen – ob gemäßigt, tropisch oder polar – und auf allen Kontinenten anzutreffen. Rentiere und Elche gehören auch zur Familie der Hirsche. Der Hirsch ist das größte Wildtier Mitteleuropas, mit prächtigem Geweih, mächtigem Körperbau und, zu Brunftzeiten, einer beeindruckenden Mähne. Die Hirsche finden sich zu Hirschrudeln zusammen, die meist vom jüngsten Hirsch geführt werden; dagegen sind alte Hirsche oft Einzelgänger.

Ursprünglich bewohnten die Hirsche lichte Wälder und offene Landschaften. Heute sind sie jedoch hauptsächlich in den Wäldern der Mittel- und Hochgebirge und der Norddeutschen Tiefebene anzutreffen. Seit der Ausrottung von Bären und Wölfen haben Hirsche keine natürlichen Feinde mehr. Die größte Bedrohung der recht umfangreichen Bestände ist die zunehmende Isolierung der Lebensräume durch den Bau von Straßen und Siedlungen. Dadurch wird der Austausch zwischen den Beständen verhindert, was auf Dauer zu erheblichen Einschränkungen des genetischen Potenzials führt.

Wirklich, die erwachsenen Tiere sind beeindruckend in ihrer Körpergröße, der Größe ihres Geweihs, ihrem Brunftgebrüll und der zur Brunft gehörigen langen Mähne! Ich beobachtete sie im herbstlichen Sonnenaufgang auf einer Waldlichtung, ich sah sie bei Sonnenuntergang als Silhouette gegen den roten Abendhimmel stehen. Es bedarf keiner Fantasie, sondern nur des richtigen Blickpunkts, um zu sehen, wie der Hirsch die Sonne zwischen den ausladenden Geweihstangen trägt. Die Sonne ist in seinem Geweih nur als leuchtender Ball zu sehen, aber die Verästelung des Geweihs als die im Licht des Sonnenballs gleißenden Strahlen zu erkennen bietet sich der Betrachterin als leichte Übung an. Ist der Bast von den Geweihstangen abgestoßen, glänzen die Geweihspitzen hell in der Sonne, als würden sie die Sonnenstrahlen auffangen und in den Kopf des Hirschs leiten.

Die Worte »Hörner« und »Strahlen« lauten im vedischen Sanskrit gleich. Vielleicht hat die zackige Form des Geweihs zu dieser Gleichsetzung geführt.

Dieses in der Sonne leuchtende Geweih zu sehen hat mir – über die Sinne und Gefühle der Ergriffenheit – alle gelesenen Informationen zum Hirschen zugänglich gemacht: die skandinavischen Felszeichnungen aus der Bronzezeit, bei denen die Sonne im Geweih des Hirschs dargestellt ist; oder die Hirsche mit Sonnen zwischen den Geweihenden auf der Scherbe eines Tongefäßes von Las Carolinas bei Madrid.

Auf alten Darstellungen aus dem heutigen Ungarn repräsentiert der Hirsch die »Mutter der Sonne«, das himmlische Firmament, das in seinen

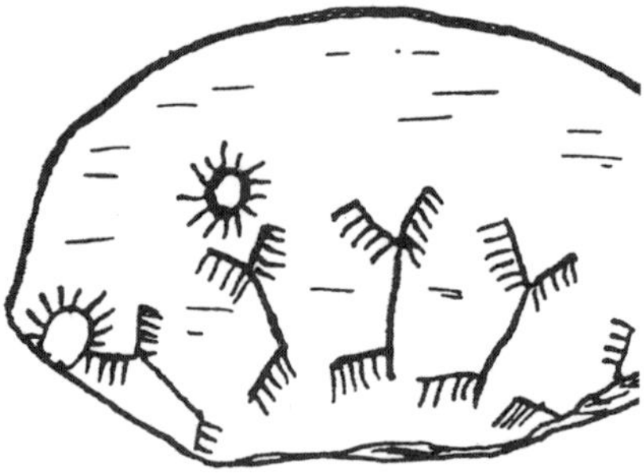

Scherbe eines Tongefäßes von Las Carolinas, Madrid, 2000–1600 v. u. Z.

Hörnern den Kosmos, die Sterne, die Sonne und den Mond trägt. Aus diesem Grund werden die Hörner oft wie Flammen dargestellt.

Doch warum zieht der Hirsch auf einigen der Felszeichnungen einen Sonnenwagen?

In den nordischen Regionen ist die Sonne im Winter sehr schwach, für lange Zeit verschwindet sie sogar völlig vom Tageshimmel. Uns heute stört das nicht so sehr, höchstens wegen der Anfälligkeit für Winterdepressionen als Folge von mangelndem Sonnenlicht; ansonsten erhellt Elektrizität die Winterdunkelheit. Schon ein kurzer Stromausfall jedoch kann uns nachfühlen lassen, wie es unseren Ahninnen der Frühzeit im Winter ergangen sein mag: Dunkelheit, Kälte, Stillstand des Wachstums der Vegetation. Kein Licht, kein Nahrungsvorrat aus dem Supermarkt, keine Zentralheizung. Welche Bedrohung ihres Lebens!

Wer garantierte ihnen, dass die Sonne wiederkam? Eine im Winter so schwache Sonne war keine Kraft, keine Gottheit, die angebetet wurde, sie war eine lebensnotwendige Kraft, die in ihrem schwachen Winterzustand unterstützt werden musste!

Es heißt in den alten Geschichten germanischer Völker, dass in den zwölf Rauhnächten die Götter sich in Wölfe verwandelten. Das Rudel der Wölfe jagte den von Hirschen gezogenen Sonnenwagen. Sollten sie den Sonnenwagen je erreichen, bedeutete das den Untergang der Welt, dann würde der Fenriswolf die Sonne verschlingen.

Wer konnte sie besser mit seiner Kraft unterstützen, mit seinen Eigenschaften zurück in die Menschenwelt bringen als der Hirsch? In England (Abbots Bromley) werden heute noch am 1. Mai Tänze von maskierten Hirschtänzern aufgeführt, die durch das Stampfen und Trommeln ihrer

Alter Hirschgeweihtanz in Abbots Bromley (England).

Schritte die unter der Erde schlafenden Wachstumskräfte zu neuer Fruchtbarkeit aufwecken sollen.

In einigen nordischen Mythen und Sagen verwandelt sich die Sonne selbst in einen leuchtenden Hirsch, der vom Großen Jäger verfolgt wird und in der Wintersonnwende als Hirsch stirbt, um als Sonne wieder am Himmel aufzuerstehen. Eine andere Variante erzählt, dass die Sonne aus dem Geweih des Hirschs bei seiner Tötung flieht und immer stärker werdend den Frühling einleitet.

Alte Geschichten erzählen, dass es der Hirsch war, der den Menschen beibrachte, mit den Geweihenden die Erde aufzubrechen, um Samen zu legen. Er war es, der die Menschen lehrte, wann die richtige Zeit für Saat und Ernte war – entsprechend den Zeiten, in denen sein Geweih wächst, sich der Bast vom Geweih löst, die Geweihstangen abgestoßen werden.

Bast: Samtartig behaarte, stark durchblutete und berührungsempfindliche Haut, die das wachsende Geweih ernährt und schützt. Ist das Wachstum des Geweihs beendet, wird die Blutzufuhr unterbrochen, der Bast trocknet aus. Durch Reiben an Büschen und Bäumen wird die Geweihstange »gefegt«.

Sein prächtiges Geweih verliert er jedes Jahr im Februar/März, doch sofort danach beginnt das neue Geweih zu wachsen – gleichzeitig mit der wiedererwachenden Sonnenkraft. Das schnelle Wachsen des Horns (zirka zwei Zentimeter täglich) und die Übereinstimmung vom Zyklus des Wachsens des Horns zur Aussaat und Ernte ist sicherlich ein Hauptgrund, weswegen der Hirsch schon in der Frühzeit der Menschen als Träger der Informationen von Fruchtbarkeit, Wechsel der Jahreszeiten, Kreislauf von Werden und Vergehen und Langlebigkeit galt. Sein Geweih ist durch das schnelle Wachstum Ausdruck vitaler Energie, sprießender Lebenskraft – und das ist nicht nur auf seine geistigen Informationen bezogen! Kein Wunder, dass pulverisiertes Hirschhorn durch die Jahrhunderte hindurch bis heute als Potenzmittel gilt.

Das Hirschgeweih – Manneskraft und Medizin

Das Geweih des Maralhirschs aus dem Altaigebirge soll verlorene Manneskraft wiederherstellen. Bis zu 200 Euro pro Kilo zahlen die Kunden. Das wachsende Geweih soll besonders reich sein an Sexualhormonen, deshalb werden die Geweihstangen den lebenden Hirschen abgesägt, solange sie noch von durchblutetem Bast überzogen sind. Nach alter Tradition wird das Geweih sieben Mal in kochendes Wasser getaucht, dann wird das Hirschhorn fein zermahlen. Für ein potenzsteigerndes Bad in Hirschgeweihbrühe reisen die Gäste vor allem aus Asien an.

Das »Hirschhornsalz«, das man bei uns in Apotheken kaufen kann, ist lediglich Ammoniumcarbonat. Sein Ruf als Aphrodisiakum ist nur noch eine Erinnerung an das früher auch in Europa aus Geweih hergestellte Hirschhornpulver.

Kein anderes Lebewesen kann immer wieder so viel Knochenmaterial produzieren wie die Hirsche. Jahr für Jahr erzeugen Hirsche mehrere Kilogramm Knochen für ein neues Geweih, das bis zu zwei Zentimeter am Tag wachsen kann. Was bewirkt diese enorme Regenerationsfähigkeit? Dieser Frage gehen Forscher an der Universität Göttingen, Humanmedizin, nach. Aus der Beantwortung dieser Frage könnten sich neue Erkenntnisse für die Therapie von Knochenbrüchen, für die Kieferchirurgie und die Osteoporoseforschung gewinnen lassen. Da das Geweih von Hirschen dem menschlichen Röhrenknochen in seiner Struktur sehr ähnlich ist, suchen die Forscher nach den Signalstoffen, die das Wachstum des Hirschgeweihs regulieren.

Kraft, Kampfbereitschaft, Langlebigkeit sind einige der Informationen, die der Hirsch nicht nur als Lieferant für Fleisch, Potenzmittel und Jagdtrophäen mit sich trägt. Was ihn als Begleittier von Schamanen so außerordentlich kennzeichnet, ist, dass er das klassische Reisetier des Schamanen ist: Das Geweih des Hirschs reicht in vielen alten sibirischen Erzählungen nicht nur bis in den Himmel, oft stützt es auch das ganze Himmelsgewölbe. Am Gehörn des Hirschs, der »Himmelsleiter«, und auch am Gehörn anderer Böcke winden sich bis heute Schamaninnen und Schamanen Innerasiens und Nepals hoch zu ihrem Flug in die Obere Welt, in die Heimat der Geister und Ahnen. Sind es nicht auch »fliegende Hirsche«, die den Himmel zur Weihnachtszeit durchqueren – die Zugtiere des Schlittens vom alten Knecht Ruprecht?

Der Hirsch und sein Horn repräsentieren nicht nur Kraft, Macht und Potenz – sondern vor allem auch Wissen: »Hirsch«, »Horn«, »Hirn« entspringen demselben indogermanischen Wortstamm mit der Bedeutung von: »das, was an der Spitze liegt«.

> »Der Hirsch ist damit Hirn und Kopf, und in der Tat äst er genau dort, in der Krone des Weltenbaumes, ist also seine Entsprechung und Verdoppelung.«
> H. Kalweit, *Das Totenbuch der Germanen*

Tropft nicht vom Gehörn des Hirschs Eikthynir, der in der Krone der Weltenesche die Zeit abäst, ein »Tau«, aus dem nicht nur alle Ströme entstehen, sondern der mit »Geist« die Erde befruchtet?

Runenweisheit fließt aus dem Horn des Hoddrofnirs in den Überlieferungen Islands; mit einem Horn schöpft der den Brunnen des Wissens hütende Riese Mimir das Wasser des Wissens, das Wasser der Allseher. Einblicke in Verborgenes erhält sicher auch so mancher Hirsch, der – vor allem in seiner Brunftzeit – sich gerne mit Fliegenpilzen stärkt. Kein Wunder, dass bis heute besonders rituelle Tränke bei »bewussten Naturverehrungsfreunden« bevorzugt aus einem Horn getrunken werden!

Ein Horn ist nicht nur ein Gefäß, es ist auch ein Klangkörper. Wie kann man eindringlicher und wirksamer durch Klang die Welten zum Schwingen bringen und sie durch Schwingen verbinden als durch die gewachsene »Antenne« zu den geistigen Welten, der Spitze des Wissens, das Horn? Auf rituellen Hörnern blasen bis heute Schamanen in Sibirien, Nepal und Südamerika und rufen die Geister, die Winde und andere Kräfte herbei. So werden auch unsere Schamanenahninnen Europas das Horn geblasen haben, wie es in den Liedern der *Edda* Heimdall, der Hüter des Übergangs von einer Welt zur anderen, getan hat. Er blies so gewaltig in sein Horn (Gjallarhorn), dass es in allen drei Welten gehört wurde.

Reste des schamanische Fähigkeiten anzeigenden Gehörns haben sich durch alle Zeiten hindurch als spitze Kopfbedeckungen von Wissenden erhalten: vom spitzen Zauber- und Hexenhut bis hin zur Mitra der Bischöfe und des Papstes. Dabei weist die spitze Form der Kopfbedeckungen wie auch die spitz zulaufenden Enden des Geweihs in der Bedeutung als »Antennen« auf die Fähigkeit zur Wahrnehmung und Verbindung mit der Oberen Welt hin. So hoch in den Himmel das Geweih auch ragen mag – der Hirsch steht mit seinen Beinen fest auf der Erde. Das Wachstum seiner himmelhoch ragenden »(Baum-)Krone« wird genährt durch die Pflanzen der Erde, deren Wurzeln unter der Erde sind. So ist er selbst verwurzelt in der Erde. Aus schamanischer Sicht macht es Sinn, den Hirschen auch als Verkörperung des Weltenbaums zu sehen, so wie es in einigen alten Erzählungen anklingt.

Die gehörnte Herrscherin des Universums

In den Schöpfungsmythen des Volks der Evenken trägt die gehörnte Herrscherin des Universums, die zugleich Mutter der Tiere und Menschen ist, auf ihren Hörnern die Himmelsgestirne, zwei Sonnen und zwei Monde.

Weil unter dem Doppelmond und der Doppelsonne alles Leben auf der Erde sofort nach dem Entstehen starb, kletterte ein Held den Weltenbaum hoch und schnürte das Gehörn der Herrin des Weltalls mit einer Schlinge zusammen, löschte so die Himmelsgestirne aus. Es war Finsternis. In der Weltenbaum-Lärche war eine Tür, die öffnete der Held. Hinter der Tür waren zwei Abbilder der Sonne und zwei Abbilder des Mondes verborgen. Der Held erweckte eine Sonne und einen Mond zum Leben, indem er jeweils eine in den Himmel hochwarf und die andere Sonne und den anderen Mond in der Erde vergrub. Weil es jetzt nur noch eine Sonne und einen Mond gab, begannen Pflanzen und Tiere und Menschen zu gedeihen.

Von der Verbindung Baum und Hirsch – als eine Wiedergabe kosmologischer Vorstellung schamanischer Gemeinschaften – erzählen auch zahlreiche Funde aus den Gräbern von Alaca Höyük, Anatolien. Dort ist vom Volk der Hattier schon seit 7000 v. u. Z. ein Hirschkult belegt.

Die Hirsche sind vor allem auf Kultstandarten abgebildet; dort stehen sie oft inmitten eines Strahlenkranzes oder sind umgeben von einem wie ein Gehörn gedrehten Bogen, dem Himmelsgewölbe. Einer dieser Kultstandarten-Hirsche trägt auf seinem Leib silberne Doppelringe, vielleicht die Zeichen für Sonne und Mond. Viele der Hirschskulpturen stehen auf vierfach geteilten Astgabeln, die wie ein viergeteilter Baum erscheinen. Die vier Himmelsrichtungen, der Weltenbaum, der Hirsch als Mittler zwischen den Welten.

Bronzehirsch auf einer Kultstandarte, Alaca Höyük.

Von den Hattiern ist überliefert, dass die Gemahlin des Wettergottes auf dem Rücken eines Hirschs stand und neben ihrem Namen »Wurusemu« den Namen »Sonnengöttin von Arinna« trug. Sie war die Herrscherin des Weltalls und des Himmels. Die Hettier stellten ihre Gottheiten immer in Tierform dar.

Gott in Tierform darzustellen hat sich bis in eine Legende des Christentums hinein erhalten: die Eustachius-Legende: Der römische Offizier Eustachius, ein Heide, trieb auf der Jagd einen kapitalen Hirsch in die Enge. Plötzlich tauchte zwischen den Geweihenden des Hirschs »die Gestalt des heiligen Kreuzes auf, das gab einen Glanz, lichter denn die Sonne, daran hing das Bild des Herrn«. Der Herr sprach durch den Mund des Hirschs zu Eustachius und bekehrte ihn zum Christentum. Eustachius jagte nicht mehr, wurde ein Freund der wilden Tiere des Waldes. Ungefähr siebenhundert Jahre später hatte ein gewisser Hubertus ein ähnliches Erweckungserlebnis mit dem Hirsch. Auch Hubertus wurde zum nichtjagenden, friedfertigen Menschen. Ironie der Geschichte: Dieser Gegner der Jagd wurde von der Kirche zum Schutzheiligen der Jäger erklärt.

Welche Art der »Erleuchtung« der Hirsch als Markenzeichen eines Kräuterlikörs bewirken soll, ist mir bis heute verborgen geblieben.

In Ungarn begnügt sich der mythische Hirsch nicht mit der Verkörperung des Weltenbaums, sondern stellt gleich das ganze Universum dar: Er repräsentiert die »Mutter der Sonne«, das himmlische Firmament, das in sei-

»Ungarischer Wunderhirsch«, Zeichnung von Magyar Adorjàn (1887–1978). Abdruck mit freundlicher Genehmigung von Magyar Csaba.

nen flammenden Hörnern den Kosmos, die Sterne, die Sonne und den Mond trägt.

In der ungarischen Volkskunst wird bis heute der »Zauberhirsch« entsprechend seiner alten Bedeutung dargestellt: Zwischen dem Geweih ruht die Sonne, an den Geweihspitzen funkeln als Lichter die Sterne, kleine Glöckchen am Geweih zeigen die Harmonie der Sterne an, die Mondscheibe trägt er im Brustbereich, unter seinen Füßen fließt das Wasser. Oft wird er in Zusammenhang mit einer Wolke gezeigt, der Urwolke, auf der das Wissen der Ahnen kam.

Vor fünfzig Jahren wurden in einer besonderen ethnografischen Untersuchung in Ungarn 179 Dörfer entdeckt, die noch die Tradition des »Reg« oder »Rig« pflegen, eine heidnische Neujahrsfeier *(Reg* bedeutet in Sumerisch »Gespräch«). Das Wesen dieses Brauchs ist, dass am Weihnachtsabend oder in der Neujahrsnacht eine Gruppe von Sängern im Dorf von Haus zu Haus geht, in Tierkostümen (auch als Hirsch) gekleidet, oft mit geschwärzten Gesichtern. Sie haben spezielle Instrumente – Trommeln, Stöcke mit Ketten, Gitarren – bei sich, auch andere Geräuschmacher, mit denen sie am Ende eines Liedes rasseln. Sie bitten um Genehmigung, einzutreten, und wenn es ihnen erlaubt wird, dann singen sie ihre Lieder weiter. Die meisten der Lieder sprechen von einem wunderbaren Hirsch, der aus dem Himmel durch die Wolken kommt und die Sonne in seinem Geweih trägt. Er bringt auch Fische aus den Seen. In einem Lied wird der Vernichter der heidnischen Traditionen, König Stephan, vom Hirsch angefleht, ihn nicht zu jagen, denn er ist kein wildes Tier, auch kein Teufel, sondern Gottesbote.

Rag-Lied

»Junger Wunderhirsch mit einem Geweih aus tausend Sprossen und Perlen, mit tausend Sprossen und mit tausend leuchtenden Kerzen. Mitten im Geweih trägt er das Licht der gesegneten Sonne, auf seiner Stirn ist ein Stern, auf seiner Brust ein Mond. Sein Weg beginnt an den Ufern des himmlisch glänzenden Danube, er, der Bote des Himmels ist und Überbringer des Neuen von unserm Schöpfer und sorgenden Gott.«

Auch in den Stickereien der ungarischen Frauen sind noch Spuren des Sonnenhirschs zu finden, gut versteckt in floralen Mustern. Die Hirsche, die den Baum des Lebens beschützen, erscheinen zahlreich, aber die Menschen haben ihre Bedeutung vergessen. Nur ein klarer Blick unterscheidet in den ungarischen Ornamenten die runden Augen, die Augenbrauen, die Hörner der gehörnten Gottheit. Wenn man die ungarischen Landfrauen fragt, was sie auf ihr Kopfkissen gestickt haben, werden sie antworten: Tulpen. Aber wer genauer hinsieht, wird die alte Botschaft der Wiederauferstehung erkennen, die Hörner der großen Hirsche und zwischen ihnen die Scheibe der siegreichen Sonne.

Eine alte Legende erzählt, wie die Magyaren in die Karpaten gelangt sind und warum bis heute der Hirsch als Ahnherr der Magyaren angesehen wird: Zwei Königssöhne begegneten auf der Jagd einem wunderbaren Hirsch, dessen Geweih leuchtete. Die beiden waren von dem Hirsch so fasziniert, dass sie ihm folgten und den Heimweg nicht mehr fanden. Jeden Abend verschwand der Hirsch, aber am nächsten Morgen war er wieder da und führte so die beiden Brüder Hunor und Magor in ihre neue Heimat.

Die Mutter der ersten Ungarn wird »Enech« genannt – Färse. Mit dieser Bezeichnung ihrer Stammmutter beziehen sich die Ungarn auf eine Hirschkuh.

»Sonnenhirsch«, Zeichnung von Magyar Adorjàn (1887–1978). Abdruck mit freundlicher Genehmigung von Magyar Csaba.

Schamaninnen, die Bereiser des Universums, sind also aus gutem Grund »Gehörnte«. Nicht nur die Ritualkleidung sibirischer Schamanen und Höhlenzeichnungen zeugen von unseren gehörnten Schamanenahninnen. Ebenso der berühmt gewordene Cernunnos auf dem Kessel von Gundestrup, der keltische »Herr der Tiere«, der gehörnte Schamane, in einer rituellen Haltung sitzend, ist, mit einem Geweih auf dem Kopf und einer Schlange in der linken Hand, von Tieren umgeben.

Auch das kleine Alpenvolk der Camuni in Oberitalien – im Tal von Val Camonica – hat über einen Zeitraum von fast 2000 Jahren in Felsbildern sein äußeres Leben und seine geistigen Welten dargestellt. Unter diesen Felsbildern, von denen die meisten um 2000 bis 1800 v. u. Z. entstanden sind, ist auch die beeindruckende Felsritzung einer Figur mit Hirschgeweih, Schlange und Reif. Vielleicht stellt die Figur den von den keltischen Völkern verehrten Esus-Cernunnos dar.

Bis in die Sagenwelt heutiger Tage sind die Spuren der Gehörnten zu verfolgen:

Der berühmteste »Geist« Englands ist immer noch »Herne, der Jäger«. Als Waldgott ist er in die Haut eines Hirschs gekleidet, trägt auf dem Kopf einen Hirschschädel mit Geweih, ist vom Schein blauen Phosphorlichts umgeben. Die Farbe Blau lässt an den blauen Mantel des alten Weltenwanderers Odin in der isländischen Sagaliteratur denken.

Sogar Rübezahl, die Sagengestalt aus dem Riesengebirge, ist auf einer Landkarte des 16. Jahrhunderts mit einem Hirschgeweih auf dem Kopf abgebildet – zweifelsfrei ein Hinweis auf seinen schamanisch-mythischen Ursprung als Hüter der Berge, der Bergpflanzen und Tiere, als Gestaltwandler, flugfähiger Reisender in den Welten.

Wen wundert es da, dass im Zuge der Christianisierung die Kirche die Macht der Gehörnten erkannt hat und sie für ihre Weltsicht klug in die Gestalt des Bösen verbannt hat, von den gehörnten Schamanen über den gehörnten Naturgeist Pan hin zum gehörnten Teufel. Bis heute sind in schamanischen Traditionen Geweihe das äußere Zeichen für die Fähigkeit, willentlich zur heilsamen Wissenserlangung die Welten des Bewusstseins zu bereisen.

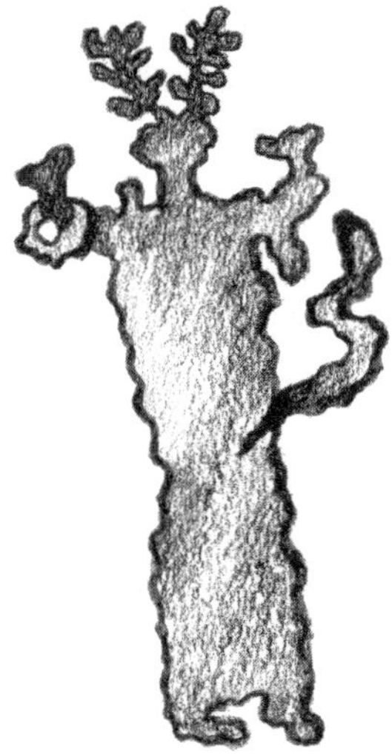

»Der Gehörnte der Camuni«, Val Camonica, zirka 2000–1800 v. u. Z.

Titelbild eines alten Rübezahl-Buchs.

Felsgravierung einer Gesichtsmaske mit Geweih, oberer Jenissei, Südsibirien, zirka 2500 v. u. Z.

Archäologische und mythische Hinweise auf die Bedeutung des Hirschs im schamanischen Weltbild der Kulturen des alten Europas, Vorderasiens und Sibiriens

Bulgarien

– In einem Siedlungshügel bei Ruse, Jungsteinzeit, wurde ein aus Ton modellierter Menschenkopf mit Hörnern und langer Nase gefunden.

Deutschland

– Im Märchen aus Niedersachsen »Der brennende Hirsch« läuft ein rot brennender Hirsch jeden Morgen am goldenen Schloss vorbei, bis zum Jüngsten Tag.

– Hirsche wurden in der mittleren Steinzeit in Beziehung gebracht zum Totenreich, sie waren Führer in die Jenseitswelt – wie sich aus Hirschdarstellungen in Gräbern vermuten lässt: Hirschgeweihe wurden am Kopfende der Toten aufgestellt.

– Im Wendland, in der Nähe von Lüchow (Niedersachsen), wurde der »Bernsteinelch von Weitsche« gefunden, zirka 14000 Jahre alt. Vermutlich war dort der Lagerplatz von nomadisierenden Jägern. Vielleicht hat ein Jäger diese zehn Zentimeter große Figur aus Bernstein nur zu seiner Freude geschnitzt, vielleicht sollte sie aber auch eine Verbindung zum Geist des Elchs herstellen.

– Vor zirka 10000 Jahren tanzten am Ufer des Schweriner Sees, Mecklenburg, Schamanen mit einer Hirschschädelmaske, vielleicht anlässlich eines Jagdzaubers? Sicherlich war ihr Gesicht vermummt, da der Schädel am Schädeldach ovale Löcher aufweist und neben den Augenhöhlen zusätzliche Öffnungen für eine bessere Sicht geschaffen wurden. Die zwei gefundenen Masken wurden aus der Stirnpartie eines Rothirschs gearbeitet, das Geweih war abgetrennt. Ähnliche Hirschmasken aus dieser Zeit wurden in Plau (Mecklenburg) und Berlin Biesdorf gefunden.

– Auch im Erfttal bei Bedburg in Nordrhein-Westfalen setzten sich Schamanen, die Hirschgeweihmasken auf ihrem Kopf trugen, mit dem Geist der Tiere in Verbindung (zirka 8000 v.u.Z.). Die zwei dort gefundenen Hirschschädelmasken sind aus kapitalen Rothirschgeweihen gefertigt, an denen noch jeweils Reste des Schädeldachs zu sehen sind. Am Hinterkopf des Geweihs sind runde Löcher, die vermuten lassen, dass diese Geweihe samt Ohren und Fell der Hirsche aufgesetzt wurden.

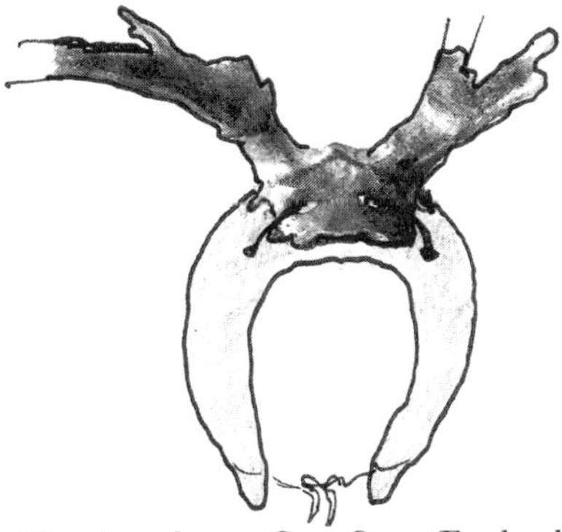

Hirschmaske von Star Carr (England).

Hirschfigur von Sutton Hoo, zirka 600 n. u. Z.

England

– Hirschschädelmasken wurden in Star Carr gefunden, zirka 8000 v. u. Z.

– Auf einer eisernen Standarte aus dem Schiffsgrab von Sutton Hoo, Ostengland, steht ein kleiner Hirsch aus Bronze.

Griechenland

– In der Götterwelt des klassischen Griechenlands war der Hirsch mit Artemis verbunden – der Göttin der Jagd, »Herrin der Tiere«. Artemis trat in Hirschgestalt auf, wurde auf einem Hirsch reitend und von Hirschen umgeben dargestellt. Die Hirschkuh von Keryneia mit ihren goldenen Hörnern war ihr geweiht. Artemis verwandelte den Jäger Aktaion in einen Hirsch als Strafe dafür, dass er sie beim Baden beobachtet und nackt gesehen hatte. Das mächtige Tier war zudem dem Lichtgott Apoll geweiht.

Frankreich

– In den Höhlen von Les Trois Frères finden sich in den zirka 16 000 Jahre alten Felszeichnungen die ältesten Darstellungen eines Hirschs in Europa, ebenso wie das als »Zauberer« bekannte Hirsch-Mensch-Wesen und der »Bisontänzer«.

– Der »Zauberer von Lourdes« aus der Höhle von Les Espelugues (zirka 15 000 v. u. Z.) trägt einen Geweih-Kopfaufsatz.

– In bretonischen Sagen führt der Hirsch in den tiefen Wald zu den Wasserfrauen, Riesen, Zwergen und Zauberern.

Der »Zauberer« von Les Trois Frères.

Italien

– In der norditalienischen Fumane-Höhle wurde 2001 die wahrscheinlich älteste Felszeichnung Europas entdeckt: eine gehörnte Mensch-Tier-Gestalt, zirka 32 000 bis 36 500 Jahre alt.

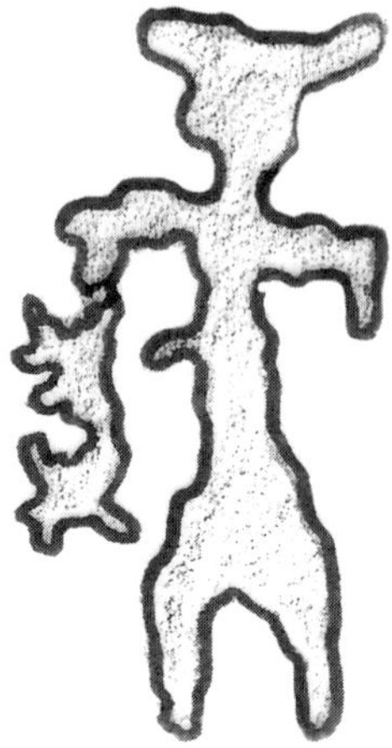

»Tiermensch« von Fumane, Italien.

Keltische Kulturen

– Samain ist der schwarze Gott, der den Sonnenhirsch erlegt.

– Im Brunnenschacht der Viereckschanze von Fellbach-Schmieden wurde eine zirka 80 Zentimeter hohe, sich aufbäumende Hirschfigur aus Holz gefunden, zirka 200 bis 100 v. u. Z. Zusammen mit den zwei ebenfalls dort gefundenen Steinböcken in gleicher Haltung gehörten die Tiere sicherlich in einen rituellen Zusammenhang.

– Auf dem »Kultwagen von Strettweg«, Österreich, aus der Hallstattkultur, zirka 700 v. u. Z., stehen zwei Hirsche, von nackten Männern begleitet.

– Held eines irischen Sagenkreises ist Finn, der sich unter anderem auch in einen Hirsch verwandeln kann, indem er seine Kappe dreht. Seine Frau Saar ist eine Hirschkuh, und sein Sohn heißt »Hirschlein«, Oisin. – Die Fenier waren eine altirische Kriegertruppe, bei denen neben kriegerischen Handlungen die Hirschjagd zu den wichtigsten Kraft- und Mutproben gehörte. Bei diesen Jagden trafen sie auch auf »Zauberhirsche«, Gottheiten in Tiergestalt. Der Hirsch wird in irisch-keltischen Mythen als Verkörperung eines Gottes aus der irischen Vorzeit angesehen. Auch erinnern sich in den Mythen weise Menschen (Mongan, Trian) daran, vor vielen Generationen als Hirsch gelebt zu haben.

– Auf der 7. Außenplatte des Kessels von Gundestrup hält der Allvater in jeder Hand einen Hirsch, aus dessen Maul Flammen kommen, Anzeichen der göttlichen Weihe.

In irischen und schottischen Märchen verwandeln sich mit Zauberkräften begabte Frauen in eine Hirschkuh – oder die Hirschgöttin verwandelt sich in eine schöne und kluge Menschenfrau. Hirschkühe werden in einigen Mythen Europas als Erscheinung der die Geburt schützenden Erdmutter gesehen.

Nordische Mythologien

– Vier Hirsche laufen umher an den Zweigen der Esche und beißen die Knospen, Blätter und Zweige ab: Zerstören sie den Ablauf der Zeit, den Kreislauf der Lebensabschnitte, damit er wieder neu beginnen kann? Der weiße Hirsch war der Erdgöttin Nerthus geweiht.

»Der weiße Hirsch«, Gedicht von Ludwig Uhland, altes Titelbild eines Heftchens.

Portugal

– Auf durchbohrten Amuletten aus der Jungsteinzeit (5600–2200 v. u. Z.) sind Hirsche eingeritzt.

Russland

– In einem neolithischen Gräberfeld auf der Insel Olenij im Onegasee in Karelien wurden zirka 40 Zentimeter lange Elchkopfstäbe gefunden.

– In der Mythologie der Evenken wird der Elch mit der Sonne gleichgesetzt: Er spießte sie mit seinem Geweih auf, raubte sie so und brachte sie in die himmlische Taiga.

– Im Siedlungsgebiet der Syrjänen (Republik Komi, finnougrische Sprache) fand man ein Schmuckstück, auf dem eine Frau abgebildet ist: mit einem Elchkopf ohne Geweih (als Kopf) und einer Sonne auf der Brust.

Schweiz

– Bei Zürich wurde eine goldene Schale gefunden, auf der Hirsche, Sonne und Mond abgebildet sind, sicherlich ein Kultgefäß, zirka 600 v. u. Z.

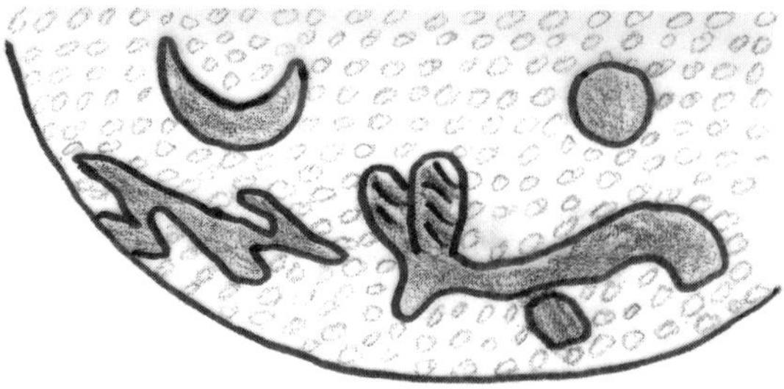

Nachzeichnung der Gravur auf einem goldenen Kultgefäß, 600 v. u. Z., Landesmuseum Zürich (Schweiz).

Sibirien

– Ritzbild auf einer Steinplatte, die den Kopf eines Menschen mit Geweihmaske zeigt, zirka 3000 v. u. Z., Tasminer Kultur.

– Von den Skythen aus dem Ostaltai sind aus dem 5. Jahrhundert v. u. Z. Pferdemasken bekannt, die vergoldete Hirschgeweihe tragen. Auf einem Eisenschild, der im selben Grab gefunden wurde, kauert ein aus Gold getriebener Hirsch.

Maskenritzbild aus Sibirien, zirka 3000 v. u. Z.

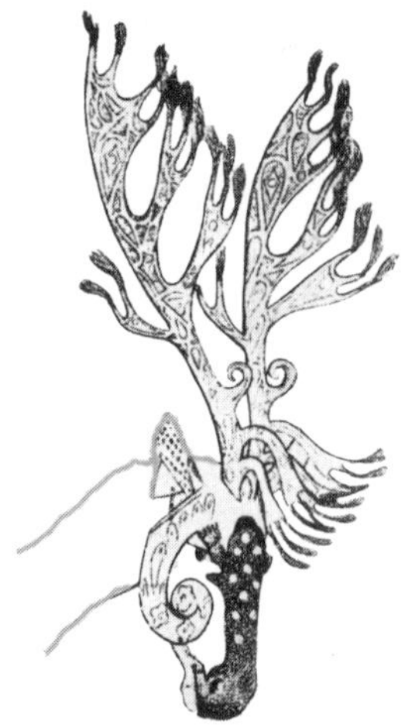

Pferdekopfmaske mit Geweih, Pazirik-Nomaden, Ostaltai, zirka 500 v. u. Z.

– Eine Holzschnitzerei aus dem Altai zeigt einen Greif, der einen Hirschkopf im Schnabel trägt, zirka 500 bis 400 v. u. Z.

– Von den Jakuten der Taigaregion sind auf Bronzeblechen Darstellungen von Menschen mit Hirschgeweihen und Schamanenkronen gefunden worden, zirka 1000 v. u. Z.

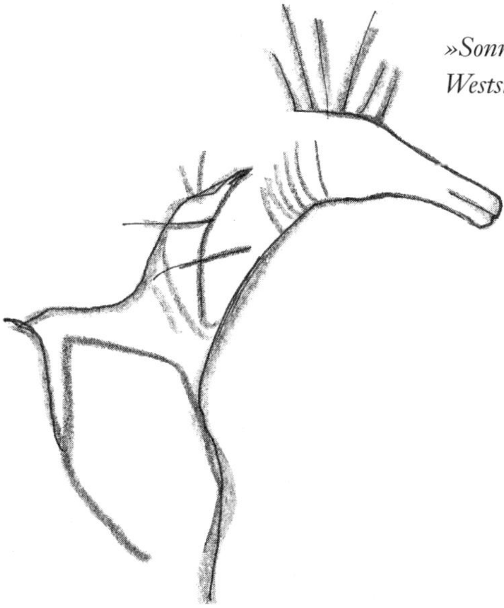

»Sonnenelch« vom Tom-Fluss, Westsibirien, zirka 2500 v. u. Z.

Skandinavien

– Bronzezeitliche Felsbilder (zirka 3000 Jahre alt) zeigen Hirsche, häufig im Zusammenhang mit Sonnensymbolen (unter anderem in Bohuslän, Massleberg).

– Auf Bildsteinen in Gotland, Schweden, sind vielfach Tiere mit mächtigen Geweihen zu sehen, Hirsche oder Elche. Die Steine entstanden in den

Felszeichnung aus der Bronzezeit, Hogen bei Bohuslän, Schweden.

»Springender Hirsch«, altes Emblem.

»Tanzende Gestalt mit Schwanz und Hörnern«, Felszeichnung von Jårrestad (Schweden), 1500–1000 v. u. Z.

letzten Jahren der heidnischen Zeit Schwedens, zirka 400 bis 1100. Sie künden von Heldentaten der dort Begrabenen, von Jenseitsvorstellungen des Asenglaubens – mit einer Götterwelt, in denen Odin, Thor und Freya zu Hause sind. Die Hirsche könnten mächtige Seelenbegleiter sein oder auf Gottheiten in Tiergestalt hinweisen.

– Auf Felszeichnungen sind Männer mit helmartigen Kopfbedeckungen zu sehen, auf denen geschwungene Hörner sitzen. Kleine Statuetten aus Bronze, die auf Miniaturbooten (Grabbeigaben, Seelenboote?) in kniender Haltung angebracht waren, tragen Hornhelme, zirka 800 bis 1000 v. u. Z. In den Mooren Dänemarks wurden zahlreiche Helme mit gebogenen Hörnern aus der Bronzezeit gefunden.

Spanien

In Spaniens Höhlen finden sich zahlreiche Hirschdarstellungen aus der Steinzeit.

Gehörnte Figur aus der Cueva de los Letreros.

– In der Höhle »Cueva de los Letreros« wurde eine zirka 50 Zentimeter große Felszeichnung gefunden, die einen Mann mit zwei mächtigen, gebogenen Hörnern zeigt. Eines der Hörner läuft in ein Blatt aus. Beide Hände halten eine Sichel – vielleicht Mondsichel, denn über der Gestalt sind Sonne und Halbmond abgebildet; zirka 4000 bis 2000 v. u. Z.

– In der Schlucht in Racó Molero zeugen zwei »Jäger in Tierverkleidung mit Gehörn« vom Mensch-Tier-Verhältnis, zirka 4000 v. u. Z.

– Auf dem Felsen Esfanislado, nahe Cabeza de Buey, sind Hirsche mit sehr langem Hals und großen Geweihen dargestellt, zusammen mit einem menschenähnlichen Wesen, das einen Hirsch am Hals zu halten scheint. Die Art der Geweihdarstellung mutet auch wie eine Darstellung von großen Vogelschwingen an. Eine andere Darstellung auf diesem Felsen zeigt eine

Felszeichnung »Hirsche und Vögel«, Höhle »Nuestra señora del castillo«.

menschliche Figur mit zwei Hörnern auf dem Kopf, der Körper ist als Dreiecksform dargestellt.

Türkei

– Aus dem vorderasiatischen Anatolien ist schon seit dem 7. Jahrtausend v. u. Z. ein Hirschkult belegt. Unter den Grabfunden aus Alaca Höyük in Anatolien, zirka 3000 v. u. Z., sind Kultstäbe aus Bronze, die neben dem Stier hauptsächlich den Hirsch zeigen, verbunden mit Sonnensymbolen.

Ungarn

– In den Volksliedern über den Wunderhirsch heißt es, dass dieses Sternbild des Wunderhirschs »hinter den Wolken« liegt. Er weidet »an den Gewässern hinter den Welten«. Das Sternbild Großer Bär wurde auch »Hirsch« genannt.

Pflanzen, deren Zuschreibung oder Anwendung sich auf Hirsch-Eigenschaften beziehen

Die Eigenschaften der mit dem Zusatz »Hirsch« benannten Pflanzen beziehen sich vor allem auf Wundheilung, Harnausscheidungen, Atemwege, Blutreinigung. Stärkend, die Sinne anregend und durch Reinigung erneuernd – in diesen Pflanzen zeigen sich die Hirsch-Qualitäten. Als Lungen- und Hustenmittel hat es die »Hirsch«-Bezeichnung vielleicht erhalten wegen seines heiseren Brunftgebrülls.

Himbeere; der Name bedeutet »Beere der Hinde«

Ein Tee aus Himbeerblättern stärkt die Frau in der Zeit vor der Geburt und entspannt gleichzeitig die Gebärmutter.

Hirschbollen

Hirschbollen ist nicht nur eine Bezeichnung für die echte Brombeere, die blutstillend und bei Durchfall, Heiserkeit und Husten wirkt.

Hirschbollen wird auch der schwarze und weiße Trüffel genannt, der stark sinnesanregend wirkt: Ein Mittel zur Erweckung und Steigerung des sexuellen Verlangens. Doch sinnesanregend wirkt er auch zur Verfeinerung der Wahrnehmung und zur Stärkung des allgemeinen Befindens.

Hirschmangold, Hirschkohl

Ein sehr altes Bronchien- und Lungenheilmittel, hilft gegen Husten und bei Grippe.

Hirschwundenkraut (auch: Bockshornklee)

Der entzündungshemmende, pulverisierte Samen wird als warmer Umschlag zur Behandlung eiternder Wunden, Geschwüre, Nagelbettentzündungen, zur Erweichung und Auflösung eingesetzt.

Hirschwurz (auch: Hirschwurzel, Kunigundenkraut, Wasserdost)

Hirschwurz stärkt Niere, Milz, Leber und das gesamte Immunsystem, hilft gegen Fieber, ist ein Wundheilmittel.

Hirschzehen (auch: Farnkrautmännchen)

Eine Farnart, die als schmerzstillender Tee bei Rheuma und Nervenschmerz angewandt wurde; für diese Beschwerden wurden auch getrocknete Wedel als Matratze oder Kräuterkissen benutzt. Überdosierung gefährlich!

Mythisch: Das Sporenpulver muss wie beim Adlerfarn zur »rechten« Zeit gesammelt werden, dann macht es unsichtbar, öffnet Schatzsuchenden Tor und Tür.

Zahlreiche weitere Hirsche tummeln sich in der Botanik

Hirschbeere – Hirschbrunftenzian – Hirschbrunst – Hirschdorn – Hirschenstrietzel – Hirschfarn – Hirschfraß – Hirschheide – Hirschhoadach – Hirschholder – Hirschhornflechte – Hirschhornmoos – Hirschhornsumach – Hirschklee – Hirschkolben – Hirschkolbenbaum – Hirschkolbensumach – Hirschkoze – Hirschkraut – Hirschmöhre – Hirschmünze – Hirschweichsel – Hirschwundkraut – Hirschzunge.

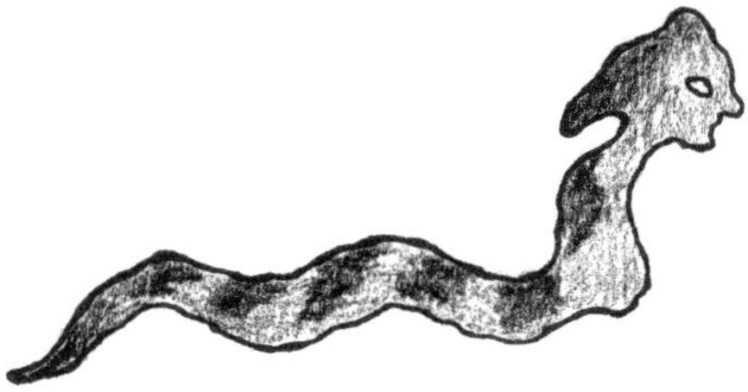

Schlangenfrau

Sie lebt im Wasser, auf dem Land und in der Erde. Sie besitzt weder Füße noch Flügel noch Flossen, kann dennoch schwimmen und sich auf Land blitzschnell bewegen. Sie fühlt die geringsten Erschütterungen, den leisesten Luftzug, wittert mit gespaltener Zunge. Sie ist taub, Meisterin der Tarnung, Würgerin und Giftspritzerin – aber eines ist sie nicht: falsch. Die Schlange – verfemt, verleumdet, verkannt.

Kein anderes Tier vereint so viel Widersprüchliches in sich: Den Tod durch Gift oder Erwürgen bringt sie Tier und Mensch – Häutung und Erneuerung für sich selbst.

Phallisch-männlich ist ihre Erscheinung, doch ihre Wesensqualitäten sind in ihrer Energie mehr dem Weiblichen zuzuordnen. Es ist einer Schlange nicht leicht anzusehen, ob sie männlich oder weiblich ist. So wurde sie zum Zeichen für das »All-Eine« in einer Gestalt. Zum Kreis geschlossen hält sie ihr Schwanzende im Maul – Uroboros – Anfang und Ende zugleich, Unendlichkeit und ewige Wiederkehr, Kreislauf des Lebens, ewiger Wandel. Uroboros-Darstellungen tauchen schon in der Frühgeschichte in Mythen und Abbildungen auf – als geschlossene Schlangenkreise, als Ei, als Körper, der sich um die Welt legt.

Schlangenfeste

Jedes Jahr, am ersten Donnerstag im Mai, findet im kleinen Dorf Cocullo in den Abruzzen (Italien) das Schlangenfest zu Ehren des heiligen Domenicus statt: »Oh glorreicher Sankt Domenicus, befreie und bewahre uns mit deinem heiligen Zahn vor den Giften der Vipern und Schlangen und vor Bissen durch tollwütige Hunde.« Dieses Gebet spre-

chen Hunderte von schwarz gekleideten Männern und Frauen, die einer fast lebensgroßen Holzstatue des Heiligen folgen, um welche sich lebende Schlangen krümmen und nach allen Seiten züngeln.
Junge Männer, Schlangenfänger, sind dabei aber die größte Attraktion: In ihren Händen, am Hals oder um den Körper geschlungen tragen sie ganze Knäuel von lebenden Schlangen mit sich. Sie schmücken mit ihren Schlangen (ungiftige Nattern) die Statue des Heiligen, nehmen sie nach dem Umgang wieder ab, um sie in die Freiheit zu entlassen – oder sie ihrer Haut und ihres Fettes wegen zu verkaufen.

Dieses Schlangenfest ist in seinem Ursprung ein altes heidnisches Fest. Schon in altrömischer Zeit fand hier eine Prozession mit Schlangen zu Ehren der Göttin Angitia statt. Auch nach der Christianisierung opferten die Bauern des Landes in den ersten warmen Frühlingstagen der heidnischen Göttin lebende Schlangen und erhofften so von ihr Schutz und reiche Ernte.

Auch von der griechischen Insel Kephallenia ist ein Schlangenkult bekannt, der seinen Ursprung wahrscheinlich im Schlangenorakel von Kephallenia aus der Antike hat. Schlangen haben die Macht der Vorhersage, weil sie Zugang zum Wissen haben, das in der Unteren Welt gehütet wird.

Die Archäologin Maria Gimbutas berichtete, dass in Litauen noch bis ins 20. Jahrhundert hinein Schlangen, die unter den Fußböden der Häuser wohnten, eine besondere Achtung entgegengebracht wurde. Sie wurden mit Milch gefüttert, durften auch in die Wohnräume. Eine Schlange im Haus hieß, mit Glück und Wohlergehen gesegnet zu sein. Gleiches ist aus Griechenland, Malta und einigen slawischen Ländern bekannt. In Litauen gab es einen »Schlangentag«, an dem die Schlangen »vom Wald« in die Häuser kamen. Texte aus dem 16. Jahrhundert berichten darüber. An diesem Tag (25. Januar) weckten die Menschen rituell die Schlangen aus ihrem Winterschlaf auf, damit wurde die ganze Natur wieder zum Leben aufgeweckt.

Kaum ein anderes Tier löst in den Menschen so viele Beunruhigungen aus wie die Schlange. Ganz anders können Schlangen in einem veränderten Bewusstseinszustand erfahren werden, beispielsweise auf Trancereisen: farbgewaltig, sinnlich, weich und die Reisende in trockener Wärme umschließend, mit ihr verschmelzend – ohne Angst.

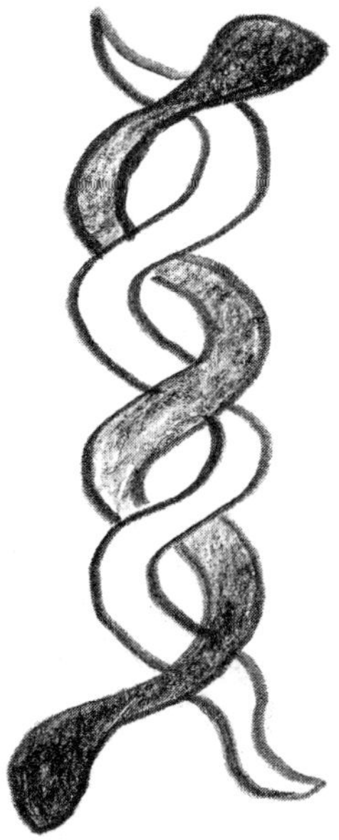
Doppelhelix aus Schlangen.

Häufig sieht man in den durch schamanische Techniken initiierten Visionen Schlangen. Vielleicht ist das möglich, weil wir im nicht alltäglichen Bewusstseinszustand in der Lage sind, uns mit den Grundbausteinen der Lebensinformation – unserer DNA – zu verbinden. Die DNA-Doppelhelix, ein Baustein unseres Lebens, sieht aus wie ein Paar sich umwindender Schlangen – sehr ähnlich der Darstellung auf dem Caduceusstab des Äskulap.

In vielen Schöpfungsmythen spielt die Schlange eine zentrale Rolle. Sie ist ein Wesen, das sowohl Eier als auch lebende Schlangen zur Welt bringen kann. Sie ist das alles umfassende Lebensprinzip – eine Gestaltäußerung der alles Leben gebärenden Erdmutter, der alterslosen Großen Göttin.

Hat das Töten durch Männerhände von so vielen mythischen Schlangen – Hüterinnen des alten Erdmutter-Wissens – vielleicht damit zu tun, dass ein anderes Wissen, das Wissen um die Macht hierarchischer, männlicher Weltordnungen sich seinen Weg in die Welt schlug?

> »Zeus tötete die Schlange Typhon mit seinem Donnerkeil, Thor zerschmetterte die Weltschlange Midgard mit seinem Hammer, Apollo erschießt die Schlange Python mit seinen Pfeilen und macht sich selbst zum Herrscher über die Orakelstätte Delphi. Herakles erdrosselt bereits als Kind zwei große Schlangen, welche ihm die Erdgöttin Hera in die Wiege geschickt hat, als Mann schlägt er der vielköpfigen Hydra ihre nachwachsenden Häupter ab (...) Perseus köpft Medusa, Saint Patrick, Irlands Nationalheiliger, verbannt alle Schlangen von der Insel.«
> Uber/Mondhe, *Weltschlangen, Schlangenwelten*

Die Erdmutter, die Große Göttin, wurde entthront aufgrund der sich verändernden Gesellschaftsstrukturen. Das Dunkel ihrer »Höhle« wurde zur Finsternis, die Böses barg. Sie selbst wurde dämonisiert und mit der Erscheinung von bösen Schlangen oder Drachen verbunden. So wurde die Bezeichnung »Schlange« zu einem Begriff, hinter dem sich das Wissen von der Urmutter, der weisen, alles Leben gebenden Großen Göttin verbarg.

Grund genug, Schlangen in all ihren Erscheinungen zum Sinnbild des Bösen zu machen, das alte Wissen zu erschlagen.

In vielen der frühen Darstellungen von Schlangen werden sie zusammen mit einem Vogel gezeigt. Beides sind »zweimal geborene« Geschöpfe, beide gebären das kosmische Ei, aus dem die Welten entschlüpfen. Und als »gefiederte Schlange« wird aus der Wasser- und Erdenbewohnerin ein Vogel der Lüfte – der Drache alter Mythen. Das Schlangen-Vogel-Paar, welches sich im schamanischen Weltbild durch seine Fähigkeiten und Qualitäten so vollkommen ergänzt, wurde im Christentum geschieden: in den »guten« Himmelsvogel und die »böse« Erdenschlange. Der gute Himmelsvogel – zumeist ein Adler oder Falke – besiegt seitdem in der Ikonografie des christlichen Abendlands die böse Erdenschlange, die sündige Verführerin unschuldiger Seelen. Das Ende bei den Stäben griechisch-orthodoxer Popen zeigt eine oft sehr realistisch dargestellte Schlange – der Kirchenmann als Bezwinger der Schlange. Auch der rituelle Geisterdolch nepalischer Schamaninnen – *furba* – zeigt eine Schlange. Da, wo sie im Schamanismus ihre Heimat hat – in der Unteren Welt, der Dolchspitze.

Ihren mythischen Ruhm und ihre Bedeutung in schamanischen Kosmologien bezieht die Schlange vor allem aus dem Vorgang ihrer Häutung und der daraus erwachsenen Zuschreibung »Unsterblichkeit, Regeneration, Transformation, Selbsterneuerung«.

Schlangen als transformatorische Erneuerer spielten beim Initiationserleben tuvinischer Schamanen eine wichtige Rolle: »Würmer« fraßen in der Séance den »alten« Körper des Schamanen und wurden zu Schlangengeistern, nachdem der Schamane einen »neuen«, mit Schamanenfähigkeiten ausgestatteten Körper erhalten hatte. Erneuerung – das schamanische Heilprinzip: nicht den alten Zustand wieder herstellen, sondern aus dem alten Zustand in eine neue Qualität führen. Heilung in diesem Sinne besagt nicht, dass alles wieder so wird, wie es vor der Krankheit war. Die Schlange lehrt, dass Erneuerung nur möglich ist, wenn wir dafür ein Stück der »alten Haut« hinter uns lassen.

Schlangenstein schwarz und weiss.

Holzschnitt »Schlangenknäuel – Schlangenstein Raub«, 1493.

Dieser Schlangengeist der Erneuerung findet seinen Weg auch heute noch durch kleinste Felsritzen und Erdspalten in materiellen und geistigen Weltgebäuden. Seinen »Stein der Weisen« hat der Schlangengeist für uns heute noch sichtbar in die Meere gelegt. Wenn man Glück hat, kann man ihn an den Küsten der Nord- und Ostsee finden: den »Schlangenstein«, den versteinerten Seeigel. Er gehört zu den ältesten bekannten Ritualobjekten Europas, wurde als Amulett, Talisman, Idol verehrt, zum Heilen, Besprechen und Wahrsagen verwendet und als Grabbeigabe gefunden. Es heißt, der Schlangenstein entsteht, wenn sich zur Sommerzeit die Schlangen zur großen Beratung treffen, dicht gedrängt in Knäueln.

Der Speichel, den sie bei ihrem Wissensaustausch ausscheiden, verdichtet sich zu Schlangensteinen. Oder auch: Der Schlangenstein ist aus einem Haufen Schlangen geformt, und jede hat ein Auge darin gelassen. Schlangensteine (vielleicht waren es ja die geheimnisumwobenen Schlangeneier der Druiden?) sind versehen mit dem Zeichen des magischen, fünfzackigen Pentagramms, dem Zeichen für die Essenz des Lebens, dem Zeichen für »Harmonie mit dem Kosmos«. Der Schlangenstein soll siegbringende Kraft bergen und wirksam gegen Gift helfen.

Schlangen

- Doppelzüngig: Sie nehmen mit den Zungenspitzen Duftstoffe auf, deshalb züngeln sie so häufig.
- Scharfsichtig: Je nach Lebensweise ist der Sehsinn unterschiedlich gut ausgeprägt.
- Gehörlos, aber sehr erschütterungsempfindlich.
- Können die kleinsten Temperaturunterschiede wahrnehmen.
- Ihre Rippen – zwischen 141 bis zu 435 Wirbel – bilden mit den sich bewegenden Bauchmuskeln ihr Gewerkzeug.
- Nur etwa 10 bis 15 Prozent der heute lebenden Schlangen sind giftig.
- Schlangengifte wirken blutverflüssigend und werden dementsprechend in Medizin und Pharmakologie eingesetzt.

Schlangenvorkommen in Deutschland/Schweiz

- Äskulapnatter (Elaphe longisima), Größe: bis zu 2 Meter.
- Schlingnatter, Größe: bis zu 1 Meter.
- Aspis Viper (Alpenviper, giftig), Größe: bis zu 1 Meter.
- Ringelnatter, Größe: bis zu max. 2 Meter.
- Kreuzotter (giftig!), Größe: zirka 1 Meter.
- Schwimmnatter, Größe: 60–80 Zentimeter.
- Würfelnatter, Größe: zirka 1,60 Meter.
- Zornnatter, Größe: bis zu 1,70 Meter.
- Blindschleichen sind keine Schlangen sind, sondern nur fußlose Echsen!

Die Schlange gilt als Verkörperung von Weisheit, da sie die Geheimnisse des Lebens versteht. Im Arabischen sind die Wörter »Schlange«, »leben« und »lehre« mit dem Namen »Eva« verwandt. Eva – die biblische Version der Erdgöttin, begleitet von ihrer Schlangengestalt, die den ersten Menschen die Nahrung des Wissens gewährte. Der »Baum des Wissens«, Lebensbaum und Weltenbaum des schamanischen Kosmos, bewacht von der Hüterin des Wissens, der Schlange.

Diese Aufgabe erfüllt sie auch am Weltenbaum der alten nordischen Völker: Dort heißt sie Nidhögg und erscheint als der Urdrache, die »alte Schlange«, die grimmig an den Wurzeln des Weltenbaums nagt. Sie ist die zerstörende Kraft im Dreigespann der Kräfte, die den Kreislauf des Lebens ermöglichen. Sie ist die Kraft, die durch Tod und Zerstörung Transformation und neues Leben möglich macht.

Diese Information der Schlangenkraft gehört bis heute in allen schamanischen Traditionen zum tragenden Pfeiler der Heilarbeit von Schamaninnen. Immer wieder geht es in Heilritualen darum, sich mit der Qualität »Schlangenkraft« zu versöhnen, ihr Beachtung und Respekt zu zollen.

Da wir im europäischen Raum nicht mehr in einer lebendigen Schamanismustradition stehen, können uns Einblicke in den gelebten Schamanismus einiger Völker helfen, Rückschlüsse zu ziehen auf den rituellen Umgang mit Schlangen bei unseren europäischen Schamanenahninnen.

Schlangen als geistige Informationsträger in schamanischen Kosmologien am Beispiel Nepal und Peru:

Nepal

»Nagas, die Schlangen, die heiligen Schlangen, sind Schamanentiere, vielleicht die ältesten Schamanengötter. Sie sind der Regenbogen, sie sind die Verbindungskanäle in andere Sphären und Welten. Sie sind Himmelsleitern und Höllenschlünde (...) Sie stellen die Urzeit dar und leben in der Unterwelt. Sie sind zugleich Verbindungsglieder zu allen Welten und Wirklichkeiten (...) Die acht Schlangengötter des Kathmandutals sind prinzipiell wohlgesonnene, kraftvolle Gottheiten, die jeder Schamane kennt und liebt. Von ihnen bekommt er Kraft, *Shakti*, und Hilfe bei seinen Reisen in die Unterwelt (...) Es gibt aber auch negative, schädliche Nagas, meist *shime* genannt, ›sie tun weh‹. Sie können sich auch als Geister in den Körpern von Menschen oder Haustieren einnisten und eine Naga-Infektion hervorrufen. Eine typische Krankheitsursache, die nur der Schamane aufspüren und behandeln kann. Parvati Rai, Schamanin der Kirati, sagt: ›Alle Kirati stammen von den *nagas*, den Schlangen, ab. Deshalb haben wir keinen bestimmten Ort. Deshalb können wir überall leben. Deshalb haben wir keine Religion.‹«
Müller-Ebeling/Rätsch/Bahadur Shahi, *Schamanismus und Tantra in Nepal*

Volk der Shipibo, Ucayali, Peru

Der Meisterschamane Reshin Nika erzählte mir von der Bedeutung der Schlangen für seine Arbeit in Heilritualen: »Es gibt Schlangen, die haben eine Seele, und es gibt Schlangen, die haben keine Seele. Giftschlangen haben keine Seele. Die Krankheitsgeister wohnen auf den Giftschlangen, hoch oben in den Bäumen. Sie sind immer in Bewegung, deshalb ist es so schwer, sie zu finden und zu vernichten. Nur Schlangen, die eine Seele haben, können bei Heilung helfen. Dies sind vor allem die großen Schlangen wie die Anakonda und die Boa. Wenn man den Geist einer Heilschlange nicht achtet und ihn stört, kann auch dieser Geist Krankheit demjenigen bringen, der die Heilschlange gestört hat.«

Der bevorzugte Aufenthalt von Schlangen in Felsritzen und in der Nähe von Quellen und Seen – in schamanischen Kulturen die Pforten in die Untere Welt – haben die Schlangen zu Hüterinnen dieser Zugänge werden lassen. Sie vereinen zugleich die Information Tod und Unsterblichkeit, sind gleichermaßen Hüterinnen des todbringenden Gifts und des Lebenswassers. Die Schlange verband nicht nur für die Menschen der Frühzeit die Welt der Lebenden mit der Welt der Ahninnen, diese Zuschreibungen waren noch bis in das 17. Jahrhundert hinein in den Vorstellungen der Menschen erhalten. Auf den Trommeln der Sami-Schamanen kennzeichnen Schlangen als Zickzacklinien die Unterwelt. In einigen alten Erzählungen der Sami gleitet der Schamane als Schlange in die Unterwelt.

Kein Wunder, dass die Schlange in vielen Sagen und Märchen Europas bis heute goldene Krönchen trägt und die »Schätze« in der Erde hütet – das verborgene Wissen.

Nicht nur Zickzacklinien auf den Felsbildern Europas zeugen von dem Wissen um die Schlangenkraft, auch das Zeichen der Spirale weist wie der Schlangenkreis auf die sich immer wieder neu regenerierende, unendliche Lebensenergie »Schlange« hin – aus dem Wasser kommend, Ende und Anfang zugleich, die ständig Wiedergeborene.

Sie ist die verschlingende und wiedergebärende, initiantische Kraft in allen schamanischen Bewusstseinswelten, sie ist der alles durchdringende Geist der Wandlung.

Schlange mit Krone, alte Zeichnung aus einem Märchenbuch.

Archäologische und mythische Hinweise auf die Bedeutung der Schlange im schamanischen Weltbild der Kulturen des alten Europas und Sibiriens

Österreich

– Eine kriechende Schlange wurde auf eine Hirschgeweihstange eingraviert, zirka 11 000 Jahre alt. Gefunden in der Höhle von Gratkorn in der Steiermark.

Deutschland

– Auf einem alemannischen Baumsarg um 600 ist eine Schlange abgebildet, die den Verstorbenen über den Tod hinaus schützen soll und auf die Unsterblichkeit des Lebens hinweist.

Alemannischer Baumsarg.

– Von den Langobarden in Norddeutschland ist bekannt, dass sie einen Schlangenkult pflegten, Hausschlangen und vergoldete Schlangen-Standbilder verehrt haben.

– Bei den germanischen, keltischen und slawischen Völkern spielten die Schlangen, besonders die Hausnattern, eine wichtige Rolle. Sie wurden von den Frauen sorgsam gehalten und versorgt, sie wurden verehrt, waren die heilbringende Hüterin für die Familie und ihre Tiere bis über den Tod hinaus.

Keltische Kulturen

– Aus Ilkeley, Yorkshire, sind zirka 250 Felsgravuren bekannt; darunter ist das in Stein gehauene Bild einer Frau mit zwei Schlangen, vielleicht eine Heilkundige? (Zirka 400 bis 500.)

– Eine Felsgravierung in Schottland aus der gleichen spätrömischen Zeit zeigt eine Frau mit sich schlangenförmig windenden Beinen und Haaren.

– Eine Frau mit schlangenähnlichem Kopf und Schlangenunterleib ziert den goldenen Armreif einer keltischen Königin, gefunden als Grabbeigabe bei Saarbrücken, 370 bis 320 v. u. Z.

Schlangenornamente.

– In mehreren Szenen des Kessels von Gundestrup sind Schlangen dargestellt. Besonders ragt die gehörnte Schlange heraus, die der gehörnte Schamane in seiner linken Hand hält.

Frankreich

– Eine große Schlange mit geöffnetem, bezahntem Maul schwebt über zwei kleineren Mammuts an den Höhlenwänden von La Baume-Latrone; gemalt wurde sie zirka 40 000 bis 26 000 v. u. Z. Sie wird auch »Unsere Herrin der Mammuts« genannt.

Griechenland

In der griechischen Mythenwelt wimmelt es von Schlangen:

– Die gewaltige Urkraft Typhon ist aus einem Ei geschlüpft, ein drachenartiges Ungeheuer mit mehreren Schlangenleibern.

– Euronyme, die Göttin »aller Dinge«, vereinigte sich mit Ophion, der großen Schlange des Meers. In Gestalt einer Taube legte Euronyme das Weltenei, Ophion umrollte es wärmend mit seinem Körper, bis aus dem Ei die Planeten, Gestirne und die Erde mit allen Wesen entschlüpften.

– Hermes Chthonios, der Unterirdische, war Geleiter der Toten in den Hades. Er trug einen Heroldstab, der mit Schlangen umwunden war und segenspendende Eigenschaften besaß.

– Asklepios, der Gott der Heilkunst, trug als Zeichen seiner Heilkunde und als Symbol der Weissagung und Verjüngung einen von einer Schlange umwundenen Stab – den Äskulapstab.

– In der Urzeit, als das Chaos herrschte, schenkte die Urmutter Gaia jungfräulich dem Urdrachen Python das Leben. So wurde die Schlange in ihrer Erscheinung als »Gestalt gewordene Urzeit« angesehen und unterscheidet sich aus diesem Grund von allen anderen Tieren. Später gebar auch Hera, die Gattin und Schwester von Zeus, jungfräulich die Urschlange Python auf dem Berg Parnassos, an dessen Fuße Delphi liegt.

– Im Orakel von Delphi taten Schlangenpriesterinnen (Pythia) ihren Dienst.

– Die Gorgo Medusa lässt durch ihren Blick die Menschen zu Stein werden, aus ihrem Mund ragen die furchterregenden Hauer eines Ebers heraus. Die Göttin Athene verlieh ihr diese todbringenden Kräfte und verwandelte die Haare der einstmals Schönen in ein Schlangenhaupt – Ausdruck ihrer Macht über Leben und Tod als Herrin des Eingangs zur Unterwelt, zum Totenreich.

– Den Zwillingen Kassandra und Helenos wurden von Schlangen die Augen und Ohren geschleckt, als sie im Apollon-Tempel schliefen. So er-

hielt Kassandra die Gabe, die Zukunft vorauszusagen. Ihr Bruder Helenos konnte dank der Schlangen die Vogelsprache verstehen.
– In der kretischen Mythologie erfuhr der Zauberer Polyidos das Geheimnis des Unsterblichkeitskraut von den Schlangen und kam am minoischen Hof zu großen Ehren, als er den toten Prinzen Glaukos durch Auflegen der Schlangenblätter wieder ins Leben zurückholte.
– In Makedonien, Sitagroi, wurde die Statuette einer vogelgesichtigen Göttin gefunden, um deren Kopf sich Schlangen in Spiralform winden, zirka 4500 v. u. Z.
– Funde aus Kreta – zirka 1600 v. u. Z. – bezeugen eine reiche, stark von Schlangen bestimmte Göttinnenkultur. Zahlreiche Statuetten von weiblichen Schlangengottheiten zeigen die enge Verbindung zwischen weisen Frauen, Priesterinnen, Herrscherinnen, Heilerinnen und der lebenserneuernden und todbringenden Kraft der Schlangen. Eine kleine Gruppe von vier Tänzerinnen in Röcken aus Tierhäuten und mit Vogelschnabel-ähnlichen Nasen stehen mit geöffneten Armen in Tanzhaltungen da – eine von ihnen trägt eine sich windende Schlange.

Mongolei – Tuva

– Aus Stoff, Metall, Leder, Filz gefertigte »Schlangengeister« wurden in der Mitte der Jurte aufgehängt, sie waren die Beschützer für das Herdfeuer und achteten auf das Einhalten der alten Bräuche.

Nordische Mythologie

– Unter der Wurzel des nordischen Weltenbaums sitzt ein Urdrache, eine grimmig an den Wurzeln des Weltenbaums nagende Schlange, Nidhögg genannt – die zerstörende Kraft im Dreigespann der Kräfte, die den Kreislauf des Lebens ermöglichen.
– Die Midgardschlange lebt im Urgewässer, das die Welt der Menschen umgibt. Thor, Beschützer der Menschen und Wächter von Midgard, erschlägt die »Gluten und Gift« sprühende Midgardschlange. Die Schlange war eines der Tiere, in die sich der Gestaltwandler Odin verwandelte.
– Sigurd tötet den »Wur« Fafnir, eine Schlange oder ein Mensch in Schlangengestalt. Als Sigurd das Herzblut des Drachens sich vom Finger ableckte, konnte er die Sprache der Vögel verstehen.

Schweiz

– Zahlreiche archäologische Funde aus der römischen Zeit lassen in der Art der Darstellung von Schlangen auf eine Verehrung der Schlange schließen – auf ihre Bedeutung im geistigen Weltbild der Zeit: so zum Beispiel Kultgefäße mit sich darum windenden Schlangen und eine Graburne mit Schlangenköpfen aus Vindonissa, Windisch, oder die Vasen mit Schlangenornamenten aus einer Höhle bei Sutcrùn, Zillis.

– Ein Beispiel dafür, dass sich das Wissen um die Macht der Schlange bis in die christliche Gesellschaft des 18. Jahrhunderts retten konnte – trotz ihrer sündigen Zuschreibung im Christentum –, ist das »Schlangenhaus« in Werdenberg: zwei Schlangen winden sich unter dem Dachgiebel herunter. Vor den weit aufgerissenen Mäulern der Schlangen steht jeweils ein kleiner Kranich, der wiederum eine kleine, sich ringelnde Schlange im Schnabel trägt. Vogel und Schlange – Wissenshüter und Mittler zwischen den Welten des schamanischen Universums.

Sibirien

– In Malta-Belaja, nahe des Baikalsees, wurde in einer Siedlungsstätte, die vor zirka 18000 bis 15000 Jahren bewohnt war, im Grab eines Kindes ein aus Mammutzahn gefertigtes Amulett gefunden. Das Amulett ist beidseitig bearbeitet: Eine Seite zeigt drei übereinander liegende Zickzackschlangen mit großem Kopf. Die andere Seite ist mit punktierten Spiralen überzogen – vielleicht ein Ausdruck der Zuversicht auf ein neues Leben für das dort begrabene Kind.

Skandinavien

– Cernunnos, der gehörnte Schamane auf dem Kessel von Gundestrup, hält in seiner linken Hand eine gehörnte Schlange, deren Maul auf Cernunnos Ohr ausgerichtet ist. Die widderköpfige Schlange ist ein Attribut aller gehörnten Götter, ein Zeichen für Schöpferkraft und Fruchtbarkeit.

Bronzefigur »Schlangenfrau von Faardal«.

Eine »Schlangenfrau« aus Bronze (zirka 800 v. u. Z.) wurde in Faardal auf der Halbinsel Jütland gefunden. Die Statuette hat große, sonnenähnliche, vergoldete Augen. Zusammen mit ihr wurden eine w-förmig gewundene, bronzene Schlange, gehörnte Tierköpfe und ein kleines Schiff aus Bronze gefunden. Aus Abbildungen skandinavischer Felszeichnung kennt man mit gehörnten Tierköpfen geschmückte Schiffe, auf denen eine weibliche Figur kniet und die eine Schlange an einer Schnur mit sich führt. Die

Schlangenfrau von Swiss, Gotland.

Schlangenbildstein aus Gotland.

Darstellungen dieser »Schiffe der Erneuerung« erzählen von Ritualen der Erneuerung des Lebens, in denen die Schlange eine wichtige Rolle spielte.

– Auf dem Bildstein (wahrscheinlich ein Grabstein) von Swiss in Gotland, Schweden, ist breitbeinig in Gebärhaltung eine Frau abgebildet, die in jeder Hand eine große Schlange hält, auch ihre Haare oder der Kopfschmuck hängt schlangenartig geschlungen an den Seiten ihres Kopfs herab. Über der als »Schlangenbeschwörerin« oder »Schlangenhexe« berühmt gewordenen Frauengestalt sind drei Schlangen wie zu einem Rad verschlungen, an den Rändern des Steins winden sich zwei Schlangenlinien umeinander. Die Schlange als Hüterin des Totenreichs, als Überwinderin des Todes, als gebärende Kraft. Der Stein entstand in den letzten Jahren der heidnischen Zeit Schwedens, zirka 400 bis 600.

– Ein Bildstein aus dem Kreis Sanda, Gotland, wird beherrscht von der im Zentrum stehenden Abbildung einer Schlange als Doppelspirale, an ihren beiden Seiten wiederum von einer Schlange begleitet, zirka 500 bis 700.

– Viele der auf bronzezeitlichen Felszeichnungen und auch auf den jüngeren Bildsteinen aus Gotland dargestellten Booten der Erneuerung und den Kriegsbooten zeigen einen Schlangen- bzw. Drachenkopf als Verzierung des Bugs, das Heck läuft oft in eine zusammengerollte Spirale aus – der Schwanz der Schlange. Wer könnte ein Boot besser schützen, wer kennt die Wege des Wassers besser als die Schlange? Wer trägt den Tod und damit die Unsterblichkeit in Zeiten des Kampfs und auch den Heilungsaspekt so vollendet mit sich wie die Schlange?

Spanien

– In den Mythen Mallorcas wird erzählt von einem Orangenhain aus fünfzig Bäumen, in deren Mitte eine riesige Schlange in einem Felsenschrein lebte. Jeden Tag wurde die Schlange von einer der fünfzig Nymphen gefüttert. Die Schlange war aus dem Mark des Rückgrats eines Helden aus alter Vorzeit erzeugt und von dessen Geist beseelt, daher wurde sie wie er genannt: Wohltäter. Dieser »Wohltäter« hatte den Menschen der Insel eine besondere Orange mitgebracht, die nur zur Zeit der Wintersonnwende gegessen werden durfte – dann verlieh sie langes Leben bis zu dem Zeitpunkt, an dem man nicht mehr leben wollte. Aß man die Orange zu einer anderen als der Wintersonnwendzeit, so brachte sie den sofortigen Tod.

Pflanzen, deren Zuschreibung oder Anwendung sich auf Schlangen-Eigenschaften beziehen

Von fast allen schlangenförmig gewachsenen Pflanzen wurde früher angenommen, sie helfen gegen Schlangenbiss. So wurden viele in der Wirkung unterschiedliche, lediglich im Aussehen »schlangenartige« Pflanzen im Volksmund global »Schlangenwurz« genannt. Die Ähnlichkeit der Pflanze mit einer Schlange führte auch zu Heilzuschreibungen bei Erkrankungen der Haut nach dem Prinzip: Ähnliches mit Ähnlichem behandeln.

Schlangenknöterich (auch: Schlangenwurz, Natterwurz, Drachenwurz)

Die Ähnlichkeit des gewundenen Wurzelstocks mit einer Schlange sollte gegen Schlangenbiss wirken und auch bei schuppenden Hauterkrankungen hilfreich sein.

In der modernen Medizin wird er als stärkendes und zusammenziehendes Heilmittel bei Durchfall und Fieber eingesetzt, zum Gurgeln und bei der Pflege lockerer Zähne, bei Nierengries und Nierensteinen. Schlangenknöterich wirkt blutstillend.

Schlangenkraut (auch: Schlangenaron, Natterwurzknöterich)

Der Wurzelstock des Schlangenkrauts ist mehrfach gewunden und quer geringelt. Man glaubte früher, dass die Wirkung fast aller Gifte aufgehoben wird, wenn man die Wurzel isst. Der Verzehr der Wurzel hilft gegen Durchfall, eine Salbe aus der Wurzel stoppt Blutungen.

Schlangenwurz (auch: Sumpfcalla, Sumpfschlangenwurz, Drachenwurz)

Die Form der gesamten Pflanze ähnelt einer Schlange. Daher wurde ihr früher die Eigenschaft zugeschrieben, gegen Schlangenbisse zu helfen. Drachenwurz wurde im Mittelalter gerne als zierendes Motiv für Wappen genommen, die die Gestalt von menschenschützenden Drachentötern zeigen. Die Pflanze ist giftig.

Schlangenzunge (Spitzwegerich)

Seine Form gleicht einer spitzen Schlangenzunge. Spitzwegerich ist ein Husten- und Wundheilmittel mit antibiotischen und zellerneuernden Eigenschaften. Seine Heilwirkungen sind derart stark, dass man im Mittelalter dachte, die Blätter des Wegerichs könnten zerschnittenes Fleisch im Topf über Nacht wieder zusammenwachsen lassen.

Weitere zahlreiche Schlangen tummeln sich in der Botanik

Natternkopf – Schlangenberi – Schlangengebüsch – Schlangenhautkiefer – Schlangenmoos – Schlangenmord – Schlangenrose – Schuppenwurz – Vipernwurz.

Vom Verstehen der Sprache der Geister und Tiere

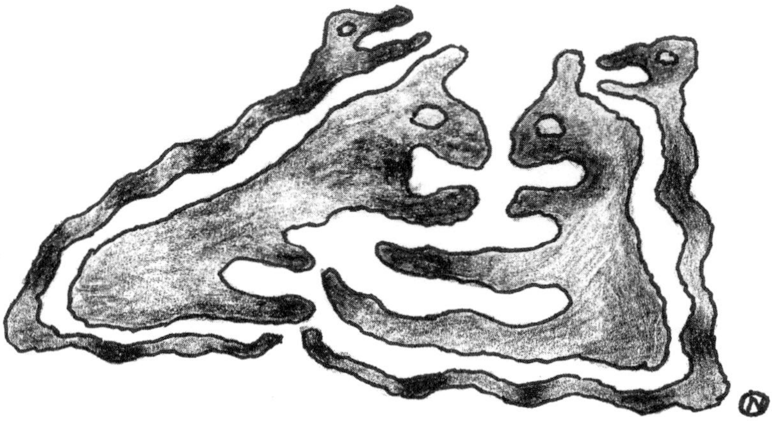

»Am Anfang der Zeiten
bestand zwischen Mensch und Tier
kein Unterschied.
Alle Kreaturen lebten auf Erden.
Ein Mensch konnte sich nach Wunsch in ein Tier verwandeln
und ein Tier konnte ein menschliches Wesen werden.
Es bestand kein Unterschied.
Die Kreaturen waren bald Tiere, bald Menschen –
alle sprachen dieselbe Sprache.
Zu dieser Zeit waren die Worte magisch.
Und der Geist besaß geheimnisvolle Kräfte.
Ein zufällig ausgesprochenes Wort
konnte seltsame Folgen haben.
Es wurde plötzlich lebendig.
Und die Wünsche verwirklichten sich.
Es genügte sie auszusprechen.
Man kann das nicht erklären –
es war so!«
Aus der Überlieferung des arktischen Volks der Netsilik

Als ich bei einem meiner Aufenthalte im peruanischen Amazonasgebiet ein Lied übersetzen lassen wollte, das der Schamane wiederholt in seinen Heilritualen sang, sagte mir der Sohn des Schamanen: »Ich kann das Lied nicht übersetzen, ich verstehe die Worte auch nicht. Es sind die Worte einer Schamanensprache, die außer dem Schamanen niemand versteht. Mein Vater singt dieses Lied immer, wenn die Geister anwesend sind und er mit ihnen redet.« Eine Schamanensprache? Von wem hat der alte Schamane sie erlernt? So befragte ich den alten Reshin Nika: »Von wem hast du die Schamanensprache gelernt?« – »Erst habe ich von meinem Meister die Lieder gelernt, dann haben die Geister in der Schamanensprache zu mir gesprochen, da habe ich sie verstanden.« – »Sprechen denn alle Geister dieselbe Sprache?« war meine nächste Frage. »Nein, sie haben eine ganz verschiedene Sprache. Die Pflanzengeister sprechen anders als die Tiergeister. Am meisten sprechen die Tiergeister zu mir«, war seine Antwort.

> »Der Schamane hält lange Gesänge in ›Geheimsprache‹, um die Geister zu beschwören.«
> Mircea Eliade, *Schamanismus und archaische Ekstasetechnik*

Geheimsprachen oder Tiersprachen sind aus allen schamanischen Traditionen bekannt. In einigen dieser Sprachen sind bei genauerem Hinhören Nachahmungen von Tierrufen erkennbar, der Rhythmus und das Geräusch ihrer Bewegungen. Die Sprache der Tiere zu kennen bedeutet, vertraut zu sein mit den Geheimnissen der Natur sowie den Lebenszusammenhängen. Die Sprache der Geister und Tiere zu verstehen ist ein Zeichen für die Befähigung, sich in allen drei Welten bewegen zu können, sich mit den Wesen und Kräften dieser Welten verständigen zu können.

Der Wunsch, die Sprache der Tiere zu verstehen, zieht sich auch durch die alten Geschichten der europäischen Kulturen.

In der griechischen Sagenwelt ist es Melampus, ein Seher und Heiler, der die Sprache der Tiere versteht, vor allem die der Vögel.

Melampus

Einst lebte ein Mann mit seiner Frau in der Stadt Pylos; sie hatten zwei Söhne. Der eine hieß Bias, der andre Melampus. Nun stand vor ihrem Wohnhause eine hohe Eiche, in deren Stamm ein Schlangennest sich befand. Melampus hatte oft seine Freude an den klugen Tieren, und als eines Tages die Arbeiter die alten Schlangen getötet hatten, verspürte er Mitleid mit den verlassenen Jungen. Melampus nahm die kleine Brut mit in das Haus und zog sie auf. Als die jungen Schlangen erwachsen waren, geschah es, dass Melampus einmal im Schlummer lag. Da krochen seine Pfleglinge zu ihm heran, stiegen auf seine Schultern und leckten ihm mit ihren Zungen die Ohren aus. Melampus wachte davon erschrocken auf und wunderte sich sehr, denn er verstand alles, was die Vögel, die über ihm flogen, sangen. Seitdem war er ein berühmter Wahrsager, denn die Vögel verkündeten ihm alles. Später lernte er auch noch die Kunst, aus den Eingeweiden der Opfertiere zu weissagen und wurde der Liebling des prophetischen Gottes Apollon.

Die Nachricht von Melampus' Sehergabe gelangte zum König Phylakos. Der ließ ihn zu sich kommen und sagte zu ihm, er wolle ihm etliche Rinder geben, wenn er seinen Sohn Iphiklos zu heilen vermöge. Dieser war nämlich als Kind gesund und kräftig gewesen; durch einen sonderbaren Zufall aber hatte er plötzlich seine Gesundheit und Kraft verloren. Melampus versprach dem König, die Sache zu erforschen. Er schlachtete zwei Stiere, schnitt sie in Stücke und rief den Vögeln zum Mahle. Als sie nun von allen Seiten zusammengeflogen waren, fragte sie der Seher, ob sie den Grund von Iphiklos' Siechtum entdecken könnten. Die Vögel wussten aber nichts. Doch ein junger Geier erzählte, sein alter Vater sei daheim im Neste geblieben, vielleicht wisse der etwas von dem Geheimnis. Sogleich schickte Melampus einige Gesandte zum alten Geier, der nach kurzer Zeit erschien und dem Seher Folgendes mitteilte: Einst habe Phylakos im Walde Holz gefällt. Da sich sein kleiner Sohn in der Nähe herumtrieb, habe der Vater, zum Scherz und um ihn zu erschrecken, die blinkende Axt dicht vor ihm in einen Baum geschleudert, in dem sie stecken blieb und seitdem haftete. Dem Jungen sei der Schreck in die Glieder gefahren, und daher rühre sein Siechtum. »Wenn du nun«, so sprach der Geier weiter zu Melampus, »jene Axt findest, so schabe den Rost davon ab und gib dem Iphiklos denselben in Wein zehn Tage lang zu trinken, dann wird er gesund werden«.

Melampus tat, wie ihm geraten war, suchte und fand die Axt, schabte den Rost davon ab und gab ihn dem Iphiklos zehn Tage lang zu trinken. Alsbald ward derselbe frisch und gesund.
Nach Gustav Schwab

In den Märchen ist das Verstehen der Tiersprache entweder eine Belohnung für Hilfe, die ein Mensch den Tieren hat zukommen lassen, oder ein glücklicher Zufall. In diesen Genuss kommen fast immer nur gutmütige, uneigennützige, etwas »einfältige« Menschen.

In dem Märchen »Die drei Sprachen« der Brüder Grimm ist der schamanische Hintergrund noch gut zu erkennen: Der Held erlernt drei Sprachen – die Sprache der Vögel, der Hunde und der Frösche – und bereist die drei Ebenen Himmel, Erde und Unterwelt, um Reifung und Wissen zu erlangen.

Ein anderer Weg, die Sprache der Tiere zu verstehen, war das Verzehren besonders magischer Tiere, allen voran die weiße Schlange. Dieser Wunsch hat über viele kreative Wege nicht nur für den heiligen Franziskus, sondern auch für Menschen der Jetztzeit Formen der Erfüllung hervorgebracht: Der Gänsevater Lorenz, die Figur des Dr. Doolittle, der Wolfsvater Ziemann, die Wolfsmutter Tanja Askani und etliche »Pferdeflüsterinnen« sind einige der bekanntesten Tierverständigen.

Ein wichtiger Unterschied besteht zwischen dem Sprechen des Schamanen mit den Tieren und dem Sprechen eines christlichen Heiligen mit den Tieren: Der Schamane tritt mit Hilfe vom Geist eines Tiers in Verbindung mit der Anderswelt. Der Heilige hingegen spricht mit Tieren, um ihnen zu helfen, in Gottes Nähe zu kommen, ihn zu erkennen und zu loben.

Die nachfolgende, gesungene Beschwörung aus Italien soll von einer berühmten »Schlangenmutter« in italienischer Sprache durchgeführt worden sein. Sie soll sich so die Gunst von Schlangen erworben haben.

Vielleicht wirkt dieser Beschwörungsgesang ja auch bei anderen Tieren.

»Diana! Diana! Diana!
Königin aller Zauberinnen
Und der dunklen Nacht
Und der gesamten Natur,
Der Sterne und des Mondes,
Und allen Schicksals und des Glücks!
Du, die du Ebbe und Flut beherrschst,
Die du des Nachts auf das Meer scheinst,
Dein Licht auf die Wasser werfend;

Du, die du Gebieterin des Meeres bist,
In deinem Boot wie ein Halbmond,
In der aufgehenden Mondbarke,
Hell erstrahlend,
Scheint dein ewiges Lächeln
Hoch oben im Himmel,
Auf die Erde niederschwebend,
Beglänzter Schein
Im Meer, auf seinen Wassern;
Wir bitten dich, schenke diesem Schläfer,
Schenke diesem Melambo
Die große Gabe des Verstehens,
Was alle Kreaturen sagen,
Wenn sie miteinander reden!«

Vielleicht ist ein guter Zugang zum Geist eines Tiers, ihm »sein« Lied zu singen! So wie in einigen indigenen Völkern, zum Beispiel bei den Bambuti-Pygmäen, mit Gesängen der Regen oder auch der »Herr des Waldes« »geweckt« werden soll, um wieder auf die Anliegen seiner »Kinder« zu sehen und für sie zu sorgen, so werden die »richtigen« Lieder auch gesungen, um den Geist der Tiere zu erwecken. Singen – eine wirksame Methode, um den »Geist von etwas« sanft aufzuwecken und in Kommunikation mit ihm zu treten.

Ein berühmter Sänger, der mit seinem Gesang Welten verband und Tiere in seinen Bann schlug, war Orpheus – Sohn des thrakischen König Oiagros und der Muse Kalliope. Aufgrund dieser Fähigkeiten wird er heutzutage gerne als »Schamane« tituliert, obwohl seine geistige Heimat die einer hierarchischen Götterwelt war, die jedoch noch eng mit Naturgewalten und Tieren als göttlichen Attributen verbunden war. Der spätere Orpheuskult beinhaltet auch das Wissen um die gegenseitige Beeinflussung von Menschen- und Tierseelen durch die Musik.

Die eigene Stimme war neben dem Gedanken das erste Werkzeug, das der Mensch einsetzen konnte, um sich mit den Naturkräften und den Lebewesen der ihn umgebenden Natur auszutauschen.

Dem eigenen Klang, dem Klang anderer Wesen und dem der Naturkräfte zu lauschen hat unsere Menschenahninnen sicherlich befähigt, die Unterschiede in den Qualitäten der Klänge sichtbarer und unsichtbarer Naturerscheinungen zu erspüren. Manche Klänge werden sie als wohltuend, beruhigend oder anregend empfunden haben, andere als ängstigend, bedrückend, lähmend. Sie werden mit Stimmlauten und Naturmaterialien Klänge nachgeahmt haben, um eine beabsichtigte Wirkung zu erzielen. Nachahmen heißt, sich anzuschließen an die Schwingung des nachgeahmten Klangs. Kenne ich die Schwingung einer bestimmten Kraft, so kann ich sie herbeirufen, abwehren, beschwören.

Irgendwann wird erkannt worden sein, welche machtvollen Wirkungen es hervorrufen konnte, mit dem Klang der Natur zu arbeiten: Tiere herbeizulocken und zu vertreiben; ängstliche Gemüter durch sanfte Windgeräusche zu beruhigen; fiebernde Körper mit dem Gesang eines kühlen Wassers zu erfrischen; die Stimmen der Geister in Situationen, in denen ihr Beistand erwünscht war, durch Nachahmung zu vergegenwärtigen.

»Um zu kommunizieren, ist es notwendig, zu hören, dem Klang der Welt zu lauschen. Dem Klang des Wassers, des Windes, dem Grollen des Donners und der Erde, des Feuers, der Pflanzen und der Tiere – alle verständigen sich in einer Sprache ohne Worte: mit dem Klang.
Alle Wesen, alle Dinge, selbst die, die keine Seele zu haben scheinen, bringen Töne hervor. Jedes Wesen, jedes Ding hat eigene, spezifische Töne, die sich verändern, abhängig von der Phase, in der sich das Wesen befindet.
Alles ist eine Konzentration von Atomen, die tanzen, sich bewegen und Töne produzieren.«
Tibetischer Lama im Gespräch mit Alexandra David-Néel (1868–1969), *Heilige und Hexer in Tibet*

Unsere Ahninnen werden auch erfahren haben, dass ein Klang in seiner Wirkung abhängig ist von der inneren Aufmerksamkeit derjenigen, die den Klang absichtlich erzeugt.

Nur wenn sie sich ihres eigenen Schwingungsfelds bewusst ist, ihren eigenen Klang kennt, kann sie einwirken und sich einweben in das Schwingungsfeld eines Anderen. Das Schwingungsfeld umfasst die Einheit von Körper, Seele und Geist. In diesen Zusammenhängen gesehen, ist es ein Leichtes, die Tiersprachen zu verstehen. Eine Kleinigkeit, der Schlange oder dem Hirsch ein Lied zu singen!

»Der tungusische Schamane versteht während seiner Trance die Sprache der ganzen Natur (...) Jeder Schamane hat sein besonderes Lied, das er anstimmt, um die Geister anzurufen.«
Mircea Eliade, *Schamanismus und archaische Ekstasetechnik*

Voraussetzung für ein Gelingen ist lediglich: sich des eigenen Klangs, des eigenen Schwingungsfelds bewusst zu sein und eine lange Zeit des aufmerksamen Lauschens und Erspürens des Tiers, seiner biologischen und geistigen Qualitäten.

Bei allem noch so intensiven Erspüren des Geists eines Tiers und auch beim bewussten Einweben in das Schwingungsfeld des Tiers durch Klang können damit verbundene süßlich-romantisierende Wunschvorstellungen unter Umständen tödliche Auswirkungen haben – ein nicht domestiziertes Tier in freier Wildbahn ist ein Wildtier. Es geschah 2003: Ein Bärenexperte und seine Freundin waren den Bären der Wälder Kanadas tief verbunden und versuchten, durch ihr Leben die Möglichkeit vom friedlichen Zusammenleben von Bären und Menschen zu beweisen. Sie lebten in der Wildnis »mit« ihnen, sangen mit hoher Stimme Liebeslieder für sie. Das Expertenpaar wurde eines Tages tot aufgefunden, von Bären zerfleischt.

Der Natur zu lauschen, die Sprache ihrer Erscheinungsformen zu verstehen heißt auch, Achtung zu haben vor dem »anderen« Klangfeld, nicht mit »meiner Information, meiner Schwingung« das Klangfeld des Anderen zu überdecken.

Schlangenhirsch und Wolfsvogel – Eine tierische Tranceerfahrung

»Ekstase geht tiefer, führt höher hinauf als die gewöhnliche Freude, sie ist nicht anders als durch besondere Disziplin und Geschicklichkeit zu erlernen.«
Alan W. Watts

Sonntagmorgen. Die Gespräche am Frühstückstisch drehen sich schon wieder intensiv um die nächtlichen Erfahrungen und um das Thema »Tiergeist – Geisttier« – die kurze Nachtruhe hat wohl nur eine körperliche Müdigkeit, aber keine geistige hinterlassen.

Bereit für neue Erfahrungsabenteuer, treffen sich die Seminarteilnehmerinnen auf einer naheliegenden Lichtung im Wald. Sie wissen nicht, was sie hier erwartet. Ich habe lediglich darum gebeten, Unterlagen zum Sitzen, Wasser und Rasseln mitzubringen. Der Hirschgeweihmann sollte sein Geweih mitnehmen.

Es dauert eine ganze Weile, bis jede es sich auf ihrer Sitzunterlage auf dem unebenen Boden der Lichtung bequem gemacht hat. Aus gutem Grund habe ich so etlichen Seminar-Schamanismus-Veranstaltungen heimlich die Bezeichnung »Sofa-Schamanismus« gegeben ...

Kaum haben sie sich hingesetzt, bitte ich die Teilnehmerinnen, wieder aufzustehen. Ich leite eine Körperübung an mit der Absicht zur Zentrierung im Körper; die Aufmerksamkeit wird auf den jetzigen Moment, die jetzige Umgebung gelenkt. Erwartungsvoll blicken mich die Teilnehmerinnen an – was kommt nun?

Ich bitte sie, nicht miteinander zu reden, auf die Verbindung von Atem zur eigenen Bewegung zu achten. Jede soll sich einen kurzen Stock suchen, den sie gut mit einer Hand umfassen kann. Während sie umherstreifen auf der Suche nach dem geeigneten Stock, lege ich an jeden Sitzplatz einen aus Draht gebogenen und mit Stoff umwickelten Reifen, der nicht geschlossen ist, zirka zehn Zentimeter Durchmesser. In die Mitte des Kreises stelle ich meine Räucherschale, lege meine selbstbemalte Ritualrassel und meine Trommel dazu. Die Teilnehmerinnen sitzen wieder auf ihren Decken, neben sich den Stock, und betrachten interessiert den seltsamen Reifen.

»Zu der folgenden Wahrnehmungsübung möchte ich nur wenig Vorinformation geben, sonst bin ich wie eine Apfelverkäuferin, die das Innere der Äpfel selbst isst und ihren Kunden nur die Schale anbietet. Die Übung bietet die Möglichkeit, im Zustand einer Trance in Berührung zu kommen mit dem Geist der Tiere, vielleicht sogar mit dem eigenen Geisttier.

Dieser Trancezustand, in dem ihr in einem erhöhten Wachbewusstsein seid, wird angeregt durch eine rituelle Körperhaltung und dem Schlag meiner Trommel, der sehr schnell sein wird – ungefähr 210 Schläge in der Minute.

Ihr müsst nichts anderes tun, als diese Haltung, die ich euch gleich zeigen werde, exakt einzunehmen und fünfzehn Minuten lang still so zu sitzen. Das und die innere Bereitschaft zur Erfahrung, ohne Festhalten an

Gedanken, Vorstellungen, Wertungen sind die einzigen Voraussetzungen zum visionären Erfahren in der Trance.

Der mit Stoff umwickelte Reif und der Stock sind Attribute der Orginalfigur, nach deren Abbild wir diese Körperhaltung auf ihre Trancewirkung hin erforscht haben. Ich sage euch jetzt, wie ihr euch hinsetzen sollt und werde dann herumgehen, um eventuell eure Haltung zu korrigieren.«

Ich gebe die Anweisung für die Ausführung der rituellen Körperhaltung:

»Haltet den Rücken sehr aufrecht.

Winkelt das rechte Bein so an, dass die Ferse des rechten Fußes zum Damm weist. Die Zehen des rechten Fußes berühren dabei die Wade des ebenfalls angewinkelten linken Beins im unteren Drittel.

Der linke Fuß weist mit der Fußspitze gerade nach vorne, der Fuß liegt auf der Außenseite auf.

Die Oberarme liegen nicht am Körper an. Die Arme werden seitlich des Oberkörpers so angewinkelt, dass zwischen dem Oberarm und dem Unterarm ein »V« entsteht. Der Schultergürtel bleibt gerade, die Hände ragen über die Schulter hinaus.

Die rechte Hand umfasst den Reif so, dass die aneinander geschlossenen Knöchel der Finger waagerecht nach vorne zeigen.

Die linke Hand umfasst den Holzstock so, dass die aneinander geschlossenen Finger senkrecht übereinander liegen und nach vorne weisen. Ein Ende des Stocks ragt zum Daumen hin einige Zentimeter aus der geschlossenen Faust heraus, weist in Richtung des linken Ohrs.

Streckt den Hals nach oben, haltet den Kopf sehr aufrecht, der Mund ist wie zum Pfeifen gespitzt. Schließt die Augen, der innere Blick ist geradeaus gerichtet.

Die Atmung ist leicht und normal, auf keinen Fall hyperventilieren!«

Ich gehe im Kreis herum, weise auf Haltungsfehler hin. »Denkt daran, die Körperhaltung ist ein ›Steuerungssystem‹ zur Einstellung unendlich vieler Möglichkeiten, unsere Filter der Wahrnehmung zu verändern. Trance ist der Zustand, in dem wir die ›wahre Wirklichkeit‹ erfahren können – so bezeichnen die Schamaninnen indigener Kulturen diesen Reisezustand.

Nun geht bitte wieder aus der Haltung heraus, entspannt euch.«

Von wegen entspannen! Ein aufgeregtes Flüstern geht durch den Kreis, ich höre Satzfetzen wie: »Ich weiß, wen diese Haltung darstellt ... der Stock ist ja eigentlich gar kein Stock ... das halte ich nie fünfzehn Minuten lang durch ... ich kann so nicht sitzen ...«

»Stopp!« rufe ich energisch. »Voraussetzung zur Wahrnehmung im Sinne einer geistigen Übung ist: Konzentrierung, Aufmerksamkeit, innere Stille.«

In die folgende Stille hinein gebe ich die Anweisung:

»Reibt bitte eure Hände. Nun knetet und massiert sanft euer Gesicht.

Streicht mehrmals mit den Händen über die Stirn und den Kopf nach hinten.

Reibt wieder eure Hände, rubbelt und knetet eure Ohren.

Spürt die Erde unter euch, seid euch der Verbindung zur Erde bewusst.

Atmet dreimal aus der Erde heraus tief ein und aus.

Nun konzentriert euch auf eure Absicht, den Geist der Tiere zu erfahren.

Atmet weiter tief und gleichmäßig. Stellt euch nichts vor. Wenn Bilder von Tieren auftauchen, lasst sie mit eurem Ausatmen wieder verschwinden.

Spürt euern Körper, euern Atem, die Luft um euch herum.

Nehmt die Geräusche um euch herum wahr – den Wind, die Bäume, die Vögel.

Schickt noch einmal drei tiefe Atemzüge von der Erde durch euren Körper – und kommt mit eurer Aufmerksamkeit wieder zurück in den Kreis.«

Ich nehme meine Rasseln vom Boden, stehe auf und bitte die anderen, das Gleiche zu tun.

»Richtet beim gemeinsamen Rasseln die Aufmerksamkeit darauf, mit dem Rasselklang eure Absicht für die Trance zu verwirbeln, dass sie frei von euch ist und ihr frei von ihr seid. So seid ihr bereit, die Information zu empfangen, die euch heute begegnen will.«

Die Rasseln schwirren und singen in vielfältigem Klang; sie weben um unseren Kreis ein Klangband, das uns intensiv miteinander verbindet. Der Rasselklang verwirbelt Absichten, Wünsche, Vorstellungen, Fragen und Unsicherheiten.

Ich lege die Rasseln ins Gras, nach und nach hören die Teilnehmerinnen auf zu rasseln. Auf die schon glühende Kohle in der Räucherschale streue ich getrockneten Wacholder und Beifußblüten, bitte den Wolfsmann, die Schale für mich zu halten. Mit langsamen Bewegungen verteile ich den Rauch über meinen Körper. Die Räucherung ist nicht nur ein Ritual der Reinigung, die Räucherung zieht auch eine sichtbare, riechbare Trennungslinie zwischen dem Raum unserer Alltagswirklichkeit und dem Raum, den wir in der Trance erfahren werden. Es ist sehr wichtig, die unterschiedlichen Räume der Wirklichkeiten voneinander zu trennen, um nicht in Verwirrungszustände zu geraten. Doch es gibt Pforten zwischen den Wirklichkeitsräumen, deren Öffnen und Schließen einen willentlichen Wechsel zwischen den Welten möglich macht. Dieses Öffnen und Schließen zu erlernen ist eine der wichtigsten Aufgaben in den Lehrjahren der Schamaninnen. Das Ritual der Räucherung gehört mit zur willentlichen Öffnung der Pforte, die durch die rituelle Körperhaltung gebildet wird. Trennungslinien trennen nicht nur, sie schützen und bewahren auch. Die Räucherschale steht wieder in der Mitte.

Ich ergreife meine kleine Ritualrassel, rassele, pfeife und beginne die Anrufung zur Verbindung mit den uns wohlgesinnten sichtbaren und nichtsichtbaren Kräften.[6] Einige Tropfen eines guten Wodkas sind meine Gabe an die Naturgeister. Ich lege die Rassel wieder ins Gras.

»Noch einige Hinweise zur Trance: Wenn jemand die Körperhaltung nach einiger Zeit als derart anstrengend empfindet, dass die Anstrengung ein Erleben der Trance verhindert, macht Folgendes: Lasst die Augen geschlossen, visualisiert weiterhin die Haltung, aber geht aus der Haltung heraus, entspannt euch und nehmt dann wieder die Haltung ein.

Wenn ihr nach einer Weile das Gefühl habt, nicht in einer Trance zu sein, dann überprüft mit weiterhin geschlossenen Augen die Haltung auf ihre Richtigkeit hin und korrigiert sie gegebenenfalls.

Hirschgeweihmann, bitte setze dir doch wieder so wie beim Tanz das Geweih auf den Kopf!«

Rituelle Körperhaltung »Cernunnos von Gundestrup«.

6 Siehe »Ritual der Anrufung«, Seite 192.

Etwas erstaunt sieht er mich an, bindet sich das auf einer Kappe befestigte Geweih mit den Bändern der Kappe unter dem Kinn fest.

»Nun reibt noch einmal eure Hände, die Ohren und die Nase und nehmt die Haltung ein. Achtet darauf, dass der Rücken sehr gerade gehalten wird.«

Als alle in der Haltung sitzen, ergreife ich meine Trommel und sage: »Jetzt geht es los!«

Und es geht los! Mächtig und dennoch leicht zieht mich der schnelle Trommelschlag mit in andere Räume, mir wird sehr heiß, ich spüre den Schweiß auf meinem Gesicht. Die Trommel trommelt sich von alleine, als ob nicht meine Hand den Schlegel führen würde. Unglaublich, wie schnell die fünfzehn Minuten vorbei sind. Ich lasse den Trommelschlag unregelmäßig und langsamer werden, setze den letzten Schlag auf die Trommel.

»Geht bitte aus der Haltung heraus, legt euch hin, ruht euch aus.« Ich nehme etwas vom Wodka in den Mund, versprühe ihn als Dank und Verabschiedung der geistigen Kräfte, die im Ritual anwesend waren. Ich nehme mein Schilfbüschel, gehe mit dem Büschel raschelnd und leise pfeifend von einer zur anderen, webe einen Raum des Nachklingens um jede, schließe mit meinem Pfeifen die Pforte zwischen den Welten. Nach einer langen Zeit des Ruhens bitte ich die Teilnehmerinnen, mit ihrer Aufmerksamkeit wieder zurück in den Kreis zu kommen. Ich lasse eine Schale mit Keksen durch den Kreis wandern – Trance ist Arbeit! Nach den Keksen macht der aus Eschenholz geschnitzte Redestab die Runde.

Das Erzählen nach der Tranceerfahrung ist wichtig – nicht nur, weil das laut gesprochene Wort unsere Gehirnschaltungen wieder auf »Alltagsempfang« stellt, sondern vor allem weil das laut gesprochene Wort eine Brücke schlägt, über die sich die Erfahrung in das Alltagsbewusstsein einbinden kann. Die in der Trance erfahrenen Informationen müssen sich im Alltagsleben durch Erfahrende verwirklichen – wirken. Nur durch das Wirken in unserer Welt erhalten wir den Kreislauf des Informationsaustauschs zwischen den Wirklichkeiten; den Austausch des lebendigen Wissens, das die Welten erhält und sie immer wieder neu entstehen lässt.

»Cernunnos von Gundestrup«, Ausschnitt vom Silberkessel von Gundestrup.

Die Schlangenfrau ergreift als Erste den Stab und das Wort:

»Es war gewaltig! Ich dachte erst, ich könne keine fünf Minuten so sitzen, aber irgendwann habe ich meinen Körper fast gar nicht mehr gespürt. Ich weiß gar nicht, wo ich anfangen soll zu erzählen; mir ist, als geschah alles auf einmal. Mir wurde sehr schnell extrem heiß, als ob ich im Feuer sitzen würde, aber die Hitze ging nur bis zum Hals, sie war nicht im Kopf. Den Kopf habe ich als kühl empfunden. Es war, als ob mein Ein- und Ausatmen durch den gespitzten Mund einen Wind erzeugt, der meinen Kopf kühlte. Aus meinem Atem wuchs ein leises Pfeifen, mit dem ich ›etwas‹ gerufen habe. Durch die aufrechte Haltung fühlte ich mich sehr stolz, kraftvoll, mächtig. Irgendwann hatte ich das Gefühl, dass sich der Stock in meiner Hand anfing zu bewegen, er wurde lebendig und warm.

Plötzlich schoss aus der Erde ein heißer Strahl meine Wirbelsäule hoch, bis über meinen Kopf hinaus. Dieser Strahl wurde zu einer Schlange, die sich von meinem Damm aus durch meinen Körper wand. Ich hatte das Gefühl, sie frisst ›Altes‹ in mir auf. Es war trotz diesem ›Gefressenwerden-Gefühl‹ ein sehr lustvolles Gefühl. Mein ganzer Körper pulsierte. Aus allen Körperöffnungen flossen wie Wasser unzählige kleine Schlangen heraus, knallgrün und leuchtend waren sie. Ich habe mir fasziniert dabei zugesehen, sah mich ganz unbeteiligt von außen an. Vor mir tauchten Wildschweine mit riesigen Hauern auf, die grinsten und machten Tanzschritte, das sah komisch aus. Scharen von bunten Vögeln flogen um mich herum, ich glaube, ich habe sie mit meinem Pfeifen gerufen. Die kleinen Schlangen, die aus mir herausflossen, flogen wie Luftschlangen mit den Vögeln umher.

Ich war eine Kraft, die alle Tiere und ihre Informationen verbindet, ich nahm diese Informationen über meinen Körper auf und gab sie auch wieder über meinen Körper ab. Das war alles.«

Die Augen der Schlangenfrau glänzen; sie lächelt versonnen in sich hinein und reicht den Stab weiter an den Hirschgeweihmann.

»Als du uns die Haltung beschrieben hast, wusste ich gleich, dass es die Haltung des gehörnten Schamanen oder Cernunnos vom Gundestrup-Kessel ist; ich habe mich intensiv mit ihm beschäftigt. Schon immer wollte ich diese Haltung einmal machen. Anfangs war ich sehr mit Gedanken beschäftigt. Alles, was ich über den Cernunnos gelesen habe, ist durch meinen Kopf gerattert. Es strengte mich an, die Arme so zu halten. Ich habe noch einmal meinen Rücken bewusst gerade gehalten und mich nur noch auf meinen Atem konzentriert; das hat geholfen, das Denken verflog mit dem Atmen.

Mein Körpergefühl veränderte sich, mir wurde in der Brust sehr heiß. Ich hatte das Gefühl, dass zwischen dem Holz – von dem ich ja wusste, dass es auf der Originalabbildung eine Schlange ist – und dem Reif zuckende Blitze hin und her schießen. Eine enorme Energie floss, und ich war der Kreuzungspunkt zwischen den beiden Polen. Auf meiner Stirn spürte ich einen heißen, hellen Fleck. Ich war mir des Geweihs auf meinem Kopf sehr bewusst. Nicht etwa, weil es mich drückte; ich wusste ganz klar, dass es lebendig ist. Es streckte sich nicht aus meinem Kopf heraus, sondern wuchs aus meiner Schulter hoch. Gleichzeitig spürte ich, dass ich in der Erde saß, nicht auf ihr. Es war feucht und warm und sehr lebendig unter mir in der Erde, das war ein lustvolles Gefühl. Aus meinem Geweih wuchsen kleine Blätter, ich glaube, es waren Efeublätter. Wirklich, ich war wie ein riesiger Baum.

Mir schoss durch den Kopf: Ich bin unerschütterlich, bin für die Ewigkeit gemacht. Ich war dieser Baum, aber ich war auch ein riesiger Hirsch, ich konnte meinen Fellgeruch wahrnehmen und spürte, wie ich sicher auf vier Beinen stand. Da waren noch andere Hirsche, einer sah aus wie ein Mensch, der unter ein Hirschfell gekrochen ist. Dieser Hirschmensch tanzte in einem Kreis von Hirschen. In dem Moment hast du leider aufgehört zu trommeln. Die Zeit kam mir sehr kurz vor, ich hätte gerne noch länger so gesessen.«

Der Stab wandert weiter, die Spannung im Erzählen und Zuhören hält bis zur letzten Erzählerin, der Krötenfrau, unvermindert an. Die Erfahrungen in der Trance sind vielfältig, bei manchen weisen die Erlebnisse deutlich auf derzeitige persönliche Lebenssituationen hin. Einige erhalten Antworten auf nicht gestellte Fragen, zwei Teilnehmer hatten ein schwaches Tranceerleben. Sich ähnelnde Qualitätszuschreibungen durchziehen wie ein roter Faden die Erzählungen: Wachstum – Spannung als Ausdruck starker Lebensenergie – Verwandlung in Tiere – Rufen der Tiere – viele unterschiedliche Tiere – Gefühl von Kraft, Gelassenheit, Zentriertheit, Macht – Weltenbaum – Bereisen der drei Welten. Alle fühlen sich nach der Trance stark energetisiert.

Ich werde mit Fragen zur Haltung bestürmt, vor allem wollen alle wissen: Wen stellt die Originalabbildung zu dieser Haltung dar? Was bedeutet das, was ich gesehen habe?

Die erste Frage kann ich relativ leicht beantworten, der Kessel von Gundestrup und die darauf abgebildeten Szenen gehören mittlerweile zu den am gründlichsten untersuchten und interpretierten keltischen Funden.

Ich fasse die wichtigsten Merkmale der Haltung und des Kessels zusammen:

Diese Haltung ist auf einem vergoldeten Silberkessel abgebildet, der in Dänemark bei Borremose (Nordjütland) im Moor gefunden wurde. Vielleicht wurde er dort versenkt als Opfer für die Götter oder als Dank für Kriegsglück oder vor feindlichen Eroberern versteckt. Seine Herstellung wird datiert auf das 2. bis 1. Jahrhundert v. u. Z.

Der Kessel wird gebildet aus fünf inneren Ornamentplatten und acht äußeren Tafeln und hat einen Durchmesser von 1,75 Zentimeter. Die Platten sind innen und außen reich ornamentiert mit Gottheiten, Szenen von rituellen Handlungen, Musikern, Kriegern und vielen Tieren. Auf einer der Ornamentplatten thront inmitten einer Schar von Tieren der keltische Gott Cernunnos, der Gehörnte, der »Herr der Tiere«. Er ist umgeben von drei Raubtieren, einem Wolf, zwei Hirschen, zwei Stieren (oder Rindern) und einem Delfin. Cernunnos ist der Gott des Waldes, der schöpferischen Naturkräfte, der Zeugungskraft, des Wachstums, und mit all diesen Qualitäten ist er vor allem der Begleiter der großen Erdmutter.

Rechts von ihm steht ein Hirsch, ein Wolf ist zu seiner Linken. Der Hirsch ist ein Ausdruck für die Lebenskraft, der Wolf für die Kraft der Vernichtung. Diese beiden Kräfte trennend, sitzt Cernunnos zwischen ihnen, bildet die versöhnende dritte Kraft und hält so das Gleichgewicht zwischen Leben und Tod. Um seinen Hals liegt ein Band, ein Helm mit Geweih sitzt auf seinem Kopf. In der rechten Hand hält er einen Torquest, ein Bronzekragenhalsband, dessen Ursprung im kleinasiatischen Raum liegt und ein Zeichen von Herrschaft und Macht ist. In der linken Hand hält er eine widderköpfige Schlange, Ausdruck der Erneuerung und Fruchtbarkeit. Wie die Schlange ihre Haut, so streift der Widder jedes Jahr seine Hörner ab. Stilistisch stammen die einzelnen Ornamentplatten von verschiedenen Künstlern, die Arbeiten weisen auf ihren keltischen Ursprung in Ungarn und Rumänien hin.

Das Wissen um die spirituellen Kräfte des gehörnten Schamanen reicht weit vor die Zeit keltischer Kultur zurück. Die Mythologien der Völker Europas enthalten viele Anspielungen auf eine heilige Quelle, einen heili-

Kultwagen von Strettweg.

gen Brunnen oder auch einen heiligen Kessel, aus dem zu trinken den Zugang zur Anderswelt, zu verborgenem Wissen öffnet.

Auf einer Schnabelkanne aus dem keltischen Fürstengrab von Glauberg (Hessen) sitzt auch ein Mann in einer rituellen, meditativen Körperhaltung, begleitet von raubtierähnlichen Tieren.

Interessant ist in diesem Zusammenhang, dass auf dem keltischen Kultwagen von Strettweg kein Mann, sondern eine nackte, weibliche Gestalt den großen rituellen Kessel über ihrem Kopf trägt; umringt ist sie von Hirschen, Hunden, Jägern.

Die Teilnehmerinnen reden aufgeregt durcheinander. Einige wollen unbedingt noch berichten, was sie gesehen haben, das im Zusammenhang steht zu dem, was ich gerade erzählt habe. Einige ergänzen meine Informationen, erzählen von der Bedeutung des Kessels im Schamanismus, von anderen Abbildungen mit Gehörnten.

Ein Blick auf die Uhr zeigt mir, dass uns nur noch wenig Zeit bis zum Mittagessen bleibt. Und, da man beim Essen durchaus auch reden kann, bitte ich darum, die Gespräche nachher weiterzuführen. Ich möchte noch kurz etwas zur »Bedeutungsfrage« sagen.

Das, was in der Trance erfahren wird, ist kein Symbol für etwas. Es ist einfach das, was es ist: Ein Vogel ist ein Vogel, ein Baum ist ein Baum.

Aber: Jede gesehene Form, jeder gehörte Klang, jeder gerochene Geruch trägt eine Information mit sich für die Person, die »wahrgenommen« hat.

Die Information zu »lesen«, zu erkennen, bedarf der Arbeit derjenigen, die »wahrgenommen« hat. Diese Arbeit sollte niemand anders für euch tun, sie ist der Schlüssel zum Verstehen des Erfahrenen, der Schlüssel zur Erfahrung der Anderen Wirklichkeit als einer wirklichen Wirklichkeit.

Wenn jede von euch einen Hirsch wahrgenommen hat, dann ist es sicher so, dass der Hirsch seine Information in zwölf verschiedene »Verpackungen« gesteckt hat, entsprechend dem Wahrnehmungsvermögen der »Seherin«. Vieles von dem, was ihr erfahren habt in dieser Trance, braucht Zeit, um sich euch in seiner ganzen Aussage zeigen zu können. Es entfalteten sich manche Einsichten. Versucht, in den nächsten Tagen immer wieder einen Moment der Stille zu finden, in dem ihr dem jetzt Erfahrenen nachlauscht, ihm Beachtung schenkt.

Wer soll euch sagen, ob ihr »wirklich« in der vielbeschworenen Anderswelt wart? Ich ganz bestimmt nicht. Orientiert euch in euren Erfahrungen im Bewusstseinsfeld nicht an allgemeinen Deutungen und Interpretationen. Wenn ihr mehr wollt als »Sofa-Schamanismus«, dann wacht auf aus dem alltäglichen Tran – der keine Trance ist. Steht innerlich und äußerlich auf und geht immer und immer wieder die Wege der Erfahrung schamanischer Welten, die euch entsprechen und gut tun. Gebt euch nicht mit »bunten Bildern« zufrieden, geht weiter, bis ihr einen Moment der »plötzlichen Erkenntnis« erfahrt. Dieser Moment ist nicht erklärbar, an keinen Kriterien festzumachen, in diesem Moment weiß man – ohne zu denken –, dass die Erkenntnis »wahr« ist.

Am besten fangen wir gleich an mit der Übung »aufwachen, aufstehen« und gehen den Weg zur wartenden Mittagstafel.

Was geschieht im Körper während der ekstatischen Trance?

Offenbar werden während der ekstatischen Trance beide Seiten des vegetativen Nervensystems aktiviert – der Sympathikus und der Parasympathikus. Der Parasympathikus fördert den Zustand von Ruhe und Entspannung, er spielt auch eine sehr wichtige Rolle in der Sexualfunktion. In dem Erleben während der ekstatischen Trance löst sich erfahrungsgemäß viel affektiv und emotional Gestautes. Auf diesen Erfahrungshintergrund bezogen ist es sehr interessant, dass der Parasympathikus durch Affekte und Emotionen aktiviert wird.

Die starke parasympathische Aktivierung führt zur Herabsetzung des Blutdrucks während der ekstatischen Trance. Wird der Parasympathikus zu stark erregt, kann Übelkeit ausgelöst werden. Ein Zustand, der während oder nach der Trance kurzzeitig auftreten kann.

Zugleich ist die ekstatische Trance zweifelsfrei auch ein Stresszustand. (Stress ist nicht gleich Stress! Eine bestimmte Spannung, auch als

»positiver Stress« bezeichnet, ist für die Leistungsfähigkeit des Menschen sogar förderlich.) Die Aktivierung des Sympathikus während der Trance steigert die Herzleistung und führt somit zu einer Beschleunigung des Pulses. Gleichzeitig wird die Durchblutung von Muskeln und Haut angeregt. Damit einhergehend werden körpereigene Opiate, die Beta-Endorphine, ausgeschüttet. Die biochemische Wirkung der Endorphine ist eine der Ursachen, die es ermöglichen, in der Trance ein Gefühl intensiver Freude, Lust und Euphorie zu erfahren. Dieses Gefühl der »Süße«, einer tiefen und bewussten Lebensfreude, kann noch für eine längere Zeit nach der Trance anhalten. (Nana Nauwald, *Bärenkraft und Jaguarmedizin)*

Die Mutter der Tiere

»Ich werde sie aufsuchen
die unbekannte Frau.
Ich werde die verborgenen Dinge ergründen
jenseits der Menschen.«
Schamanengesang der Inuit

Auf meinen Wanderungen durch die Welten der Mensch-Tier-Beziehungen in schamanischen und auch in den antiken Kulturen Europas begegnet mir in vielen Variationen immer wieder die »Herrin der Tiere« oder der »Herr der Tiere«. Nicht nur der von den Teilnehmerinnen in der Trancehaltung erfahrene Cernunnos trägt diesen Beinamen, auch die griechische Göttin Artemis ist bekannt als »Herrin der Tiere«.

Irgendwann geriet ich darüber ins Grübeln:

Wie kann jemand, der im Kontext einer schamanischen Weltsicht zu Hause ist, über Tiere »herrschen«?

In einer von Götterhierarchien bestimmten Geisteswelt ist das möglich, da wird geherrscht.

Artemis ist als *Potnia Theron*, »Herrin der Tiere«, besonders die Beschützerin der Tierjungen. Auf bildlichen Darstellungen ist sie oft geflügelt und von Löwen, Hirschen und Vögeln begleitet. Aus Italien ist eine Darstellung der Artemis bekannt, zirka 600 bis 500 v. u. Z., die eine geflügelte Artemis zeigt, in der rechten Hand einen Löwen, in der linken Hand einen Hirsch am Hals greifend.

Auf dem bronzenen Wasserkrug (Hydria) von Grächwil, Schweiz, der wahrscheinlich um 580 v. u. Z. in Griechenland gefertigt wurde, ist die zentrale Figur eine geflügelte Göttin, umgeben von neun Tieren: zwei Hasen, zwei Löwen, zwei Schlangen, zwei kleine Löwen und ein Falke, der auf dem Kopf der geflügelten Göttin thront. Die Tiere repräsentieren die drei Welten: die Obere Welt – der Falke. Die Mittlere Welt– die Löwen. Die Untere Welt – die Schlange. Eine Darstellung der Artemis, »Mutter der Tiere« – geflügelte Göttin.

Artemis als geflügelte Göttin ist auch auf Schmuckstücken aus getriebenem Goldblech (Rhodos) und auf griechischen Tongefäßen dargestellt worden.

»Hydria von Grächwil« auf bronzenem Wasserkrug, Schweiz, zirka 580 v. u. Z.

Artemis als »Herrin der Tiere« mit Schwänen auf Tonscherbe, 7. Jahrhundert v. u. Z.

Auch in der Blütezeit der minoischen Kultur auf Kreta (1700–1350 v. u. Z.) wird die *Potnia Theron* als Aspekt der Großen Mutter von Löwen und Wildziegen umgeben dargestellt, inmitten von Vögeln und Sternen.

Aus Anatolien sind archäologische Funde bekannt, die *Potnia Theron* als anthropomorphe Urmutter auf einem Thron sitzend zeigen, flankiert von wilden Tieren, 1200–600 v. u. Z.

Ebenfalls in der Türkei, im Apolloheiligtum von Emecik, Datça, wurde das Fragment einer weiblichen geflügelten Gestalt gefunden, die einen Löwen in den Händen hält. Wahrscheinlich Artemis als *Potnia Theron*, 700–600 v. u. Z.

Besonders eindrucksvoll, weil von vielen Tieren umgeben, ist die »Mutter der Tiere« dargestellt auf dem Relief einer Schale der Sumerer, zirka 2500 v. u. Z.

»Mutter der Tiere«, Sumer, zirka 2500 v. u. Z.

Aber in den Welten des Schamanismus? In dieser Weltsicht des »Lebens im Kreis«, der »Verbundenheit aller Wesen«? Sicherlich, das Wort »beherrschen« enthält auch den Hinweis, dass jemand zu etwas fähig ist, eine Fähigkeit »beherrscht.« Unter diesem Gesichtspunkt kann der Ausdruck »beherrschen« durchaus in Verbindung zur Fähigkeit des Schamanen stehen, die Kommunikation mit Geistern und Geisttieren zu beherrschen. Er beherrscht die Fähigkeit dieser Kommunikation, aber ist er deswegen auch Herrscher über die, mit denen er kommuniziert?

Mit der Hoffnung, dass die Bezeichnung »Herr, Herrin der Tiere« in Büchern über schamanische Traditionen vielleicht nur sprachliche und kulturabhängige Gründe hat, ging ich erneut auf Spurensuche.

In vielen der alten Berichte von Missionaren und Feldforschern über die Traditionen sibirischer und arktischer Völker taucht diese Formulierung »Herr der Tiere« auf. Die Beschreibung dessen, was dieser »Herr« für die jeweiligen Gemeinschaften war, hören sich gar nicht nach »herrschen« an: In den Jägervölkern, die in schamanischen Traditionen lebten, gibt es die Vorstellung einer Urkraft, die in ihren Eigenschaften nicht »Herrin«, sondern »Mutter der Tiere« ist: Sie schützt die Tiere, regelt die Beziehungen der Jäger zum Wild, straft und belohnt das Jagdverhalten der Jäger. In den alten Jägerkulturen existierte immer auch das Wissen darum, dass es Tiere gab, die zu den »persönlichen« Tieren der »Mutter der Tiere« gehörten und deshalb nicht gejagt werden durften. Dieses Tier wurde an seinem »besonderen« Verhalten erkannt – es konnte jeder Tierart angehören.

In Sachsen geben die Funde vom »Opferplatz von Oelknitz« Zeugnis, dass dort vor zirka 10 000 bis 12 000 Jahren die »Mutter der Tiere« verehrt wurde. Im Zentrum der Siedlung fand man zwei säulenförmige Sandsteinblöcke. In einem ist ein Wildpferd eingeritzt, der andere zeigt die Darstellung einer großen Vulva. Die Vermutung liegt nahe, dass hier für die eiszeitlichen Jäger ein Kultplatz war, an dem sie mit der »Mutter der Tiere« rituell kommunizierten.

Aspekte der »Mutter der Tiere« erscheinen in indigenen Kulturen als Schutzgeister, die über Wald und Tiere wachen. Im gesamten Amazonasgebiet ist ein Waldschutzgeist bekannt, von dem es heißt, er sei eigentlich die »Mutter des Waldes«, obwohl er als männliche Erscheinung beschrieben wird: kleine Gestalt, langer Bart, lange Haare, ein großer und ein kleiner Fuß. Kennzeichnend ist für »ihn«, dass er nach Belieben seine Gestalt wechseln kann, um Menschen in die Irre zu führen oder zu bestrafen, die dem Wald oder den Tieren Schaden zufügen.

In den skandinavischen Ländern ist die Vorstellung der »Mutter der Tiere« mit den Erscheinungen von Waldfrauen, Trollen und Huldren verbunden. Diese Wesen üben die gleiche Wächterrolle aus wie der Waldgeist in den Wäldern Amazoniens: Sie behüten Wald und Tiere, führen in die Irre und bestrafen die Menschen bei Fehlverhalten dem Wald und den Tieren gegenüber. Eine ähnliche Aufgabe erfüllt in unserer Sagenwelt Rübezahl als »Herr der Berge«.

In den Mythen sibirischer Völker spielen ähnliche »Herren« über Berge, Taiga, Meere, Seen und Flüsse eine wichtige Rolle, um das Gleichgewicht zwischen den Tieren und den Menschen zu halten. Dort erscheint der »Herr der Berge« (oder einer anderen Landschaft) in Gestalt eines Tiers. Ein Tierschutzgeist, der mit Hilfe der anderen Tiere über ein Gebiet wacht. Ein wichtiger Bestandteil der Arbeit von Schamaninnen dieser Völker war, mit ihrer Eigenschaft als Gestaltwandlerin Kontakt zu den Tierschutzgeistern zu halten.

Von einigen sibirischen Völkern, zum Beispiel den Korjaken und Tschuktschen, ist bekannt, dass den für das Leben der Gemeinschaft besonders wichtigen Tieren – zum Beispiel Wolf oder Rentier – ein »Herr der Tiere« aus der eigenen Tierart »Ren« oder »Wolf« zugeordnet war. Dieser »Herr der Tiere« wurde als Holzfigur dargestellt, ihm wurden Gaben gebracht, um ihn den Jägern günstig zu stimmen.

Ein besonderer Aspekt der »Mutter der Tiere« ist, dass sie in einigen Völkern Sibiriens in Gestalt eines Vogels, Bärs, Elchs, eines geflügelten Rentiers, achtbeinigen Bergrehs oder eines blau-bunten Stiers auch die »Tiermutter« des Schamanen ist. Sie ist es, die das Ei mit dem werdenden Schamanen darin in das Nest im großen Weltenbaum legt; sie brütet ihn aus und ernährt ihn, bis er ein »fertiger« Schamane ist. In einer Schamanenlegende der Jakuten heißt es: »Als man den Schamanen in das oberste Nest der riesigen Lärche, deren Wipfel bis zum Himmel reichte, gelegt hatte, kam ein geflügeltes Rentier von weißer Farbe geflogen und setzte sich auf sein Nest. Die Zitzen des Rentiers kamen ihm in den Mund und er begann zu saugen, und so lag er drei Jahre lang.«

In den Mythen der Völker Sibiriens wird die »Mutter der Tiere« in ihren vielfachen Erscheinungen als »Herrin der Tiere« immer beschrieben mit den Qualitäten Güte, Fürsorge, Herzenswärme, verzeihend, aber auch strafend und streng. Ihre Güte gilt auch den Menschen, die Liebe und Mitgefühl mit ihren Tieren empfinden. Wenn sie es für richtig findet, holt sie die Tiere und manchmal auch die den Tieren freundlich zugewandten Menschen zu sich in ihren Himmelsschoß.

Aus ihrem Schoß kommen die Tiere, zu ihr kehren sie nach ihrem Tod wieder zurück. In der Kosmologie der Evenken wohnte in den Wurzeln des Weltenbaums in der Unterwelt – dem Ort allen Ursprungs des Lebens – die Ahnherrin der Menschen und Mutter der Tiere. Wenn die Evenken starben, kehrten die »Tierseelen der Menschen« in den Schoß der Urmutter zurück, vom Schamanen auf dieser Reise zurück zum Ursprung begleitet.

Die Orotschen beziehen sich sogar auf zwei Ahnenmütter, eine Tigerin und eine Bärin. Sie leben auf dem Mond, säugen dort die Seelen der ungeborenen Menschen und Tiere und schicken sie auf die Erde in die Leiber ihrer Mütter. Menschen und Tiere kehren nach ihrem Tod zurück zu ihren tiergestaltigen Urmüttern, um aufs Neue von ihnen genährt und auf der Erde geboren zu werden.

Die Erscheinungsformen und Bezeichnungen für die schöpferische Urkraft der »Mutter der Tiere« wandeln sich mit der Veränderung von Jagdformen, Lebensform und Weltanschauung. So ist es verständlich, dass in den sich von der Jagd und den Naturgewalten zunehmend unabhängiger werdenden Gesellschaften (mit hierarchischen Herrschaftsformen) die »Mutter der Tiere« dem »Herrn der Tiere« weichen musste. Zu diesem »Herrn der Tiere« wurde im mythischen Geschehen entweder der Begleiter der Erdmutter oder ihr Sohn gestellt – die gebärende Kraft der Mutter verdrängend. Dementsprechend sind in fast allen Darstellungen die »Tierherren« nicht mit Schlangen dargestellt – sondern vorzugsweise mit Pferden, Raubtieren, Stieren. Der Gehörnte vom Gundestrup-Kessel hält zwar eine Schlange in seiner linken Hand, aber diese Schlange ist gehörnt wie er auch, mit Widderhörnern versehen. Er hat sie fest in seinem Griff, er ist ihr Beherrscher.

Fast anschmiegsam hingegen sind die Tiere dargestellt der »Mutter der Tiere« aus dem Grab eines triballischen Königspaars in Vratsa, Bulgarien, zirka 400 v. u. Z. Sie erscheint auf einer vergoldeten Silberhülle in Gestalt einer geflügelten Gottheit. Efeublätter schmücken ihre Stirn.

Efeu – als immergrüne Winterpflanze erzählt sie von Tod und Leben, durch ihren Wuchs (bis zu zwanzig Meter hoch) ist sie eine in der Erde wurzelnde Himmelsleiter, welche die drei Welten verbindet. Efeu hat Lebenskraft stärkende Heilwirkungen. Für die Griechen war er eine wichtige mythische Pflanze. Römischen Priestern war es unter Strafe verboten, Efeu anzufassen, da man glaubte, die Pflanze kann jemanden gefangen halten. Auch für die Druiden der Kelten war Efeu eine heilige Pflanze. In starker Dosierung ist er giftig.

Die rechte Seite des Gesichts ist mit parallelen Goldstreifen überzogen. An den Ohren hängen Ohrringe in Form von Vögeln. Auf beiden Seiten des Gesichts enden drei Haarlocken in der Figur eines Löwen. Die Oberfläche der Arme erinnert an Vogelflügel. Zwei Schlangen mit Löwenköpfen liegen über den Armen. Unter diesen sind zwei weitere Schlangen mit Greifenköpfen. Eine von ihnen wird von einem Adler angegriffen. An beiden Seiten der Figur laufen schlangenähnlich strukturierte Linien zu einer Spirale zusammen, darunter reicht auf der rechten Seite ein Vogelflügel bis zum Boden.

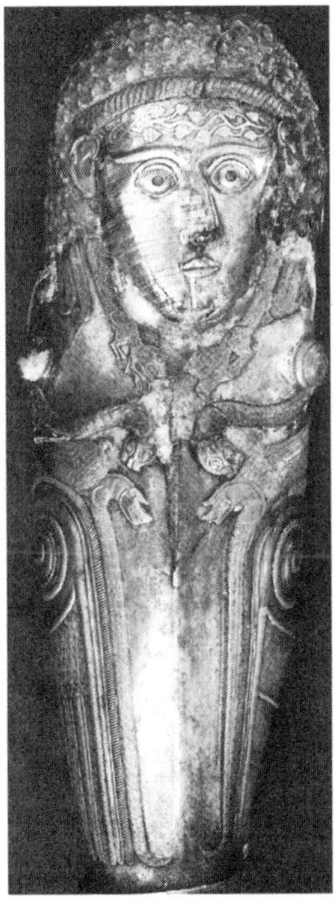
»Mutter der Tiere«, Vratsa (Bulgarien).

Beeindruckende und berührende Beispiele an mythischen Überlieferungen und archäologischen Funden! Doch was fangen wir an mit diesen Zeugnissen aus geistigen Welten, die nicht mehr die unsrigen sind? Sie können uns erinnern an den Geist, die Information, die hinter den Mythen und Abbildungen gleichbleibend aktuell enthalten sind:

Alle Wesen entstammen demselben Urgrund, dem Schoß der Großen Mutter, auch die Tiere. Leben vollzieht sich als ein Prozess des Austauschs, der Wechselwirkungen. Das ist nicht nur auf geistige und abstrakt-informative Ebenen bezogen, sondern ebenso auf konkretes Wirken und Handeln in unserer Welt, auf immer neues Reflektieren unseres Verhältnisses zu Tieren heute. Wir Menschen haben in dieser Welt andere Aufgaben und Ordnungen als die Tiere, aber wenn wir sie als Teil des großen Lebensnetzes sehen, dann tragen wir auch die Verantwortung der »alten Tiermutter«: Güte, Mitgefühl, beschützen, vermitteln.

Die innere Aufmerksamkeit auf die alten Zeugnisse der Qualität »Mutter der Tiere« kann unsere Sinne und unseren Geist öffnen. Artgerechte Tierhaltung – auch bei Haustieren – und Tierschutz sind sicher einige der neuen Begriffe, die die »alte Tiermutter« lernen müsste, käme sie zufällig einmal in unserer Wirklichkeit vorbeigeflogen! Vielleicht wäre die »alte Tiermutter« in unserer heutigen Gesellschaft Vegetarierin, obwohl im traditionellen Schamanismus das Töten und Essen von Tieren eine natürliche Handlung im Kreislauf des Werden und Vergehens ist, eine Handlung der gegenseitigen Erhaltung. Wer sagt uns denn, dass die geistigen Welten, auch die der Tiergeister, nicht auch unsere »Menschenenergie« als Futter für Prozesse brauchen, von denen wir nichts wissen?

Die Beschränkung auf vegetarische Nahrung ist eine mögliche individuelle Lösung. Auch bewusstes Fleischessen aus artgerechter Tierhaltung kann eine wirksame Handlung gegen die Nichtachtung von Tieren sein. Doch es bedarf vor allem einer veränderten Wahrnehmung der uns umgebenden Tierwelt, die uns in ihrer Vielfalt immer noch eine Vielfalt von geistigen Qualitäten vermitteln kann. Allen Prognosen einer immer mehr auf das Ego bezogenen Gesellschaft entgegen steht die wachsende Schar von Naturerfahrungs- und Erkenntnis-Sucherinnen, die bereit sind, den »Geist der Tiermutter« als Lebensqualität zu verwirklichen.

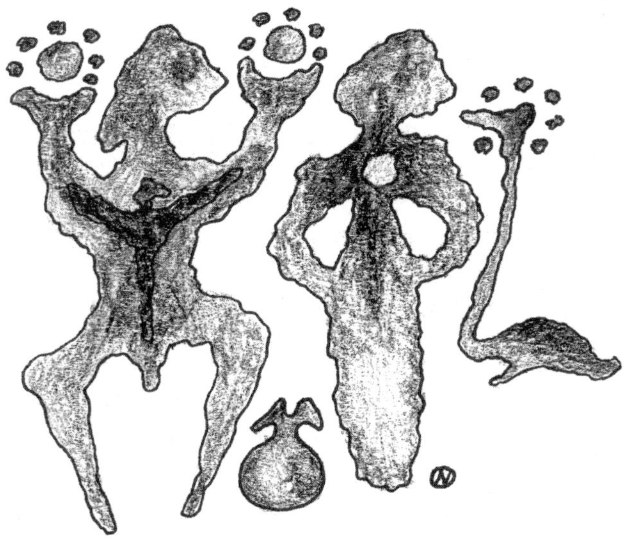

»Es gibt nichts auf der Welt, was nicht zu uns spricht. Alles und jedes offenbart ständig seinen Charakter, sein Geheimnis. Je mehr wir unsere Sinne öffnen, desto besser sind wir imstande, die Stimme von allem aufzunehmen.«
Hazrat Inayat Khan

Sonntagnachmittag – die gemeinsame Seminarzeit neigt sich ihrem Ende zu. Wir haben uns auf der Wiese im Kreis zusammengesetzt, eine angeregte Gesprächsrunde lässt den mit nach draußen genommenen Tee und Kaffee in den Tassen kalt werden. Der Erfahrungsaustausch und Reflektionen über das Erfahrene machen den Teilnehmerinnen bald deutlich, dass sie mit mehr Fragen als Antworten in ihrem geistigen Gepäck nach Hause gehen werden.

Eine immer wieder gestellte Frage ist: Wie kann ich den Geist eines Tiers wahrnehmen, wie kann ich mich für die Begegnung mit meinem Geisttier vorbereiten, wie kann ich mich mit ihm in Verbindung setzen?

Da mich diese Fragen seit Jahren beschäftigen, habe ich aus meiner Erfahrung heraus für die Teilnehmerinnen und Teilnehmer Hinweise zur Praxis der Wahrnehmung – zu Ritualen der Wahrnehmung zusammengestellt. Diese Hinweise sind keine Rezeptsammlung, haben keinen Anspruch auf Vollständigkeit oder Alleingültigkeit. Es sind Anregungen, die Vielfalt der Wirklichkeiten über den Körper und alle Sinne willentlich wahrzunehmen, sinnenhaft zu erfahren.

> »Es geht längst nicht mehr darum, ob unsere Sinnesorgane die Außenwelt getreu wie eine Fotoplatte abbilden oder ob unser Geist genügend Freiheit beim Entwerfen der Welt besitzt. Wichtiger ist geworden, dass wir uns selbst in solche Dispositionen zum Handeln bringen können, dass wir uns auf die Gestaltung der Welt ausrichten können.«
> Detlef B. Linke, *Die Eroberung des Unsichtbaren*

Die Absicht

Rituale, die sich auf eine schamanische Weltsicht beziehen und in denen willentlich die sichtbaren und nichtsichtbaren Welten erfahren werden, zeigen unabhängig von kulturellen Besonderheiten die grundlegende Struktur des Schamanismus: Wirklichkeit zu verändern durch Erfahrungserkenntnisse – und diese mit heilender, transformierender Absicht zum Wohle der Einzelnen und somit der Gemeinschaft in die Welt einzubringen. Ein Ritual macht die Absicht, willentlich einen anderen »Raum des Bewusstseinsfelds« zu betreten, sinnlich erfahrbar: sichtbar, hörbar, riechbar, innerlich berührend.

Die Absicht, mit der man in das Ritual der Wahrnehmung geht, bestimmt entscheidend die Richtung des Erlebens. Als Teil eines geistigen Wegs, sich willentlich und fokussiert in einen Zustand der veränderten

Wahrnehmung zu versetzen, sich in das Bewusstseinsfeld einzuschwingen, verändert den Menschen – nicht nur auf Grund biochemischer Körpervorgänge. Ein Training der Wahrnehmung im rituellen Zusammenhang der schamanischen Welten bleibt nicht ohne Auswirkung auf die Entfaltung des eigenen Wesens. Jede absichtliche Verbindung an das nicht persönlichen Bewusstseinsfeld ist zugleich eine Anbindung an das eigene Kreativitätspotenzial und kann die Vielfalt der Möglichkeiten einer kreativen Lösungs- und Lebensgestaltung erkennen lassen.

Eine Art und Weise, wie unsere Vorfahren ihre Absicht zur Veränderung von Wirklichkeiten zum Ausdruck gebracht haben, war die Konzentrierung dieser Absicht in Objekten, die errichtet oder bearbeitet wurden. So zum Beispiel in Form ungestalteter und gestalteter Steine an besonderen Plätzen in der Natur – Quellen, Höhlen, Bergspitzen. Dort wurden die mit gezielter Information belegten Objekte als sichtbare Boten an die nichtsichtbaren Mächte abgelegt.

Es ist die Absicht, die innere Kraft, die aus einem Stein etwas anderes macht als einen Stein. Es ist der Geist, der sich nach innerlicher Vorbereitung auf das Wirken in den geistigen Welten hin in Aufmerksamkeit und Absicht bündelt.

Alexandra David-Néel, die Erforscherin der äußeren und inneren Welten und Geheimnisse Tibets, hat zum Thema »Absicht – innere Kraft« eine Erzählung aus Tibet überliefert:

»Ein tibetischer Kaufmann zog jedes Jahr mit seiner Handelskarawane nach Indien. Die alte, fromme Mutter des Kaufmanns bat ihn eines Tages, ihr doch aus dem ›heiligen Land‹ eine Reliquie mitzubringen. Indien ist für die Tibeter als Wiege des Buddhismus das ›heilige Land‹. Der Kaufmann versprach es seiner Mutter, vergaß dieses Versprechen aber auf seiner Reise einzulösen. Tief betrübt war seine alte Mutter, als er nach Hause zurückkehrte. Im Jahr darauf bat die Mutter wiederum ihren Sohn, ihr von seiner Reise in das heilige Land eine Reliquie mitzubringen. Aber auch bei dieser Reise vergaß der Kaufmann, seiner Mutter den Wunsch zu erfüllen.

Als er bei der Rückkehr von seiner dritten Reise schon kurz vor seinem Heimatdorf war, fiel ihm voller Schreck ein, dass er wieder sein Versprechen nicht erfüllt hatte. Das grämte ihn, denn er wollte seine alte, fromme Mutter nicht schon wieder enttäuschen. Während er sich noch den Kopf darüber zerbrach, was er nun tun könne, fiel sein Blick auf den Wegrand, wo der Kinnbackenknochen eines Hundes im Staub lag. Da löste er aus dem ausgetrockneten Knochen einen Zahn heraus, säuberte ihn und steckte ihn in einen kostbaren Brokatbeutel. Zu Hause überreichte er seiner Mutter den Zahn als höchst kostbare Reliquie aus dem Mund des großen Sariputra. Die fromme Alte war hochbeglückt und verwahrte voller Achtung und Verehrung den Zahn in einem Schrein. Täglich entzündete sie Räucherwerk und ein Lämpchen vor dem Schrein, stellte Blumen davor und verrichtete Gebete. Bald kamen mehr und mehr Menschen aus dem Dorf und verrichteten auch ihre Andacht vor dem Schrein, ehrten den Zahn. Es dauerte nicht lange, da war der Hundezahn zur heiligen Reliquie geworden und fing an zu leuchten. Mit innerer Aufmerksamkeit und absichtsvoller Zuwendung kann man selbst einen Hundezahn zum Leuchten bringen« (David-Néel 1984: 239).

Wahrnehmung

Wahrnehmen – heißt das, wir nehmen wahr, was wahr ist?

Kommt der Begriff »Wahrnehmung« von Wahrheit? Eine Wurzel des Begriffs »Wahrnehmung« liegt im indoeuropäischen Sprachstamm *wardo* oder *waro* mit der Bedeutung von »aufmerksam werden«. Etwas »fürwahr nehmen« gehört zu einem anderen Wortstamm, zu »Wahrheit« im Sinne von Vertrauen, Zustimmung, Versprechen, Gunst.

Aristoteles unterschied die sinnliche Wahrnehmung *(aisthesis, sensus)* und die geistige Wahrnehmung *(noesis, intellectus)* als eine Art des »einsichtigen Erfassens«.

Wahrnehmung als eine Bereitschaft zur Erkenntnis ohne den Hintergrund eines Glaubenssystems unterscheidet nicht zwischen sinnlicher und geistiger Wahrnehmung. Wahrnehmung ist immer ein auf den Moment bezogener Zustand der sinnenhaften und geistigen Aufmerksamkeit. Es ist nicht möglich, ohne Sinne wahrzunehmen – auch Denken als ein Teil des Wahrnehmungsprozesses löst immer auch Sinnesreize aus. Geistige Wahrnehmung als direkte Wahrnehmung des Numinosen wird über den Körper, über die Sinne vermittelt – auch wenn die wahrgenommene Erkenntnis aus einem »abstrakten« Raum kommt.

Die Arbeit an sich selbst, an der Fähigkeit zum Erkennen der Vielfalt von Wirklichkeiten ist Voraussetzung für eine Wahrnehmung, die sich nicht auf gewohnte Formen und Zusammenhänge beschränkt. Diese Wahrnehmung bezieht sich nicht nur auf die äußere, sondern auch auf die innere Welt.

Drei Voraussetzungen, die den Moment der Wahrnehmung optimieren:
– Geerdet sein – um nicht in Illusionszustände abzuheben bzw. eigene Wunschvorstellungen zu produzieren.
– Zentriert sein – um die innere Ruhe zu bewahren, unabhängig davon, wie aufregend die Ereignisse sind.
– Regelmäßig atmen – um mit dem Gefühlszentrum verbunden zu sein und seiner Intuition folgen zu können.

»Materie ist verbrauchter Geist, und eingefleischte Verhaltensgewohnheiten werden zu physikalischen Gesetzen (...) Es genügt schon, ins Freie zu gehen und die eigenen Augen zu öffnen, um zu erkennen, dass die Welt nicht völlig vom Mechanismus bestimmt ist. Wenn wir die Mannigfaltigkeit der Natur anschauen, sehen wir lebendiger Spontaneität ins Gesicht.«
Charles Sanders Peirce (1839–1914)

Vier Wahrnehmungsübungen

Das Leben in der Stadt und auch die Arbeitszeiten erschwert es vielen Menschen, Naturwahrnehmung zu trainieren. Solch ein Training ist notwendig, um den »Geist von etwas« erspüren zu können – sei es Mensch, Tier, Pflanze, Element. Die ersten Schritte dieses Trainings kann man auch in städtischer Umgebung machen, im Park, Garten, auf dem Balkon. Bleibe anfangs nur so lange sitzen, wie du Ruhe in dir verspürst, zwinge dich nicht. »Lange« als Zeitmaß ist nicht gleichbedeutend mit »intensiv«.

»Ein Mensch kann sich sicherlich eine Vorliebe für brutale oder perverse Sinneseindrücke aneignen, die allmählich die Essenz seines Wesens durchdringen und diese zur gegebenen Zeit vielleicht zugrunde richten. Andererseits können Wahrnehmungen von größeren Welten, größeren Kräften, höheren Idealen, größeren Möglichkeiten oder umgekehrt schreckliche und schmerzhafte Wahrnehmungen, wenn sie auf gewisse Weise aufgenommen werden, die Essenz nähren und bereichern. Wenn solche Wahrnehmungen unaufhörlich in einen Menschen eindringen und von ihm verarbeitet werden, beginnt die Essenz zu erwachen.«
Rodney Collin, *The Theory of Celestial Influences*

Erste Übung

Suche dir einen Platz in deiner Nähe, der einfach für dich erreichbar ist, so dass du ihn möglichst häufig aufsuchen kannst.

Beginne das Verweilen an »deinem« Ort immer mit einer Atemübung. Schaue – nicht mit beobachtendem Blick, sondern mit einem weichen Blick. Lausche und rieche: Welche Klänge hat der Ort, welchen Geruch, Geschmack, welche Gefühlsqualität?

Wie erlebst du diesen Ort an verschiedenen Tagen, aber immer zur gleichen Tageszeit?

Wie verändert sich deine Wahrnehmung des Orts bei unterschiedlicher Wetterlage – zu einer anderen Tageszeit – bei Dunkelheit – in anderer Jahreszeit?

Mache dir Notizen darüber, wie es dir ergangen ist, was du wahrgenommen hast. Man vergisst schnell, was man mit den Sinnen erfahren hat!

Durch welchen Sinn nimmst du am mittelbarsten wahr?

Mit welchen Gefühlen sind besonders eindrückliche Wahrnehmungen verbunden?

Reflektiere nach einiger Trainingszeit, ob sich dein Wahrnehmungsspektrum erweitert hat, was dir schwer fällt wahrzunehmen, welcher Sinn bei dir am ausgeprägtesten ist.

»Mit den Sinnen bezeichnet man üblicherweise die schon von Aristoteles erkannten fünf Sinneskanäle des Menschen, also Gehörsinn, Geruchssinn, Geschmackssinn, Gesichtssinn und Tastsinn. Die moderne Physiologie kennt für den Menschen noch vier weitere Sinne, die Thermozeption (Temperatursinn), Nocizeption (Schmerzempfindung), den Gleichgewichtssinn und die Propriozeption (Körperempfindung oder Tiefensensibilität), bei Tieren kommen weitere Sinne (beispielsweise für die Polarisierung von Licht oder das Magnetfeld der Erde) hinzu.

Mit ›6. Sinn‹ wurde vielfach die Fähigkeit bezeichnet, Dinge wahrzunehmen, die anscheinend nicht mit den Sinnesorganen aufgenommen wurden, vor allem die sogenannten Psi-Fähigkeiten (Telepathie, Hellsehen, Präkognition). Biologen benutzen diesen Begriff allerdings zunehmend, um damit elektrische und magnetische Sinne von Tieren zu beschreiben.

Darum erscheint es naheliegend, für die paranormalen Wahrnehmungen (oder Pseudowahrnehmungen) den Ausdruck ›7. Sinn‹ zu verwenden. Damit kommt zum Ausdruck, dass hiermit weder die fünf normalen Sinne noch die verschiedenen, ebenfalls auf physikalischen Wahrnehmungen beruhenden sechsten Sinne gemeint sind.« (Aus: *Wikipedia*, der freien Enzyklopädie)

Zweite Übung

Diese Übung lässt sich gut in alltäglicher Umgebung ausführen. Sie kann dafür sensibilisieren, dass wir von den »Dingen« nicht getrennt sind.

> »Wenn ich mit den Dingen einig bin, sagte Herr Keuner, verstehe ich die Dinge nicht, sondern die Dinge verstehen mich.«
> Bert Brecht

Die Wahrnehmung umkehren

Mache einen Spaziergang durch den Wald, Park oder Garten. Setze dich an einen Platz, der dir gefällt.

Spüre deinen Körper, sei dir deiner Körperlichkeit bewusst, atme mehrmals tief ein und aus. Konzentriere dich auf die Sinne: Fühlen, Sehen, Riechen, Hören. Aktiviere jeden Sinn mit drei tiefen Atemzügen.

Richte deine Aufmerksamkeit nach und nach auf jeden einzelnen deiner Sinne – nimm mit drei tiefen Atemzügen mit jedem Sinn deine Umgebung wahr. Erfasse mit weichem Blick deine Umgebung, lausche, rieche, fühle sie. Dann atme drei Mal tief ein und aus, spüre deinen Körper.

Nun gehe mit deiner Aufmerksamkeit von dir weg, versuche, dich wie von oben zu sehen, als ein Teil der Natur, in der du sitzt.

Verändere die Wahrnehmung so, dass du das Gefühl bekommst, nicht du betrachtest, belauschst, riechst und fühlst die Umwelt, sondern die umgebende Natur betrachtet, belauscht, erriecht, fühlt dich.

Verweile drei tiefe Atemzüge lang bei jedem der vier Sinne, mit denen dich die Natur wahrnimmt.

Richte deine Aufmerksamkeit wieder auf deinen Körper. Atme einige Male tief ein und aus.

Verwebe wie ein Spinnennetz deinen Körper mit drei tiefen Atemzügen mit der dich umgebenden Natur. Spüre dich als ein Teil der Natur.

Beende die Übung, stehe auf, atme mehrmals tief von der Erde hoch durch deinen Körper, nimm noch einmal wach und bewusst deine Umgebung wahr.

»Das Geheimnis des Lebens liegt im Atem. Wir kommen in die Welt auf dem Atem und wir verlassen sie auf dem Atem. Aber wenn wir nicht für den Atem wach sind, werden wir schlafend für die Wirklichkeit des Lebens sterben. Atem heißt Leben.«
Reshad Field

Dritte Übung

Bei Begegnungen in Anderen Wirklichkeiten ist es nicht viel anders als bei Begegnungen in unserer sogenannten Alltagswirklichkeit: Nicht jeden – gleich, ob Mensch oder Tier –, dem wir begegnen, nehmen wir bewusst wahr. Selten nur nehmen wir in einer Begegnung bewusst die »Qualität« einer Person oder eines Tiers wahr.

Eine Begegnung wird zu mehr als lediglich einem Zusammentreffen, wenn wir in der Lage sind, die »Qualität« dessen, was uns begegnet, zu erspüren, wahrzunehmen. Das gilt für Begegnungen in allen Wirklichkeiten. Wenn man Begegnungen sucht, die auf alle Sinne bezogene Berührungen mit der »Qualität« eines anderen sind und einen Austausch von Geist zur Folge haben, öffnen sich ungeahnte Wahrnehmungsfelder, dann sind ungeahnte kreative Einwirkungen auf das alltägliche Leben möglich.

Diese Begegnungen mit »Qualität von etwas« kann trainiert werden. Bevor man aufbricht, um sich vom Geist eines Tiers berühren zu lassen, kann es eine hilfreiche Vorbereitung sein, mit einer einfachen Übung die Wahrnehmungssensoren zu aktivieren. Das ist gut möglich mit der Qualität »Grün«. Der Vorteil ist, dass Grün weder scheu ist, noch mühsam aufgespürt werden muss, noch davonlaufen kann.

Die Qualität »Grün« wahrnehmen

Finde einen ruhigen Platz inmitten von viel natürlichem Grün.

Setz dich bequem und aufrecht hin, atme einige Male tief aus und ein.

Lass mit geöffneten Augen das prachtvolle Grün der umgebenden Natur auf dich einwirken.

Richte deine Aufmerksamkeit auf das Dritte Auge und verändere deinen Blick, so dass er weich und defokussiert ist.

Versuche, nur das Grün wahrzunehmen, ohne eine Verbindung mit der grünen Pflanze, die es trägt.

Versuche, alle Assoziationen wie biologische Zuordnung des Grüns, Licht, Schwingung, Lebenskraft, Wachstum usw. auszuschließen.

Nimm das Grün als Qualität unabhängig von dem Träger der Farbe wahr.

Nun atme gleichzeitig mit der Wahrnehmung des Grüns dessen Qualität in deinen Körper hinein und verteile mit deinem Atem diese Qualität in deinen Zellen.

Richte die Aufmerksamkeit darauf, wie sich die Qualität des Grüns in deinem Körper ausbreitet.

Werde zu Grün und erfahre die besondere Qualität des Grüns mit deinem Wesen.

Denke daran: Alle Qualitäten gehören zur Welt des Geists. Quantitäten und Fakten – etwa die grüne Pflanze – gehören zur materiellen Welt.

Vierte Übung

Wir leben in einer »Seh-Gesellschaft«: Was wirklich und wahr ist, wird bewertet danach, ob es gesehen wurde – als geschriebenes Wort, als bewegtes oder stilles Bild. Wahrnehmen ist weit mehr als »nur« Sehen. Wenn ich sehe, bin ich immer »woanders«, da, wohin mich mein Auge führt. Wenn ich höre, verlege ich das, was ich höre, in mich hinein. Hören ist ein verinnerlichender Prozess.

Wirkliches Wahrnehmen ist frei von Glaubenssystemen, ist gekennzeichnet durch die Bereitschaft, zu erkennen, was ist. Wahrnehmung, die an ein Glaubenssystem gebunden ist, kann nur wahrnehmen, was im Rahmen des Glaubenssystems als wahrnehmbar gilt. Zum bewussten Wahrnehmen gehört das Hören im Sinne eines Lauschens. Der Unterschied zwischen Hören und Lauschen ist ein qualitativer, Lauschen umfasst mehr Sinne als nur das Hören mit dem biologischen Ohr. Wenn man lauscht, dann hört man nicht »hin«, sondern nimmt das zu erfassende Objekt bzw. den Zustand »in sich auf«. Lauschen – ein »schauendes« Hören, das nicht nur im Ohr stattfindet, sondern eine Erfahrung ist, die alle Sinne mit einbezieht. Lauschen – ein Ahnen, das im Körper Erinnerungen an schon immer Gewusstes weckt.

Vogelklang-Lauschübung

Setze dich in bequemer, aufrechter Haltung an einen »Vogelort« deiner Wahl.

Konzentriere dich darauf, über bewusste Atmung deinen Körper zu empfinden.

Reibe deine Handflächen; lege drei Atemzüge lang die gewölbten Handflächen über die Ohren.

Schließe die Augen und richte deine Aufmerksamkeit auf den Gesang der Vögel.

Wo in deinem Körper hörst du den Gesang?

Gehe mit deinem Atem an die Stelle, an der du den Gesang besonders intensiv aufnimmst.

Wandere mit deiner Aufmerksamkeit von dieser Stelle aus durch deinen Körper, durchstreife jeden Winkel.

Dein ganzer Körper ist Ohr.

Sei dir bewusst, dass jede deiner Zellen dem Vogelklang lauscht und in sich aufnimmt.

Nun atme den Vogelklang bewusst tief ein. Dein Atem trägt den Klang in deinen Körper.

Beim Ausatmen sei dir bewusst, dass dein Atem etwas vom Klang deiner Zellen wieder nach außen gibt, zurück in den Vogelgesang.

Spinne mit jedem Einatmen und jedem Ausatmen feine Klangfäden zwischen dir und dem Vogelklang.

Irgendwann wird der Vogel, der singt, in dir singen.

Irgendwann ist kein Unterschied mehr da zwischen dem Klangfeld des Vogels und dem Klangfeld deiner Zellen.

Diese Übung kannst du auch zum Erlauschen anderer Tiere oder Klänge anwenden, beispielsweise zum Erlauschen des Windes, der Bäume, des Wassers.

Der »Gesang« der Zellen: Die Membranen verschiedener Zellen schwingen in spezifischen Frequenzen. Die Zellforscher James Gimzewski und Andrew Pelling von der University of California können diese Vibrationen für menschliche Ohren hörbar machen.

Rituale

Langjährige Erfahrungen in schamanischen Traditionen indigener Völker haben mich gelehrt: Es ist notwendig, sich in einen Zustand der Wachheit und Zentrierung zu bringen, bevor man in die Begegnung mit dem »Geist eines anderen Wesens« geht. Vielfältig sind im Schamanismus die Techniken, sich darauf vorzubereiten.

Diese Vorbereitung ist eine bewusste rituelle Handlung mit der Absicht der Einbindung in einen geschützten Raum innerhalb des Bewusstseinsfelds.

In welcher schamanischen Tradition diese Rituale der Annäherung an die geistigen Welten auch wurzeln mögen – es gibt doch eine Reihe gemeinsamer Merkmale:

Rituelle Reinigung
Räucherwerk, Waschungen, Pflanzenessenzen, naturbelassener Tabak.

Anrufung, Einladung und Abwehr nichtsichtbarer Kräfte
Gesänge, gesprochene Worte, Klänge – zum Beispiel Blätterbüschel, Klangschalen, Zimbeln, Rasseln, Trommel, Flöten.

Rituelle Gaben
Versprühen von Alkohol, Pflanzenessenzen.
Verstreuen von Kräutern, Blüten, Mehl.
Räucherwerk: Verbrennen von Harzen und pulverisierten Rinden einheimischer Bäume, Heilpflanzen, von naturbelassenem Tabak.

Warum diese oft langwierigen Vorbereitungen? Warum sind die willentlichen Besuche in Anderen Welten des Bewusstseins in Rituale eingebunden?

»Ritus, Ritual« bedeutet »Anordnung, Reihenfolge«. Rituale strukturieren, begrenzen, spiegeln im Äußeren eine innere Ordnung. Rituale, die keine Alltagsrituale sind, sondern in einem spirituellen Zusammenhang stehen, spiegeln die jeweilige Vorstellung der kosmischen Ordnung.

In vielen schamanischen Traditionen wird die Ordnung der Schöpfung in den rituellen Abläufen der Zeremonien dargestellt. In jedem Moment kehrt die Zeit zum Ursprung zurück. Ausdehnung und Zusammenziehung, Ausatmen und Einatmen sind Ausdruck dieser kontinuierlichen Schöp-

Ritualwerkzeuge.

fung. Dieses Urgesetz findet im nordischen Runenalphabet Ausdruck in der Rit-Rune, der ersten Silbe des Wortes »Ritual«.

Die Ordnung des schamanischen Kosmos beinhaltet unter anderem die Erkenntnisse: Alles, was ist, hat einen Geist. Und: Alles Lebendige ist beseelt.

Entsprechend der Vielfältigkeit der Erscheinungen von Leben ist jede Erscheinung – ob sichtbar oder nichtsichtbar – Teil der kosmischen Sinfonie mit einer einzigartigen »Note«.

In diesen Erfahrungserkenntnissen sind die Antworten auf die Frage nach dem Sinn sorgfältig vorbereiteter und ausgeführter »Rituale der Wahrnehmung« zu finden: Wenn alles, was ist, einen Geist hat und wenn alles Lebendige beseelt ist, dann muss »mein Geist« darauf vorbereitet werden, einem »anderen Geist«, einem anderen Seelenfeld zu begegnen, ohne dass mein Geist und mein Seelenfeld dabei Schaden nehmen, ohne dass einem anderen geschadet wird.

Ein Zustand der Wachheit und gleichzeitigen Entspannung in Körper und Geist sind die besten Voraussetzungen für diese bewusste Begegnung. In diesem Zustand bin ich »bei mir« ohne Verhaftung an Vorstellungen und Erwartungen und kann so die Begegnung mit etwas mir nicht Vertrautem zulassen, ohne meine geistige und seelische Stabilität zu gefährden.

Ob ich dem Geist eines Tiers begegne, dem einer Pflanze oder eines anderen Wesens – ich begegne einem Schwingungsfeld, einem Klang und Informationen, die verschieden sind von denen meines Geistes. In der rituellen Vorbereitung verankere ich mich in meinem geistigen Feld und kann aus dieser Zentrierung heraus bewusst dem »Geist des Tiers« begegnen, mich auf dessen Klangfeld einschwingen, mich mit ihm verbinden und austauschen.

Eine unvorbereitete Begegnung mit dem »Geist von etwas« kann in eine Konfrontation führen, die unter Umständen den eigenen Geist, das Feld der Seele und auch den Körper aus seiner Ordnung wirft. Rituale stellen nicht nur äußerliche Ordnungen her, sie schützen auch die inneren Ordnungen.

> »Wenn das Ritual und das Eintreten in die morphischen Felder ein Eintreten in unsere Tiefen sind, dann wird alle Zeit – Vergangenheit, Gegenwart und Zukunft – dort zusammenkommen, und infolgedessen können sich einige erstaunliche Dinge ereignen.«
> Matthew Fox

Indem die rituellen Handlungen stets auf die gleiche Weise vollzogen werden, tritt man in Resonanz mit jenen, die das Ritual in der Vergangenheit vollzogen haben. Rituale machen die Absicht, willentlich einen geistigen Raum zu betreten, sichtbar, hörbar, riechbar. Rituale ziehen Zäune zwischen den voneinander verschiedenen Welten und Wirklichkeiten, um deren Ordnungen, Informationen und Kräfte nicht zu verwirren.

Das Ritual des »Draußensitzens«

Aus den alten und auch aus den lebendigen Traditionen des Schamanentums vieler Völker sind Techniken bekannt, dem Geist eines Tiers zu begegnen. Diese in Rituale eingebundenen Techniken bewirken, dass Wahrnehmungskonzepte losgelassen werden und der Blickwinkel so verändert wird, dass die »wahre« Wirklichkeit erfahren werden kann.

> »Was immer es für Lehren und Anschauungen gibt – sie kommen aus dem Inneren des Einzelnen. Wir sind selbst unsere Lehrer, Lehren und Techniken können nur den Weg weisen. Lehren sind der ›Fingerzeig‹, der zum Mond weist.«
> D.T. Suzuki

Bewusste Atmung, Drehtanz, rituelle Körperhaltungen, Fasten und Rückzug, rhythmisches Trommeln, ritueller Gesang, Mantras, entheogene Pflanzen sind einige der Wege, die in den Zustand des »Sehens«, der Erkenntnis von Wirklichkeit führen können.

Auch aus den mythischen Überlieferungen Nordeuropas ist uns ein Weg der Erkenntnis bekannt – das »Draußensitzen«. Die Mythen erzählen von den Völven, den Seherinnen, den Spähfrauen, die durch zielgerichtete Versenkungsübungen »wahrnahmen, die sahen, was ist und was kommen wird«. Sie wurden »Die, die draußen sitzen« genannt, weil sie fern menschlicher Siedlungen vor allen nachts allein auf einem besonderen Platz in der Natur saßen, vorzugsweise an Kreuzwegen. Das »Draußensitzen« erforderte Loslösung aus den Verstrickungen des Alltags, Stille und Konzentration.

Felszeichnung, »Tanzender Mann im Zustand einer Ekstase«, Tom-Fluss, Sibirien, zirka 2500 v. u. Z.

Aus den überlieferten Texten lässt sich vermuten, dass »Draußensitzen« gekennzeichnet war von entspannter Sitzhaltung, Atemübungen, der Konzentration des Geists, Visualisierungen, Anrufungen und Beschwörungen und dem seherischen Zustand einer Trance. Ein anderer Begriff aus dem alten nordischen Kulturkreis für das »Draußensitzen« ist *útiseta*. Von *útiseta* wird in den Überlieferungen immer im Zusammenhang mit der Kontaktaufnahme zur Welt der nichtsichtbaren Wirkungskräfte der Ahnen, Naturerscheinungen und Geistern gesprochen.

Nicht nur Mythen, sondern Archäologen, Kunsthistorikerinnen und Ethnobotaniker erzählen in ihren Forschungen von einer ganz und gar nicht »grauen Vorzeit« unserer abendländischen Kulturen. Sie erzählen anhand archäologischer Funde und Bildzeugnisse von Zeiten, in denen die Suche nach Erkenntnis und Wissen einherging mit »der Lust an Erfahrung, Zuständen der Ekstase, dem ›gesellschaftsfähigen‹ Umgang mit nichtsichtbaren Kräften und Welten«.

Mit der Absicht, uns rituell mit dem Geist eines Tiers vertraut zu machen, befinden wir uns in bester Gesellschaft, denn wir begeben uns durch diese in Rituale eingebundene Erfahrung in Resonanz mit dem Geist derjenigen, die vor uns »draußen gesessen haben«.

> »Die Wirklichkeit ist nicht darstellbar, aber doch erfahrbar. Erfahrung der Wirklichkeit bedeutet demnach, dass die Wirklichkeit und ihre Wahrnehmung ein und dasselbe sind.«
> Ken Wilber

Wenn du die Absicht hast, »draußen« zu sitzen, um mit dem Geist eines Tiers in der freien Natur bewusst in Verbindung zu treten, ist es ratsam, diese Begegnung sorgsam vorzubereiten:

Achte darauf, dass du keinen künstlichen Geruch an dir trägst, wenn du »draußen sitzen« willst: kein Parfüm, wasche dich vorher 1 bis 2 Tage lang nicht mit parfümierter Seife, Haarwaschmittel usw.

Suche dir einen Platz, der für dich ein besonderer, geschützter und kraftvoller Platz ist.

Suche diesen Platz einige Male zu verschiedenen Tages- oder Nachtzeiten auf, um dich mit dem Geist dieses Platzes vertraut zu machen.

Bringe den Wesen dieses Platzes Gaben – Speisegaben, bunte Bänder, ein Lied.

Finde heraus, welche Tag- oder Nachtzeit für dich zum Verweilen an diesem Platz »richtig« ist.

Wenn du mit einem bestimmten Tier und dessen Geist Kontakt aufnehmen willst, finde heraus, zu welcher Tag- oder Nachtzeit dieses Tier aktiv ist.

Achte darauf, ob du dich an dem ausgesuchten Platz von Menschen ungestört längere Zeit aufhalten kannst.

Achte darauf, dass du durch keine zeitliche Einschränkung behindert wirst.

Sei dir bewusst, welche deine innere Absicht ist, mit der du in die Begegnung gehen willst. Diese innere Absicht zentriert die Aufmerksamkeit, öffnet die Empfangssensoren.

Einige Hinweise zur praktischen Durchführung des »Draußensitzens«

Wenn du an deinem Platz sitzt und dir deiner Absicht bewusst bist, gehe mit dem Atem in die Entspannung und Zentrierung (siehe »Atemübung« nächste Seite), schaffe Platz in dir, damit du Neues aufnehmen kannst.

Reibe deine Hände, aktiviere durch Rubbeln Nase und Ohren, massiere leicht dein Drittes Auge.

Richte Deine Aufmerksamkeit mit weichem Blick auf die Umgebung. Nimm sie in dich auf, ohne zu werten, ohne einen Eindruck festzuhalten.

Verbinde dich mit allem, was du wahrnimmst, durch einige Atemzüge. Erst mit dem, was nahe bei dir ist – dem Gras, Busch, Baum. Dann mit dem, was entfernt von dir ist – dem Wald, Feld, Himmel, Wolken.

Nimm dich wahr als Teil der dich umgebenden Natur.

Richte deine Aufmerksamkeit auf das Lauschen.

Mit jedem Atemzug weitest du deine Ohrmuscheln, so dass du immer feinere Töne und Klänge erlauschen kannst.

Verbinde dich mit den Klängen – dem Wind, dem Rascheln im Baum, im Gras, dem Wispern und Rufen der Tiere.

Überlege nicht, was oder wen du da hörst – versuche dich berühren zu lassen von der Umgebung. Erspüre die Qualität des Klangs.

Wenn du Tiere siehst, nimm sie nicht mit »Tierkundler-Augen« wahr.

Lass deinen Atem und deine Aufmerksamkeit zu ihnen strömen, ohne Wertung.

Lass aus deinem Dritten Auge Energiefäden zum Tier hin fließen. Lass die Energiefäden vom Tier zurück zu dir fließen.

Richte deine innere Aufmerksamkeit darauf, dass über die Fäden Informationen von deinem Geist zum Geist des Tiers fließen und dass du über die vom Tier zu dir fließenden Energiefäden Informationen vom Geist des Tiers empfängst.

Sei dir dieses Austauschs bewusst, ohne darüber nachzudenken, welchen Inhalt diese Informationen haben.

Wenn es für dich stimmt, den Kontakt zu beenden, ziehe die von dir ausgesandten Energiefäden wieder zurück in dein Drittes Auge.

Welche Art der Annäherung an das Erkennen des »Geists von etwas« du auch wählst: Es ist ratsam, sich mit der folgenden zentrierenden Körperübung sowie nachfolgenden Ritualen der Reinigung, Anrufung und der rituellen Gabe auf die Erfahrung vorzubereiten.

Atemübung zum Zentrieren und Sammeln der Aufmerksamkeit

Mit dem Atem, der die Außenwelt mit unserer Körperwelt verbindet, nehmen wir nicht nur Luft auf (Sauerstoff, Stickstoff, Edelgase, Kohlendioxid, Wasserstoff), sondern »Informationen des Lebens«. Geschieht dieses Atmen mit Aufmerksamkeit und Absicht, können wir durch unseren Atem auch willentlich neue Informationen aufnehmen und abgeben in das Lebensfeld, dessen Teil wir sind.

Stelle dich aufrecht hin, mit weich gebeugten Knien.

Reibe dir die Hände, rubbele deine Ohren.

Atme durch die Nase ein, die Zunge liegt am Gaumen an.

Atme durch den Mund aus, die Zunge liegt nicht am Gaumen an.

Richte deine Aufmerksamkeit auf den Atem und durchwandere mit dem Atem deinen Körper – vom Gesicht bis zu den Füßen. Verweile mit zwei Atemzügen in jedem Körperteil, entspanne den Körperteil.

Wenn du auf dieser Atemwanderung durch deinen Körper in deinen Füßen angelangt bist, atme mehrmals tief in deine Füße, spüre deine Fußsohlen, spüre die Verbindung der Füße zur Erde.

Lass mit deinem Atem Wurzeln aus deinen Füßen wachsen, tief in die Erde hinein. Spüre mit deiner Aufmerksamkeit den Wurzeln nach.

Richte nun deine Aufmerksamkeit auf die Luft, die dich umgibt. Atme mehrmals tief ein und aus und verbinde dich über deinen Atem mit der Luft, dem Wind, den Wolken, dem Himmelsraum über dir.

Richte deine Aufmerksamkeit auf den Klang, der dich umgibt – das Geräusch des Windes, der Bäume und Tiere. Lausche, ohne die Geräusche deuten zu wollen. Lausche.

Ziehe mit fünf tiefen Atemzügen die Kraft der Erde im Körper hoch bis in den Kopf, und atme diese Kraft als vitalisierende Dusche aus.

Richte deine Aufmerksamkeit auf das Dritte Auge, atme dreimal tief in diesen Punkt ein, aktiviere ihn mit deiner Aufmerksamkeit und dem Atem.

Kurzübung zur Zentrierung und Sammlung von Aufmerksamkeit

Die Hände reiben, das Gesicht sanft durchkneten und massieren.

Mehrmals mit den Händen über die Stirn und den Kopf nach hinten streichen.

Die Hände reiben, die Ohren gut durchkneten und rubbeln.

Mit gebeugten Knien aufrecht stehen, die Schultern sind entspannt.

Spüre den festen Stand und die Verbindung zum Boden.

Atme drei Mal tief ein und aus.

Das Ritual der Reinigung

Funde und mythische Überlieferungen aus der Frühzeit der Menschheit erzählen von rituellen Waschungen und Räucherungen als Vorbereitung auf spirituelle Praktiken. Bevor heilige Stätten betreten werden durften, bevor man die Stimmen der Seherinnen hören und vor geistige Führer treten konnte, ließ man in rituellen Reinigungszeremonien den »Staub« der Alltagswelt hinter sich. Die Elemente Feuer und Wasser in ihrer vielfältigen Anwendungsmöglichkeit sind die klassischen Elemente der Reinigung. Wichtig an der rituellen Reinigung ist nicht so sehr, womit oder wodurch man sich reinigt und damit die Alltagswelt mit ihren Anbindungen hinter sich lässt; entscheidend ist die innere und äußere Achtsamkeit, mit der diese Handlung vollzogen wird. Geleitet durch wache Aufmerksamkeit wird das Waschen der Hände in Wasser oder einem Kräuteraufguss, das Benetzen

Rituelle Reinigung.

des Gesichts mit einer Pflanzenessenz, das Abwedeln des Körpers mit Rauch nicht zu einer symbolischen Handlung, sondern zu einer wirklichen Reinigung. Wirkliche Reinigung, das Sichentledigen des an uns haftenden energetischen Ballasts, ist spürbar.

In schamanischen Kulturen wird das rituelle Bad vor allem als »Schutzmittel« angewandt, weil es den Körper vom menschlichen Geruch befreit. Menschlicher Geruch wird oft als etwas angesehen, was die Geister erregen kann. Dem starken Duft von Zweigen und Pflanzen wird zugeschrieben, dass er jeden menschlichen Geruch übertönt.

Wacholder, Beifuß, Salbei, Thymian, Rosmarin – Kräuter mit schützender und klärender Wirkung – eignen sich gut für eine Räucherung: Die getrockneten Pflanzen auf Räucherkohle streuen oder zum Räucherstab gewickelt, zum Glimmen bringen und den würzigen Rauch über den Körper streichen lassen.

Die rituelle Reinigung durch das Räuchern von Pflanzen verbindet Welten und Elemente in besonderer Weise. Verwurzelt in der Erde, der Unteren Welt – gewachsen auf der Erde, der Mittleren Welt – genährt vom Feuer der Sonne und von dem Regen aus der Oberen Welt: Jede Pflanze ist Abbild des alle schamanischen Welten verbindenden Weltenbaums, des Baums der Erkenntnis.

Das Ritual der Anrufung

Die Anrufung lässt die Absicht hörbar werden, sich mit den unsichtbaren Kräften zu verbinden und diese für eine bestimmte Zeit in die menschliche Welt einzuladen, um zum Beispiel Hilfe bei Heilung, Lebenskrisen und zur Erkenntnis zu erhalten.

Für die Anrufung gibt es keine Regel, keine Vorschrift. Oft ergeben sich die Wörter aus der Praxis der Erfahrung. Das, was man ausspricht, sollte der eigenen Art und Anschauung entsprechen.

Als kleine »Worthilfe« hier zwei bewährte Anrufungen:

»Geist der Ahnen, Geist der Pflanzen und Tiere, hört, was ich erbitte:
Segnet uns und unsre Gaben nach uralter Sitte.
Gewährt uns Schutz, Weisheit und heilsames Wirken.
Durch Erkenntnis und Einsicht führt uns ins Verstehen.
Gabe um Gabe – so soll es geschehen.«

»Komm, Geist der Ahnen, der Tiere und Pflanzen,
ich lade dich ein, unser Gast und Begleiter zu sein.«

Bewährt zum Zwecke des Ausschließens von störenden oder Schaden bringenden Kräften hat sich dieser aus dem irischen Kulturgut stammende Spruch:

> »Die sollen kommen, die kommen wollen,
> und die sollen gehen, die gehen wollen.
> Die sollen bleiben, die bleiben wollen,
> ohne uns einen Schaden anzutun.«

Ein in allen schamanischen Kulturen und Naturverehrungsgemeinschaften bekanntes Ritual des Schutzes, der Abwehr störender Kräfte ist das äußerliche Ziehen eines Kreises. Hierdurch werden eine Begrenzung nach außen und eine geistige Stärkung derer, die im Kreis sind, bewirkt. Entscheidend für diese Wirkung ist, wie bei allen Ritualen, die innere Absicht. Befindet man sich in einer Situation, in der man äußerlich keinen Kreis ziehen kann, bewirkt die Konzentrierung auf die Vorstellung eines Kreises um sich herum auch eine Veränderung des eigenen Informationsfelds – als ein in diesem Moment vor störenden geistigen Kräften geschütztes Feld. Bis heute ist es noch auf einigen Alpenalmen üblich, am Abend in alle vier Himmelsrichtungen eine Anrufung für Schutz und Segen zu sprechen. Alte Worte aus vorchristlicher Zeit sind hierbei mit christlichen Anrufungsformeln verbunden.

»Hia und um diese Alp umä da gaht ä goldigä Ring, darin sitzt Maria mit irem härzallerliäbschte Chind. Hiä und um disi Alp umä da gaht ä goldigä Thron ...« (Hier und um diese Alp herum, da geht ein goldener Ring, da sitzt Maria drin mit ihrem herzallerliebsten Kind. Hier und um diese Alp herum geht ein goldener Thron ...)

In einigen Dörfern am Reschenpass gehen in der Nacht zum ersten Januar junge Männer von Haus zu Haus und singen Lieder, in denen den Hausbewohnern Glück gewünscht wird. Eines dieser Lieder beginnt mit dem magischen Wunsch: »Mia ziachns den Fodn wohl ummadumms Haus.« (Wir ziehen den Faden wohl rund um das Haus.)

Die rituelle Gabe

Nach der rituellen Reinigung, dem Schließen des Kreises und der Anrufung folgt der Moment des »Gebens«. Dieses Geben ist ein äußerer Ausdruck eines inneren Gebens mit der Absicht, bei den angerufenen Kräften »etwas« zu bewirken – Schutz, Unterstützung, Begleitung, Erkenntnis, Einsicht. Die Handlung des Gebens richtet sichtbar die Aufmerksamkeit auf die Verbindung mit den geistigen Kräften. Dieses Geben wird in unserem abendländischen Kulturkreis als »Opfer« bezeichnet. Der Begriff des »Opfers« entstammt dem Kirchenlatein des 16. Jahrhunderts und wurzelt in dem Begriff »operieren« mit der Bedeutung von »arbeiten, wirken, bewirken«.

Anstelle des Begriffs »Opfer« ziehe ich »rituelle Gabe mit der Absicht, etwas zu bewirken« vor – gerade weil diese Umschreibung langatmiger ist, das heißt einen längeren Weg des Atems, der Konzentrierung umfasst. Rituelle Gaben für die Kräfte der geistigen Welten lassen sich in allen Kulturen bis weit zurück in die Frühzeit der Menschheit durch archäologische Funde bezeugen. Vielfältig waren die rituellen Gaben in den europäischen Kulturen: Früchte, Blumen, Kräuter, Ähren, Brot, Bier, Milch, Honig, Wein – auch Tieropfer, wahrscheinlich auch Menschenopfer.

Nicht nur wir Menschen, Tiere und Pflanzen haben einen eigenen Geist, ein unverwechselbar eigenes Klangfeld. Auch Landschaften sind Träger von Informationen, haben ein besonderes Schwingungsfeld. Rituelle Gaben, die der Landschaft, in der das Ritual stattfindet, entsprechen, können sehr unterstützend auf das Ritual einwirken.

> Bernard von Morlaix, Autor ekstatischer Dichtungen, schrieb um 1140: »Hört auf einen erfahrenen Mann … Bäume und Steine werden euch mehr lehren, als ihr aus dem Mund eines Doktors der Theologie lernen könnt.«

Durch die willentliche Veränderung der Wahrnehmungsfilter können Geschehnisse eine andere Bedeutung gewinnen, unzusammenhängende Begegnungen oder Ereignisse können unvermutete Verbindungen herstellen. Ob diese Bedeutungen gesehen und erkannt werden und wie das Erfahrene in die alltägliche Wirklichkeit integriert werden kann, hängt sowohl von der inneren Reife als auch von einer stabilen Verwurzelung in »der Welt« ab.

Trancereisen

Trancereisen, die durch eine rituelle Körperhaltung und den schnellen Rhythmus von 210 bpm in einen veränderten Wahrnehmungszustand führen, eignen sich mit etwas Übung sehr gut dafür, den Wirklichkeiten von Geisttieren zu begegnen und willentlich mit dieser Wirklichkeit umzugehen.

Es ist allen Menschen – nicht nur einem Schamanen – möglich, eine Tranceerfahrung zu machen und in einem das Bewusstsein verändernden schamanischen Ritual nichtmenschliche Seinsformen zu erfahren. Diese Erfahrung geschieht unter Einbeziehung aller Sinne. Es ist eine Erfahrung des Erkennens der vielfältigen Vernetzung aller Lebensformen.[7]

7 Siehe auch Kapitel »Schlangenhirsch und Wolfsvogel – Eine tierische Tranceerfahrung«, Seite 155. Buch- und Internethinweise zum Thema »Rituelle Körperhaltungen« siehe »Literatur«, Seite 202.

Eine Feder ist mehr als eine Feder – Der Kreis schliesst sich

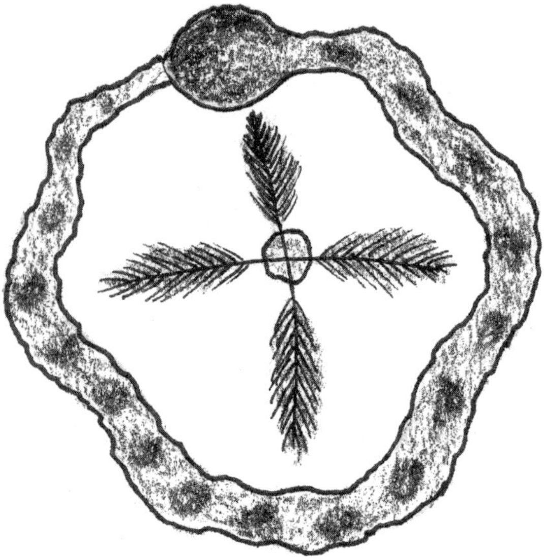

»Es wartet vielleicht um die Ecke
Ein Tor, ein Durchschlupf in der Hecke
So oft ging ich daran vorbei
Doch kommt der Tag da geh ich frei
Den Weg, der ins Geheimnis führt
Wo West die Sonne Ost den Mond berührt.«
J. R. R. Tolkien

Sonntagnachmittag, das Ende des Seminars »Vom Geist der Tiere« naht. Sonne und Wind sind uns wohlgesinnt, so dass wir uns zum Schlusskreis auf der Wiese zusammensetzen können.

Gemeinsam haben wir neue Türen zum Informationsfeld »Geisttiere« erfahren können und manche auch einen Spalt breit geöffnet.

Gemeinsam haben wir neue Blickwinkel und Möglichkeiten an Wirkungszusammenhängen erkannt, hinterfragt und erörtert.

Genug ist geredet worden.

Eine Feder ist eine Feder.

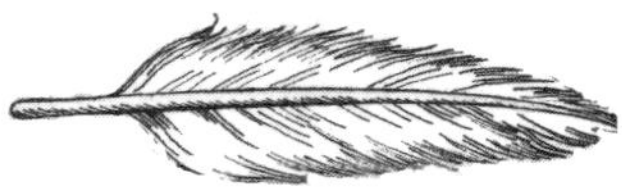

Die Wildgansfrau tritt in die Mitte des Kreises. In der Hand hält sie ihre Feder. Sie beginnt, sich langsam um die eigene Achse zu drehen. Sie singt. Erst ist es wie ein Raunen, dann entwickelt sich aus jeder Drehung heraus ein intensiver tönender Klang. Er scheint aus dem Boden hoch zu steigen, immer höher werdend, bis er rufend, klagend, fragend, sehnsüchtig aus dem weit geöffneten Mund der Wildgansfrau strömt und sich mit dem Wind verbindet. Die Wildgansfrau hat ihren Blick unverwandt auf die Feder in der erhobenen Hand gerichtet. Sie dreht sich, dreht sich. Der Kreis dreht sich um sie, sie steht still, ein Mittelpunkt des Universums. Plötzlich bleibt sie stehen, beugt den Kopf tief hinunter zu Erde, verharrt. Langsam richtet sie sich wieder auf, wendet ihren Blick den Menschen im Kreis zu. Mit einem tiefen Atemzug verbindet sie sich mit jeder ihrer Geistsuche-Gefährtinnen: mit der Schlangenfrau, dem Hirschfellmann, dem Eulenmann, der Rabenfrau, der Krötenfrau, dem Hirschgeweihmann, der Bärenfrau, dem Bärenmann, der Schwanenfrau, der Adlerfrau, dem Krähenmann.

Sie wendet sich der Schlangenfrau zu, wedelt leise singend mit der Feder über ihren Kopf. Auf diese Weise wendet sie sich mit ihrer Aufmerksamkeit jeder zu. Sie hat ihren Kreis-Lauf beendet, steht wieder in der Mitte, verbeugt sich tief in die vier Himmelsrichtungen und nimmt ihren Platz im Kreis ein.

Niemand spricht, aber es ist für jede spürbar: irgendetwas hat sich verändert, es ist ein leichtes, weites, flirrendes Schwingen im Kreis. Es ist eine sanfte, süße, stille Freude in jeder. Die Wildgansfrau hat eine »andere« Qualität in unseren Kreis gebracht. Durch den Gesang? Durch die Bewegung oder die Feder?

Weder der Gesang noch die Bewegung noch die Feder haben das bewirkt. Hätten wir ihr Ritual gefilmt und eine professionelle, an Schamanismus oder Heilung nicht interessierte Schauspielerin gebeten, das Ritual detailgetreu im Kreis von willkürlich zusammengeführten »Normal-Personen« zu wiederholen – es würde genau so aussehen wie das Ritual der Gänsefrau. Ich behaupte aber, dass diese Vorführung nicht die Qualität der Wirkung hätte, die das Ritual der Wildgansfrau gehabt hat.

Ritualobjekte, die in geistiger Arbeit eingesetzt werden, um heilsame Veränderungen für den hilfesuchenden Menschen zu bewirken, sind nicht automatisch wirksame Ritualwerkzeuge, nur weil sie von einem heiligen Tier oder heiligen Ort stammen. Sicherlich trägt ein Stein von einem »energetisch starken geistigen Ort« eine andere Information als ein Stein gleicher mineralischer Zusammensetzung von einem »gewöhnlichen Ort«.

In den Händen eines Menschen, der lediglich an Gesteinskunde interessiert ist, bleibt vermutlich jeder Stein ein Stein mit den überprüfbaren Eigenschaften des Gesteins.

In den Händen von Menschen, die aus einem geistigen Feld heraus willentlich mit nichtsichtbaren Kräften und Informationen umgehen, um heilend zu wirken, kann aus einem Stein auch etwas anderes werden: Ein Instrument zur Übertragung von Informationen und Energien in unsere sichtbare Wirklichkeit. Diejenigen, die das können, sind in der Wirksamkeit ihrer Arbeit nicht an äußerliche, beeindruckende Objekte gebunden.

Wer integer in einer geistigen, heilenden Arbeit steht, benötigt nichts weiter als:

- das Geschenk einer Begabung zum Heilen,
- eine lebenslange Arbeit an sich selbst als ein ständiger Prozess des Erkennens des eigenen Geists,
- eine von Machtabsichten und Ego-Bezogenheit unabhängige Verbundenheit mit dem geistigen Feld, in dem man zu Hause ist und mit dessen Informationen und Energien man wirken will.

Dieses Wirken kann sich nur wirksam entfalten, wenn sich die »Empfänger« auf »Empfangen« einstellen. Heilsames Handeln bedarf der Bereitschaft der »empfangenden« Person, sich in das Wirkungsfeld der wirkenden Person einzulassen.

Manchmal ist eine Feder doch mehr als nur eine Feder.

Wir stehen im Kreis, vor jeder von uns liegen jetzt keine Federn, Häute, Zähne, Krallen und kein Geweih mehr – vor uns liegen wirksame Ritualwerkzeuge, Antennen zur Kontaktaufnahme mit dem Bewusstseinsfeld, dem Feld der Geisttiere. Aus dieser Verbindung heraus werden wir unser Leben und somit das Leben unserer Gemeinschaften immer wieder neu mit heilsamen Aspekten bereichern, mit dem Gewebe des flirrenden Lebensnetzes allen Seins verknüpfen.

Ein Dank an das Leben

Ich trete in die Kreismitte, werfe meine Dankesgaben an die Geister hoch in die Luft, in alle vier Richtungen und auf die Erde.

Der Hirschfellmann zieht ein blankpoliertes Rinderhorn aus seiner Tasche, die Schwanenfrau füllt es mit Holundersekt. Sie sprenkelt einige Tropfen hoch in die Luft und auf die Erde, als Dank an die Mutter aller Geschöpfe, die alte Holle. Das Horn macht im Kreis die Runde, jede spricht einen stillen Dank an die Lebenskräfte, sprenkelt einige Tropfen auf die Erde und trinkt.

Die Krötenfrau tritt in den Kreis, legt die getrocknete Kröte in die rechte Hand, hebt sie hoch, der linke Arm weist zur Erde. Sie dreht sich langsam, sehr langsam um sich und spricht den alten, leicht veränderten Spruch des irischen Zauberers Amergin:

»Ich bin der Wind, der auf die See atmet.
Ich bin die Woge des Meers.
Ich bin das Rauschen der Wellen.
Ich bin der Ochse der sieben Schlachten.
Ich bin der Geier auf dem Felsen.
Ich bin ein Strahl der Sonne.
Ich bin die Schönste der Pflanzen.
Ich bin ein wilder Eber an Kühnheit.
Ich bin ein Lachs im Wasser.
Ich bin ein See in der Ebene.
Ich bin ein Wort der Weisheit.
Ich bin die, die in Haupt und Herz das Feuer schafft.
Ich bin.«

Sie verbeugt sich tief hinunter zur Erde, streckt dann ihre Arme hoch in die Lüfte. Die Krötenfrau – eine Menschenfrau, die über das energetische Informationsfeld ihres Körpers, mit wachem Geist und aufmerksamem Handeln die Welten des Seins verbindet. Sie wickelt ihre Kröte sorgsam in ein Tuch und reiht sich wieder in den Kreis ein.

Wir greifen zu unseren Trommeln und Rasseln und verwirbeln unsere Freude und unseren Dank dafür, dass wir »sind«, mit feurigen, kraftvollen Rhythmen in die Lüfte, über die sanften Sonntagsberge der Voralpen. Ich lege meinen Kopf in den Nacken und blicke beim Trommeln hoch in den sommerblauen Himmel – ein Habicht zieht seine Kreise, Lerchen schwirren mit schnellem Flügelschlag über unserem Kreis. Unser wilder Klang scheint ihnen zu gefallen, bestimmt werden sie einige neue Töne daraus in ihren Gesang mit aufnehmen ...

Ich lege meine Trommel vor mich ins Gras, eine nach der anderen folgt meinem Beispiel. Wir fassen uns an den Händen, spüren die Verbundenheit im Kreis.

Ich schließe den Kreis unserer gemeinsamen Zeit:
Lasst uns gehen mit Segen und Schönheit vor uns.
Lasst uns gehen mit Segen und Schönheit hinter uns.
Lasst uns gehen mit Segen und Schönheit über uns.
Lasst uns gehen mit Segen und Schönheit unter uns.
Lasst uns gehen mit Segen und Schönheit in unseren Gedanken.
Lasst uns gehen mit Segen und Schönheit in unseren Worten.
Lasst uns gehen mit Segen und Schönheit in unseren Taten.
Möge es allen Wesen gut ergehen!

Danksagung

Es war und ist ein oftmals anstrengender und unbequemer Weg, auf dem mich weise, heilkundige Frauen und Männer aus Europa und aus schamanischen Kulturen Südamerikas und Nepals in die Welten des Geistes und der Geister geführt haben – und darin auch weiterhin begleiten. Ihnen gilt mein tiefer Dank dafür, dass ich lernen konnte, die Vielfältigkeit der Wirklichkeiten zu erkennen und das Erkannte heilsam für mich und andere in das Lebensnetz einzuweben.Mein besonderer Dank gilt dem Shipibo-Schamanen Reshin Nika:.Irake!

Der Star Jakob, der Waschbär Woody, das Eichhörnchen Ricky, die Schildkröte Verdi, der Hund Bablin und Eduard, der Frosch aus unserem Gartenteich waren geduldige Hauslehrer, ohne die ich viele tiefe Einsichten in den Geist des Lebens nicht erfahren hätte. Eine Extraportion Futter ist ihnen gewiss!

Die Kräuter- und Zauberfrau Johanna Herzog hat ihr heilsames Wissen über die Pflanzengeister mit mir geteilt, danke für diesen geist-reichen Zugang!

Angelika Berger, Susanne Clemens, Gunni Falkner, Edelgard Seebauer und Renate Vetter haben während meiner Arbeit an diesem Buch dazu beigetragen, geistige Vernebelungen zu klären und verborgenes Quellwissen aufzufinden. Ich danke dafür mit einem verwirbelnden Trommelklang!

Mein Mann Bruno Martin hat mich immer wieder ermutigt, unbequeme Fragen zu stellen, nicht erwartete Antworten zu finden und verborgene Wege zu gehen. Ohne seinen offenen Geist und seine stärkende, geduldige Unterstützung hätte ich dieses Buch nicht verwirklichen können. Danke.

Nana Nauwald geboren 1947, Künstlerin, Autorin, erforscht seit 27 Jahren die Welten des Bewusstseins mit den Schwerpunkten Kreativität, Naturerfahrung und Schamanismus. Ihrem Lebensprinzip »Bewegung und Klang« gibt sie in ihren Gemälden, Büchern und als Dozentin für schamanische Rituale der Wahrnehmung Ausdruck. Zentrum ihres Lebens und ihrer Arbeit sind Reisen durch die inneren und äußeren Welten schamanischer Kulturen, vor allem in Nord- und Südamerika, Afrika und Asien. Ihre physische Heimat hat sie in der Lüneburger Heide.

www.visionary-art.de
www.ekstatische-trance.de

Literatur

Arnold, Rudolph: *Das Tier in der Weltgeschichte*, Waldemar Kramer Verlag, Frankfurt a. M. 1939.

Bancroft-Hunt, Norman und Werner Forman: *Totempfahl und Maskentanz – Die Indianer der pazifischen Nordwestküste*, Herder Verlag, Freiburg, Basel, Wien 1980.

Baumann/Derungs/Hellbusch: *Tier und Totem*, edition amalia, Bern 1998.

Bertschi, Hannes: *Masken & Gesichter*, Sphinx Verlag, Basel 1982.

Böttcher, Helmuth: *Gott hat viele Namen – Kulturgeschichte des Gottesbildes*, Europäischer Buchclub, Stuttgart, Zürich, Salzburg o.J.

Brentjes, B. und R. S. Vasilievsky: *Schamanenkrone und Weltenbaum – Kunst der Nomaden Nordasiens*, VEB E. A. Seemann Verlag Leipzig 1989.

Campbell, Joseph: *Der Flug der Wildgans – Mythologische Streifzüge*, Piper Verlag, München, Zürich: 1994.

Campbell, Joseph: *Mythologie der Urvölker – Die Masken Gottes*, Band 1, Sphinx Verlag, Basel 1991.

Clarus, Ingeborg: *Keltische Mythen – Der Mensch und seine Anderswelt*, Patmos Verlag, Düsseldorf 2000.

Cumliffe, Barry: *Die Kelten und ihre Geschichte*, Gustav Lübbe Verlag, Bergisch Gladbach 1980.

Dannheimer, Hermann und Rupert Gebhard: *Das keltische Jahrtausend*, Ausstellungskatalog, Philipp von Zabern, Mainz 1993.

David-Néel, Alexandra: *Heilige und Hexer*, Brockhaus Verlag, Wiesbaden 1984.

Davy, Marie-Madeleine: *Geschöpfe der Sehnsucht – Die Symbolik des Vogels*, Walter Verlag, Solothurn, Düsseldorf 1994.

Derolez, R. L. M.: *Götter und Mythen der Germanen*, Suchier & Englisch Verlag, Wiesbaden 1974.

Drab, Hans: *Das Hirschsymbol*, Lavis Verlag, Trient 1974.

Duerr, Hans Peter: *Sedna oder die Liebe zum Leben*, Suhrkamp Verlag, Frankfurt 1984.

Egli, Hans: *Das Schlangensymbol – Geschichte, Märchen, Mythos*, Walter Verlag, Olten und Freiburg 1982.

Eliade, Mircea, *Magische Geschichten*, Insel Verlag, Frankfurt 1997.

Eliade, Mircea, *Schamanismus und archaische Ekstasetechnik*, Rascher Verlag, Zürich 1954.

Eliade, Mircea: *Das Heilige und das Profane*, rororo, Hamburg 1957.

Esterl, Arnica und Wilhelm Solms (Hg.): *Tiere und Tiergestaltige im Märchen*, Erich Röth Verlag, Regensburg 1991.

Heinz Mode: Fabeltier und Dämonen, Edition Leipzig 1973.

Findeisen, Hans: *Das Tier als Gott, Dämon und Ahne*, Kosmos Bändchen, Stuttgart 1956.

Gehrts, Heino (Hg.): *Schamanentum und Zaubermärchen*, Erich Röth Verlag, Kassel 1986.

Genzmer, Felix (Hg.): *Die Edda*, Eugen Diederichs Verlag, Köln 1982.

Getty, Adele: *Göttin – Mutter des Lebens*, Kösel Verlag, München 1993.

Ghazal, Eluan: *Der Heilige Tanz – Orientalischer Tanz und sakrale Erotik*, Simon und Leutner Verlag, Berlin 1993.

Graichen, Gisela: *Das Kultplatz-Buch*, Knaur Verlag, München 1991.

Günther, Albrecht Erich: *Totem – Tier und Mensch im Zusammenhang*, Deutsche Hausbücherei, Hamburg o.J.

Hantl, Otto: *Der Urglaube Europas*, Grabert Verlag, Tübingen 1983.

Hellbusch, Sigrid und Hermann Baumann, Kurt Derings (Hg.): *Tier und Totem*, edition amalia, Bern 1998.

Hetmann, Frederik (Hg.): *Wie Frauen die Welt erschufen*, Unionsverlag, Zürich 2001.
Hubrich-Messow, Gundula: *Der Storch*, Husum Druck und Verlag, Husum 1996.
Johnson, Buffie: *Die Große Mutter in ihren Tieren*, Walter Verlag, Olten und Freiburg 1990.
Kalweit, Holger: *Das Totenbuch der Germanen – Die Edda, die Wurzeln eines wilden Volks*, AT Verlag, Aarau 2001.
Kaul, Flemming u. a.: *Thracian Tales on the Gundestrup Cauldron*, Najade Press, Amsterdam 1991.
Kölnisches Stadtmuseum: *Masken und Narren – Traditionen der Fastnacht*, Kölnisches Stadtmuseum, Köln 1973.
Kuhn, Adalbert (Hg.): *Märkische Sagen und Märchen*, Herbig Verlag, Berlin 1937.
Lissner, Ivar: *So lebten die Völker der Urzeit*, dtv, München 1979.
Lodbrok, Ragnar und Hrolf Kraki: *Nordische Nibelungen – Die Sagas von den Völsungen*, Eugen Diederichs Verlag, Köln 1985.
Lommel, Andreas: *Masken – Gesichter der Menschheit*, Parkland, Stuttgart 1981.
Lüscher, Geneviève: *Die Hydria von Grächwil*, Chronos Verlag, Zürich 2002.
Magyar Adorjan: *A Csodaszarvas*, A Magyar Adorján Barati Kör kiadasa, Budapest 1997.
Martin, Bruno: *Das Lexikon der Spiritualität*, Atmosphären Verlag, München 2005.
Martin, Bruno: *Zen der plötzlichen Erleuchtung*, Binkey Kok Verlag, Havelte 2004.
Menghin, Wilfried und Dieter Planck (Hg.): *Menschen – Zeiten – Räume, Archäologie in Deutschland*, Ausstellungskatalog, Staatl. Museen zu Berlin, Berlin 2002.
Müller, Klaus E.: *Der sechste Sinn*, Transcript, Bielefeld 2004.
Müller-Ebeling, Claudia, Christian Rätsch und Surendra Bahadur Shahi: *Schamanismus und Tantra in Nepal – Heilmethoden, Thankas und Rituale aus dem Himalaya*, AT Verlag, Aarau 2000.
Museum für Schlesische Landeskunde: *Der Herr der Berge – Rübezahl*, Katalog zur Ausstellung, Museum für Schlesische Landeskunde, Königswinter 2000.
Nationalmuseum Kopenhagen: *Götter und Helden der Bronzezeit*, Verlag Gerd Hatje, Kopenhagen 1999.
Nauwald, Nana, Felicitas Goodman und Freunde: *Ekstatische Trance – Das Arbeitsbuch*, Binkey Kok Verlag, Havelte 2004.
Nauwald, Nana: *Bärenkraft und Jaguarmedizin – Die bewusstseinsöffnenden Techniken der Schamanen*, AT Verlag, Aarau 2002.
Nauwald, Nana: *Der Flug des Schamanen – Schamanische Märchen und Mythen*, Binkey Kok Verlag, Havelte 2004.
Niederrheinisches Museum der Stadt Duisburg: *Rentierjäger und Rentierzüchter Sibiriens früher und heute*, Duisburg 1985.
Ninck, Martin: *Götter und Jenseitsglauben der Germanen*, Eugen Diederichs Verlag, Jena 1937.
Nold, Wilfried: *Das Spiel der Masken*, edition aragon, Moers o.J.
Nylén, Erik und Jan Peter Lamm: *Bildsteine auf Gotland*, Karl Wachholtz Verlag, Neumünster 1981.
Paul-Stengel, Camilla: *Schlangenspuren – Reptilien* in der Kulturgeschichte, Ulrike Helmer Verlag, Königstein 1996.
Pentikäinen, J.: *Die Mythologie der Saamen*, Reinhold Schletzer Verlag, Berlin 1997.
Probst, Ernst: *Deutschland in der Steinzeit*, Orbis Verlag, München 1999.
Rätsch, Christian und Claudia Müller-Ebeling: *Weihnachtsbaum und Blütenwunder*, AT Verlag, Aarau 2003.
Rätsch, Christian: *Der Atem des Drachen*, AT Verlag, Aarau 2000.
Rätsch, Christian: *Die Steine der Schamanen*, Eugen Diederichs Verlag, München 1997.
Rätsch, Christian: *Der heilige Hain*, AT Verlag, Baden 2005.

Rytchëu, Juri: *Der letzte Schamane. Die Tschuktschen-Saga*, Unionsverlag, Zürich 2002.
Sälzle, Karl: *Tier und Mensch, Gottheit und Dämon – Das Tier in der Geistesgeschichte der Menschheit*, BLV, München 1965.
Schenda, Rudolf: *Das ABC der Tiere – Märchen, Mythen und Geschichten*, C.H. Beck Verlag, München 1995.
Schumacher, Yves: *Tiermythen und Fabeltiere*, edition amalia, Bern 2001.
Spring, Anselm: *Mythos Schwan*, Frederking & Thaler Verlag, München 1998.
Street, Martin: *Jäger und Schamanen*, Verlag d. Römisch-Germanischen Zentralmuseums, Mainz 1989.
Tromnau, Gernot (Hg.): *Schamanen – Mittler zwischen Mensch und Geistern*, Begleitband zur Ausstellung, Kultur- und Stadthistorisches Museum Duisburg, Duisburg 1991.
Uber, Heiner und Papu Pramod Mondhe: *Weltenschlangen, Schlangenwelten*, Frederking & Thaler Verlag, München 2002.
Wood, Juliette: *Die Kelten – Geschichte, Kunst, Mythen*, Karl Müller Verlag, Köln 2004.

Stichwortverzeichnis